A. GEFFROY

Études italiennes

Florence — La Renaissance
Rome, Histoire monumentale

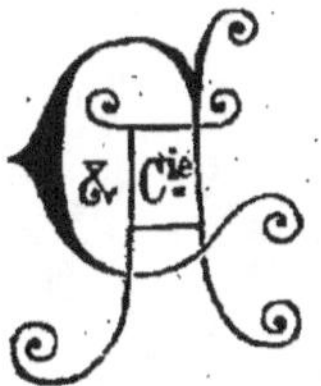

Paris, 5, rue de Mézières

Armand Colin & Cie, Éditeurs

Libraires de la Société des Gens de Lettres

ÉTUDES ITALIENNES

OUVRAGES DU MÊME AUTEUR

Étude sur les pamphlets politiques et religieux de Milton. In-8. Dezobry et Magdeleine, 1848.

Histoire des États scandinaves (*Suède, Norvège, Danemark*). In-12. Hachette, 1851.

Lettres inédites du roi Charles XII. Texte suédois, traduction française. In-8, 1852.

Notices et Extraits des manuscrits concernant la France conservés en Danemark, Suède et Norvège. In-8, 1855.

Lettres inédites de la princesse des Ursins, avec introduction et notes. In-8. Didier, 1859.

Histoire du roi Charles XII de Voltaire. Nouvelle édition avec préface, notes historiques et philologiques, etc. In-12. Delagrave, 1854. 3e éd. 1895.

L'Islande avant le christianisme d'après les Gragas et les Sagas. In-4. 1864. 2e édition, in-12, avec plusieurs fragments inédits. Ernest Leroux, 1897.

Sverig og Rusland i det 19. Aarhundrede, traduit de la *Revue des Deux Mondes*, par C. Rosenberg. 1 vol. in-8. Copenhague, 1865.

Gustave III et la Cour de France, avec une étude sur les lettres apocryphes de Louis XVI et Marie-Antoinette. 2 vol. in-8. Didier, 1867. 2e éd. in-12.

Marie-Antoinette. Correspondance secrète entre Marie-Thérèse et le comte de Mercy-Argenteau, publiée en collaboration avec M. d'Arneth, directeur des Archives de Vienne. 3 vol. in-8. Didot, 1874.

Rome et les Barbares. Étude sur la *Germanie* de Tacite. 1 vol. in-8. Didier, 1874. 2e éd. in-12.

Recueil des Instructions aux ambassadeurs et ministres de France depuis les traités de Westphalie jusqu'à la Révolution française, publié sous les auspices du ministère des affaires étrangères, avec introductions et notes. — *Suède*. 1 vol. in-8. Alcan, 1886. — *Danemark*. 1 vol. in-8. Alcan, 1895.

Madame de Maintenon d'après sa correspondance authentique. Choix de ses lettres et entretiens. 2 vol. in-12. Hachette, 1887.

Coulommiers. — Imp. PAUL BRODARD. — 1052-97.

A. GEFFROY

ÉTUDES ITALIENNES

I. FLORENCE, LA RENAISSANCE

II. ROME, HISTOIRE MONUMENTALE

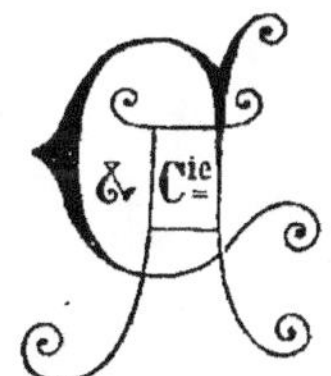

Paris, 5, rue de Mézières

Armand Colin et Cie, Éditeurs

Libraires de la Société des Gens de lettres

1898

AVERTISSEMENT

Quelques mois après la mort de M. Geffroy, M. Ollé-Laprune, avec cette conscience aimante et sérieuse qu'il apportait toujours dans l'évocation des amis disparus, étudiait longuement, pour la retracer devant les anciens élèves de l'École normale supérieure, l'existence si laborieuse, et tout à la fois simple et noble, du directeur de l'École française de Rome : la *Notice* [1] qui fut le fruit de cette étude est trop complète, trop respectueusement intime, pour qu'il y ait lieu d'en tenter une nouvelle ; et malgré la douceur qu'on éprouverait a prolonger son regard sur une physionomie éteinte pour en faire l'un de ces portraits où se satisfait et se repose le souvenir, il y faut savoir renoncer lorsqu'on a sous les yeux un portrait définitif, dont l'auteur, hélas ! vient lui-même de s'éteindre. M. l'abbé Duchesne à son tour, et dans la suite M. Luchaire, offrirent à la mémoire de M. Geffroy l'hommage de leur compétence et de leur respect, le premier dans un article des *Mélanges de l'École française de Rome*, le second dans une *Notice sur la vie et les œuvres*

1. Imprimerie Dumoulin.

a.

de M. Geffroy, son prédécesseur à l'Académie des Sciences morales et politiques. Au début de cette dernière *Notice*, une page substantielle et concise résume l'activité de M. Geffroy; elle mentionne en raccourci tout ce qu'on a besoin de savoir — tout ce que beaucoup savent déjà — sur l'écrivain regretté dont nous publions un dernier livre. Nous la voulons reproduire, pour l'agrément des lecteurs instruits et pour l'instruction des autres.

« Auguste Geffroy, né à Paris, le 20 avril 1820, a enseigné l'histoire dans nos lycées, de 1843 à 1852, à Dijon, à Clermont et à Louis-le-Grand. Il l'a professée dans nos établissements d'enseignement supérieur, à la Faculté des lettres de Bordeaux en 1852, à l'École normale en 1862, à la Sorbonne depuis 1864. Il a dirigé, à Rome, pendant quatorze ans, de 1875 à 1882, et de 1888 à 1895, un séminaire d'archéologues et d'historiens. Il a présidé, tout aussi longtemps, à Paris, le jury du concours d'agrégation, chargé non seulement de juger, mais, par l'orientation donnée aux études, de préparer et de former nos professeurs d'histoire. Collaborateur fidèle de la *Revue des Deux Mondes* pendant plus de quarante ans, depuis 1850, il n'a cessé d'y faire œuvre d'auteur lu et goûté, et aussi de vulgarisateur brillant, toujours prêt à renseigner l'immense public de la *Revue* sur les progrès de l'histoire, et à lui signaler, dans tous les domaines, les découvertes des historiens. Membre de l'Académie des Sciences morales et politiques depuis 1874, il a rempli les Annales de la section d'histoire de ses lectures, de ses notices, de ses comptes rendus, prenant aux discussions de cette Compagnie, avec l'autorité et le charme d'une parole toujours écoutée, la part, trop petite à son gré et au gré de ses confrères, que lui laissait le devoir qui l'attachait à Rome. Toute sa vie enfin s'est passée à publier, sur les peuples scandi-

naves, sur la France du xviie et du xviiie siècle, sur l'antiquité germanique et romaine, des études pénétrantes ou
des livres définitifs. Deux jours avant de succomber à la
maladie qui l'emporta (14 août 1895), il écrivait encore ce
mémoire sur l'élection de Charles-Quint que l'Académie a
eu la tristesse de ne pas entendre lire par l'auteur. La
mort même n'a pu tarir cette inépuisable fécondité, grâce
aux soins pieux de sa femme, associée étroitement, comme
jamais femme n'a pu l'être davantage, aux pensées et aux
travaux de son mari, et dont le souvenir, en toute justice,
restera inséparable du sien. Il y a donc peu de carrières
d'historien aussi soutenues, aussi droites, aussi pleines
que celle de M. Geffroy. Qu'on envisage en lui le professeur, l'écrivain, le savant ou le directeur d'école, il n'est
pas une forme de son talent, très souple, qui n'ait été consacrée au progrès des études historiques, pas une heure
de sa vie où il n'ait cessé de parler, d'agir, de lutter pour
le triomphe de la science, et, par la science, pour la bonne
renommée de notre pays. »

Vouloir, si l'on ose ainsi dire, prolonger au delà de la
tombe cette utile activité de M. Geffroy, en réunissant en
un volume certains des articles qu'il eut le plus de plaisir
à écrire et que le public eut le plus de plaisir à lire, serait-
ce la marque d'une indiscrète piété? On ne l'a point cru;
on donne ce livre avec confiance, et les pages qui suivent
n'ont d'autre prétention que de montrer, tout simplement,
comment, dans ce recueil d'articles, revivront peut-être les
meilleures parties de sa méthode et de son talent, qu'il
convient d'abord de définir.

I

Dans le procès engagé de nos jours entre les intérêts de
la culture générale, qui forme l' « honnête homme », et
les soucis de la « spécialisation », qui crée le savant, je ne
sais si l'on pourrait trouver, en faveur de la solution
moyenne et pondérée que comporte équitablement un tel
litige, un témoin plus intéressant et plus compétent que
ne le fut M. Geffroy. Répudiant tout ensemble les petitesses
d'esprit de certains érudits, qui trop souvent font fi du vulgarisateur, et la frivolité superficielle de certains vulga-
risateurs, qui trop souvent font fi de l'érudit, également
respectueux des ambitions légitimes de la science et des
ambitions légitimes du public, objectant aux uns que la
vérité historique vaut la peine d'être présentée à tous, et
maintenant, à l'encontre des autres, que tous, même les
plus humbles, ont droit à profiter de la vérité, M. Geffroy
ne conçut jamais que la culture scientifique dût être le
privilège d'un mandarinat, ni que la littérature historique
pût dignement se contenter de certaines approximations
du vrai, plus inexactes encore qu'élégantes. Il aimait trop
l'érudition pour se tenir quitte de l'exactitude, voire même
de la minutie; il aimait trop l'enseignement et la diffusion
du vrai pour ne se point complaire à faire la toilette de
ces détails érudits dont il berçait sa curiosité.

Jusqu'au milieu de notre siècle, l'érudition historique
avait conservé je ne sais quelle attitude compassée et certaines allures tout à la fois gauches et fières, qui semblaient concertées pour tenir en respect, sinon même à
distance, le gros des lecteurs : arrachée du fond des cloî-

tres par la tourmente de la Révolution française, elle mettait du temps, et beaucoup de temps, à faire son entrée dans le monde ; elle ignorait l'art de plaire et peut-être l'eût-elle dédaigné ; et l'on pouvait craindre qu'entre la science historique et la littérature historique ne se perpétuât, longtemps encore, le malentendu d'une certaine mésestime. Ce fut le mérite de M. Geffroy de comprendre, dès le début de sa carrière de publiciste et de professeur, que l'outillage du savant n'était ni superflu ni encombrant pour cimenter les attrayantes et commodes architectures dont rêve l'historien, et de quel profit, au contraire, pouvait être l'emploi de cet outillage, tant pour le développement des connaissances historiques que pour la formation intellectuelle du public.

« On ne saurait oublier, écrit M. Luchaire, que la méthode de M. Geffroy était une nouveauté méritoire dans l'Université, à l'époque où il commença à produire. Aujourd'hui il est banal de dire qu'un historien doit être savant ; mais lorsque M. Geffroy fit ses premiers livres, on n'avait pas encore senti, en France (sauf dans le milieu spécial de l'École des Chartes), le néant des généralités vagues et reconnu le prix de la science exacte. Il était bon d'habituer le public et le corps enseignant à l'appareil sévère du travail érudit. Une rénovation profonde des études d'histoire s'imposait, et Geffroy en fut le précurseur, l'inspirateur, l'apôtre, d'autant mieux écouté qu'il prêchait d'exemple et se prodiguait pour la bonne cause. Nous recueillons maintenant le fruit de ses efforts ; nous vivons à l'aise dans cette atmosphère scientifique qui s'est créée peu à peu autour de nous depuis trente ans, et qui n'était pas la sienne. La stricte équité veut que notre école actuelle d'érudition historique ne perde pas le souvenir des services rendus et qu'elle ne cesse jamais de reconnaître en lui un des hommes qui ont le plus travaillé à la faire naître et à lui donner la place qu'elle tient aujourd'hui dans le monde savant. »

Guide des étudiants à la Faculté de Bordeaux, à l'École normale supérieure et à la Sorbonne, juge des étudiants à l'agrégation d'histoire, M. Geffroy fut, pour notre « école actuelle d'érudition historique », non point seulement un maître et un modèle, mais nous dirons volontiers un recruteur; et l'on se convainquait, sous sa discipline, qu' « on n'est sérieux professeur d'histoire qu'après avoir appris le bon usage des vraies sources et obtenu par là un progrès à la fois intellectuel et moral ». C'est cette maxime qui guida M. Geffroy lorsque Bersot lui demanda de « sauver les études historiques » en réformant les programmes d'agrégation; elle est comme le résumé du mémoire qu'il écrivit sur ce concours en 1885, et que Fustel de Coulanges, un critique difficile, réputait « une profession de foi du véritable esprit historique ». On sortait alors de l'époque où l'enseignement supérieur, qui prépare à l'agrégation, se contentait trop aisément de vulgarisations agréables et de développements oratoires; on s'acheminait vers une période où certains représentants de cet enseignement, devenu le serviteur de la recherche scientifique, pousseraient l'austérité jusqu'à considérer comme un péril d'être intéressants, et comme un péché de chercher à l'être : M. Geffroy, lui, se distinguait par cet harmonieux mélange d'audace et de sagesse, d'initiative et de mesure, grâce auquel on peut orienter et dominer les moments de transition, conserver ce qu'il y avait de bon dans le passé, hâter l'échéance des fécondes promesses de l'avenir. Il voulait qu'à tous les degrés l'enseignement demeurât accessible, intelligible, attrayant, et qu'en même temps il devînt savant, ou que tout au moins il s'appuyât, toujours plus solidement, sur une érudition sans cesse rajeunie; il souhaitait qu'on fût minutieux à l'endroit d'un objet d'étude sans être, de gaieté de cœur, aveugle ou négligent à l'endroit de tous les autres, qu'on s'attachât soigneusement au « petit cours », à la « conférence », sans mépriser pour cela le « grand cours », et qu'on fût capable, enfin, de travailler en « spécialiste », sans néanmoins se mutiler. Entre les diverses exagérations, il savait se maintenir en un juste équilibre; et cet équilibre, loin d'être stationnaire, soutenait et affermissait sa marche, allègre et sûre, vers un progrès de bon aloi.

Quelques esprits qu'il maniât, étudiants, candidats ou lecteurs, il prétendait leur offrir une « gymnastique, cent fois plus salutaire et plus virile que cette facilité superficielle et peu scrupuleuse qui est notre véritable ennemie ». Sa curiosité était assez méthodique, c'est-à-dire exercée par une gymnastique assez sûre, pour qu'elle se pût promener avec fruit sur les objets les plus variés; il rêvait d'éveiller et de dresser la curiosité d'autrui, à l'image de la sienne. Il se rendait compte que la force acquise de certaines habitudes de travail, marques distinctives de ce qu'il appelait un bon esprit, est une aide précieuse pour les explorations historiques les plus diverses. A l'encontre de ces spécialistes qui, se présentant à l'improviste sur quelque terre vierge du vaste domaine de l'histoire, essaient de tirer, des entrailles mêmes de cette terre, les indices et les ressources nécessaires pour la sonder et pour l'exploiter, M. Geffroy tenait en haute estime les avantages préalables d'une préparation générale. Il lui semblait que cette préparation, loin d'étouffer le savant, l'émancipait au contraire et le fortifiait, en lui permettant de dominer son sujet, d'en connaître toutes les approches et par là même d'en préciser tous les contours, de fouiller avec une précision microscopique les infiniment petits d'une question, et d'éviter en même temps, à la faveur d'une certaine ampleur d'horizons, le risque de la myopie. N'attestait-il pas d'ailleurs, par son propre exemple, qu'une telle préparation n'aide point seulement à affronter et à résoudre les problèmes historiques dont l'existence est notoire, mais aussi à faire surgir certains doutes efficaces, à découvrir certains problèmes féconds, à renouveler une histoire que les générations antérieures se flattaient de connaître. Et ce n'est pas tout, enfin, d'élucider des difficultés et d'approfondir des énigmes : l'historien a quelque chose de plus à faire, quelque chose d'autre, aussi ; il doit situer ces problèmes, si l'on peut ainsi dire, apprécier l'intérêt général qu'en présente la solution, les rapports qui la rattachent à d'autres vérités historiques, et la portée à laquelle elle peut prétendre.

M. Geffroy, dans ses travaux personnels, ne méconnaissait aucun de ces devoirs. Si secondaire que parût la question qu'il étudiait, cet historien de race, tout de suite, faisait passer son érudition dans les cadres de la grande histoire, et c'est avec une aisance presque spontanée qu'elle s'y encadrait. Quel fut le fruit de cette méthode, nous laissons à M. Brunetière le soin de le rappeler en quelques lignes, consacrées à M. Geffroy dans la *Revue des Deux Mondes* du 1er septembre 1895. « Pour ses débuts, écrit M. Brunetière, il s'était emparé d'un vaste domaine qu'aucun Français, avant ni depuis lui, n'a peut-être exploré plus consciencieusement ni mieux connu que lui : c'est le domaine scandinave. A peine sortant de l'École normale, il lui avait semblé que, dans le grand partage qui s'était fait des études historiques, si l'érudition française n'avait pas mesuré leur part à l'Angleterre et à l'Allemagne, à l'Espagne et à l'Italie, elle avait peut-être un peu négligé la Suède et le Danemark, — et pourtant que de liaisons leur histoire n'avait-elle pas eues jadis avec la nôtre ! C'est ce que l'on put voir dans les belles études qu'il nous donna de 1850 à 1865, — archéologiques et historiques, littéraires et politiques, — dont on fut unanime à reconnaître l'intérêt, mais dont on ne comprit pas ou dont on affecta de ne pas comprendre les avertissements prophétiques. Les savantes *Introductions* qu'il a mises aux recueils des *Instructions diplomatiques* données à nos ministres en Suède et en Danemark résument cette partie de son œuvre.

« Une autre partie n'en est pas moins intéressante et n'a pas été moins remarquée : c'est celle qu'il a consacrée à la discussion, si délicate et si difficile, de l'authenticité des *Lettres de Marie-Antoinette* et de la *Correspondance de* Mme *de Maintenon*. Et, en effet, on ne saurait faire preuve ni de plus de courtoisie dans la discussion; ni d'une connaissance plus précise et plus étendue, plus scientifique et plus intime de l'histoire d'un temps; ni de plus de rigueur et d'ingéniosité dans la méthode. Deux grandes publications sont encore sorties de là : un *Choix des Lettres de* Mme *de Maintenon,* qui nous la montre dans la vérité de son rôle historique, infiniment moins considérable et surtout moins actif que ne persistent à le croire quelques historiens dont la manie est de voir partout des « histoires de femmes »; et les trois volumes de la *Correspondance de Marie-Antoinette avec Marie-Thérèse,* publiés en collaboration avec M. d'Arneth. Ceux-ci ont réduit à leur juste valeur de nombreux recueils apocryphes, vengé une reine de France et une impératrice d'Allemagne d'imputations calomnieuses, et renouvelé l'histoire intérieure du règne de Louis XVI.

« Cependant, comme si tant de travaux ne suffisaient pas

à l'active et méthodique curiosité de notre savant collaborateur, ni l'histoire de la Révolution, ni celle des « Alliances du Nord », si complexes et si compliquées l'une et l'autre, ne l'avaient détourné du commerce de l'antiquité. A la préoccupation des choses de la politique toute contemporaine, dont il ne se lassait pas de suivre les vicissitudes, il joignait le goût persistant de l'érudition; et d'une série d'études sur *Marie-Antoinette*, avec autant de sûreté que d'aisance, il aimait à passer à une série d'études sur *Rome et les Barbares*. Les lecteurs de la *Revue des Deux Mondes* ne peuvent pas les avoir oubliées. Conçues et écrites au lendemain de nos désastres par un homme qui les avait vus lentement se préparer, elles sont tout animées du plus ardent patriotisme, et pourtant admirables de froide et de sereine impartialité. »

M. Geffroy eût aimé cette analyse de son œuvre historique; il lui eût plu de voir constater ces « liaisons » entre l'histoire de Suède et la nôtre, que son érudition avait révélées, et ce « renouvellement » de l'histoire de Louis XVI, que son érudition avait accompli; et justement fier de ces résultats, il en eût fait honneur à sa conception même du travail historique, qu'une dernière fois nous définirons en empruntant le langage de M. Luchaire : « L'union des idées générales et des faits de détail sévèrement contrôlés, la vue claire des ensembles jointe à cette précision minutieuse sans laquelle il n'y a point de science, tels étaient les traits essentiels de M. Geffroy historien ».

II

Ils risquent d'autant moins d'être effacés par l'oubli, que l'intelligente affection de sa veuve s'est efforcée de les mettre en relief, de les fixer une dernière fois, par le choix qu'elle a fait de deux ouvrages posthumes. D'une part, le livre sur *l'Islande avant le christianisme d'après les Gragas et les Sagas*, édité à la librairie Leroux en 1897, est un exemple de monographie érudite concernant une période et une civilisation que l'ignorance banale traiterait volontiers de préhistoriques : M. Geffroy, passant outre à nos surprises, interroge ces chants et ces codes qui sont, pour tous les peuples enfants, le frontispice de l'histoire en même temps qu'ils en contiennent la matière première; il sait comprendre leurs réponses, transposer leur langage, et, derrière ce qu'ils disent, deviner ce qu'ils ne disent pas; la curiosité historique comporte un perpétuel exercice d'induction, et M. Geffroy aimait à s'y livrer, avec autant de sûreté que de succès.

C'est, en revanche, avec un tout autre caractère et sous un tout autre vêtement que se représente à nous le talent de M. Geffroy, dans ce second volume : *Études italiennes*, recueil d'articles publiés dans la *Revue des Deux Mondes* ou dans le *Journal des Savants*, et consacrés à Florence et à Rome. Nous n'avons point affaire, dans la plus grande partie de cet ouvrage, aux doctes et patientes enquêtes d'un homme de science; nous voisinons avec un esprit alerte et sagace, perpétuellement éveillé, butinant avec tact et prestesse parmi les découvertes érudites qui se multiplient autour de lui, poussé par la passion du vrai, servi par le solide agrément du style, soutenu par la volupté de la trouvaille, dégageant avec labeur, des gros et savants volumes dont il salue l'apparition, ce qu'ils contiennent d'important et d'inédit, et montrant enfin, par son propre exemple, comment il faut épier et ramasser les sucs les plus nouveaux pour maintenir en parfaite fraîcheur le miel de l'histoire. Dans cette besogne de « recenseur », par laquelle il initiait le public lettré aux renouvellements progressifs de la connaissance historique, M. Geffroy se mettait tout entier, avec sa culture générale et son amour du détail précis, avec ses vues d'ensemble et sa riche et consciencieuse mémoire, avec la belle fraîcheur de ses impressions et l'active jeunesse de sa pensée; et dans ce genre du compte rendu, où les personnalités médiocres s'effacent en une naturelle pâleur, la sienne, malgré sa discrétion coutumière, est éclatante de vie.

L'ouvrage de M. de Reumont lui donne l'occasion de tracer, avec des couleurs personnelles, un tableau de Florence au temps des Médicis; et fidèle à son habitude d'éclairer les civilisations les unes par les autres, il rapproche le gouvernement florentin des gouvernements de l'antiquité : on observe en effet, en lisant cette suite d'études, que jamais il n'appartenait tout entier au livre qu'il lisait, et cette adresse singulière à laisser son attention captive, et puis à l'émanciper, est assurément la meilleure façon de comprendre un livre et d'en profiter, surtout d'en faire profiter autrui; elle suscite de lointaines associations d'images et d'idées qui sont comme une reconstitution des trames mystérieuses de l'histoire; elle permet de se rendre compte que l'histoire se répète, et que les trames dont elle est faite ont plus d'une analogie avec la tapisserie de Pénélope; elle fait discerner enfin, sous l'intérêt anecdotique qui s'attache à une époque déterminée, l'intérêt humain qui est commun à toutes les époques.

La publication des œuvres de Guichardin, et le travail
considérable de M. Pasquale Villari sur Savonarole, ame-
nèrent M. Geffroy à passer en revue d'autres phases et
d'autres aspects de l'histoire florentine : ce fut une fortune
heureuse, car les pages sur Savonarole, que donna la
Revue des Deux Mondes en 1863, nous semblent compter
parmi ses meilleures : nuancées, pénétrantes, elles mettent
en branle l'imagination, le rêve, même le cœur. La
mode, à cet instant de notre siècle, était de prêter à tous
les réformateurs religieux, de quelque taille que fût leur
personnage, de quelque valeur que fussent leurs idées,
une certaine complaisance à commettre des supercheries
et la faculté d'être à demi sincères avec le public tout
en demeurant parfaitement sincères avec leur conscience
d'hommes providentiels. Renan, surtout, insinuait toujours
que les héros religieux auxquels son sourire rendait hommage avaient su s'accommoder à la crédulité de leurs
contemporains et se servir de l'imbécillité de la foule ; derrière l'apôtre, il pressentait et il voulait surprendre le bon
apôtre, et lorsqu'il s'imaginait en avoir saisi quelque signe,
il ne croyait point que l'auréole fût tachée ; ce n'était pour
lui qu'une nuance de plus. On verra, dans le chapitre sur
Savonarole, comment M. Geffroy, résistant à la contagion
de l'exemple, à l'irrésistible attrait que parfois on éprouve
à tempérer l'admiration par une médisance ou la dévotion
par un blasphème, sut expliquer par des accoutumances
scolastisques ce qu'il y avait d'étrange, d'extraordinaire,
d'inquiétant, dans certaines des visions et des prophéties
qui courbèrent Florence sous la discipline de ce moine. Ces
pages reviennent à leur heure, puisque cette année même
on célèbre à Ferrare le quatrième centenaire de la mort de
Savonarole ; et les réflexions de M. Geffroy sur les sentiments de l'illustre Frère Prêcheur à l'endroit des beaux-arts

b.

et sur l'influence artistique qu'il exerça sans d'ailleurs le chercher [1], méritent d'occuper une place à part dans la procès de Frère Jérôme, que l'histoire semble instruire à nouveau.

Quant à Guichardin, tel que le fit connaître M. Geffroy d'après les dix volumes d'*Œuvres inédites* publiés par M. Canestrini, il nous apparaît comme le type parfait de ces hommes de la Renaissance, admirables d'intelligence, enviables à jamais par l'opulence de leur activité, inimitables par l'infini déploiement de leurs facultés, mais dignes de blâme, aussi, et parfois dignes de mépris, pour un certain culte raisonné de leur intérêt personnel, et pour l'aisance volontiers cynique avec laquelle ils transportaient dans la direction de leur propre vie ces maximes d'égoïsme qui, pour les diverses nations, commençaient à être le fond de la politique. Lorsque l'on constate, tout ensemble, les contradictions que présentent entre elles les deux périodes de la vie publique de Guichardin, et l'élévation de pensée, toujours grave, parfois hautaine, dont témoignent ses écrits, on inclinerait tout d'abord à prononcer le gros mot d'hypocrisie. Nullement. La Renaissance, même la plus corrompue, échappa du moins à un vice, et ce fut celui-là. Elle ne s'abaissait pas à cacher les défaillances de la pratique derrière la solennité des théories, la laideur du vice derrière l'éloge des grandes choses, la servilité aux tyrans derrière un culte affiché de la liberté ; elle juxtaposait tout cela, sur le même plan, dans

---

1. Il est intéressant de rapprocher de certaines pages de M. Geffroy, et en particulier de celles sur Savonarole et Michel-Ange, l'article de la *Revue des Deux Mondes* du 15 décembre 1896, où M. Julian Klaczko, à propos de la Chapelle Sixtine, note avec beaucoup de finesse l' « affinité élective » de ces deux génies.

un formidable emmêlement, et l'on eût dit qu'elle se complaisait dans cet étalage hétérogène, qui lui semblait être la marque d'une exubérance de vie. M. Geffroy nous fait envisager, en Guichardin, « l'homme de son temps »; il ne le distingue par-dessus tous ses contemporains que pour ramasser en lui quelque chose de leur âme à tous; et d'une telle physionomie, montrée sous un tel jour, on pressent quel devient l'intérêt.

Florence, un siècle durant, fit un travail d'élite pour la parure et pour l'éducation de l'humanité : c'est sous l'attrait de ce souvenir que M. Geffroy la goûtait; et pour les grands hommes d'antan, dont Florence s'honore, son imagination eût souhaité d'être une amie. Ses sentiments à l'égard de Rome avaient quelque chose de plus intime et de plus profond encore : il aimait Rome comme on aime les êtres à qui l'on a fait le don de soi-même; et la seconde partie de ses *Études italiennes* n'aidera pas seulement à mieux connaître le sujet même auquel elles s'appliquent, mais l'esprit et les tendresses de l'auteur.

M. Geffroy, de 1876 à 1882 et de 1888 à 1895, fut directeur de l'École française d'histoire et d'archéologie, installée au palais Farnèse[1] : elle fut, à proprement parler, son œuvre; « au bout de peu de temps, écrit M. l'abbé Duchesne, il parut si bien fait pour l'École qu'on n'imaginait pas plus Geffroy en dehors de la direction de l'École, que l'École sans Geffroy à sa tête ». Expert à toutes les explo-

1. Un décret du 25 mars 1873 avait disposé que les élèves de l'École d'Athènes devaient passer leur première année en Italie; et M. Albert Dumont, le futur réorganisateur de notre enseignement supérieur, avait été nommé « sous-directeur de l'École d'Athènes en résidence à Rome ». Puis cette succursale romaine de l'École d'Athènes acquit son autonomie sous le nom d'École de Rome; et tout de suite M. Geffroy en devint directeur.

rations historiques, il était en mesure de diriger l'infinie variété de travaux auxquels se consacraient les membres de l'École, tantôt dans le champ de l'antiquité, tantôt dans ceux du moyen âge ou de la Renaissance; fidèle toujours, fidèle plus que jamais, à sa doctrine sur « l'alliance d'une instruction précise et variée avec une critique prudente, avec le talent de la généralisation, avec l'esprit philosophique », et passé maître en cet art bien français d' « exciter les esprits sans les dominer », il profitait de son ascendant naturel pour rappeler aux jeunes travailleurs d'origine et de formation diverses, venus les uns de l'École normale, les autres de l'École des Chartes ou de l'École des Hautes Études, qu'il fallait « unir la science, considérée dans ses voies les plus spéciales, les plus étroites, et les vues générales, qui ne manqueraient pas de se dégager, mais après un sérieux examen »; partout estimé parce qu'il poursuivait « la vérité avec droiture sans idée préconçue [1] » et parce qu'il enseignait aux autres à la poursuivre comme lui, il savait rendre propice à l'École française la « généreuse hardiesse [2] » du pape Léon XIII, qui livrait aux chercheurs l'*Archivio secreto* et ouvrait plus largement la Bibliothèque vaticane; familiarisé avec toutes les délicatesses diplomatiques grâce à son tact naturel et grâce, aussi, aux missions d'ordre politique qu'il avait jadis remplies dans les pays scandinaves, il avait l'art de s'installer, du premier coup, avec aisance et dignité, sur ce sol de Rome dont les révolutions contemporaines avaient fait un terrain mouvant, un de ces terrains où l'enlizement est une perpétuelle menace; merveilleusement apte, enfin,

1. Discours de Léon XIII au directeur et aux membres de l'École française de Rome durant les fêtes du Jubilé pontifical de 1892.
2. Discours de M. Geffroy à Léon XIII.

à voir l'aspect intéressant des hommes et des choses, il tira bien vite parti du séjour de Rome pour ses propres travaux. Ainsi sa studieuse émigration profitait à la science et à la patrie française, et la littérature historique n'y perdait rien : on s'en rendra compte en lisant certaines études reproduites dans ce volume : celle sur Rome monumentale, dans laquelle, lentement, du même pas que M. de Rossi et que M. Müntz, il descend à travers tout le Moyen-Age, épiant la dernière poussière des monuments antiques disparus ou la première pierre des nouvelles merveilles artistiques; celle sur les collectionneurs au XVIIIe siècle, qui complète fort bien la précédente; et celle, enfin, sur Béatrice Cenci, dans laquelle, à la suite de M. Bertolotti, il détache discrètement l'auréole tout à fait usurpée dont l'imagination populaire et les détracteurs du pape Clément VIII avaient orné cette tête de jeune fille, dès le lendemain de l'échafaud. Ceux à qui il fut donné d'approcher M. Geffroy au palais Farnèse retrouveront dans ces articles le *duce e maestro* qu'ils écoutaient, ses souvenirs opulents et précis, ses sensations d'archéologue, le plaisir qu'il éprouvait à certaines exhumations, le zèle qu'il mettait à épeler des chapitres entiers d'histoire sur un fragment de ruine, et cette sévérité de conscience avec laquelle il immolait le pittoresque des légendes au souci plus fortifiant de la vérité toute nue.

Il y a quelques pages, au terme de ce livre, qui sont comme une plainte de son âme, nous allions dire, un cri; elles s'intitulent « la transformation de Rome en capitale moderne ». C'est en 1894 que M. Geffroy y mit la dernière main : on y devine le récit, discret et voilé, de ses propres souffrances. Nombreux sont les amants de Rome, et leurs colères sont terribles, lorsqu'ils constatent la transformation de cette ville, qu'ils voudraient inviolée. Mais ce sont des explosions passagères ; elles éclatent à l'occasion d'un voyage, provoquées par le choc brutal entre l'inévitable spectacle de la Rome « modernisée » et l'indestructible réminiscence de la vieille Rome. Puis la colère tombe ; on quitte Rome, les laideurs du présent s'effacent, et les imaginations un instant froissées recommencent de s'embaumer dans une contemplation rétrospective des beautés disparues. M. Geffroy, vivant sur les bords du Tibre, ne put ni s'abandonner à certaines outrances de colère, que la courtoisie lui défendait, ni consoler ses tristesses en s'éloignant volontairement dans le passé : contraint d'être là, d'ouvrir les yeux et de voir, il regardait *sa* Rome se défaire ; il assistait aux fantaisies d'une « mégalomanie » acharnée à détruire, et puis à construire ; il recueillait, sur les lèvres des amis éclairés qu'il comptait en grand nombre à Rome, des réserves et des regrets qui faisaient écho à sa douleur ; et de temps à autre, avec la précision d'un témoin et l'attendrissement d'un artiste, il notait les ravages, les effritements, les coups de sape, la décapitation des cimes de verdure, les enlaidissements commandés par le progrès. Deux ans après sa mort, M. Brunetière, estimant que, « dans cette question qui n'est pas seulement italienne », M. Geffroy était d'une « compétence unique », publia cette série de notes ; et ce fut en faveur de Rome que la voix de M. Geffroy, si familière aux lecteurs de la *Revue des Deux Mondes*, rompit une dernière fois le silence du tombeau. Lorsque les historiens futurs étudieront, avec cette sérénité que comporte le recul des temps, les vicissitudes présentes de la ville éternelle, ils consulteront en toute sécurité ces *Ultima verba* ; ils y verront ce qu'était Rome et ce qu'elle cessait d'être. Les plus sérieux réquisitoires ne sont pas toujours ceux qui se déroulent en invectives ; ils sont parfois ceux qui se pro-

longent en un pleur; l'article de M. Geffroy sur la transformation de Rome est un pleur. Que si, dans ce livre
posthume, c'est surtout Auguste Geffroy qu'on cherche, il
faut courir, tout de suite, à ce dernier chapitre : on l'y
devinera tel que nous l'aimions au palais Farnèse, avec
cette vivacité d'impressions, cette chaleur d'accent, ces
convictions profondes et ces émotions vibrantes qui donnaient tant de charme à son abord, tant de prix à son
commerce, et tant de force à ses conseils.

GEORGES GOYAU.

ÉTUDES ITALIENNES

FLORENCE — LA RENAISSANCE

LES GRANDS MÉDICIS.[1]

I

Écrire la vie de Laurent de Médicis, dont Cosme Ier qu'il faut certainement y joindre, prépara la domination, c'est étudier à vrai dire toute la période pendant laquelle, grâce aux talents de ces deux grands hommes, la famille des Médicis a brillé dans Florence de son plus bel éclat; c'est de plus observer la Renaissance florentine dans cette seconde moitié du XVe siècle qui en a vu le principal épanouissement. Parmi les nombreuses chroniques, pièces originales, que les inépuisables bibliothèques d'Italie, aujourd'hui bien ordonnées et libéralement ouvertes, ont offertes au public, il en est beaucoup qui se rap-

---

1. Ce travail, sauf quelques légères modifications, a paru en 1875 dans le *Journal des savants*.

portent à cette brillante époque, dont elles ont singulièrement renouvelé l'histoire.

Dès la fin du xviii° siècle une *Vie de Laurent de Médicis* avait paru offrant un assez grand nombre de pièces originales assez bien choisies dans les archives de Florence; mais son auteur, Fabroni, écrivait en latin; deux cents pages sans alinéa, ni chapitres, suivies d'une série de notes plus considérables que le texte, invitaient peu à la lecture et l'ouvrage ne pénétra pas au delà des érudits, bien qu'il ne fût pas sans valeur. Ce fut un Anglais, William Roscoe, négociant de Liverpool, qui prit le premier possession de l'esprit public en traitant ce riche sujet. Sa *Vie de Laurent de Médicis* parut en 1795 en Angleterre, et peu de livres ont obtenu un aussi grand succès. Traduit immédiatement en italien, en allemand, en français, il n'a cessé d'être réimprimé jusque dans notre temps. Cependant Roscoe ne paraît savoir de l'histoire politique du xv° siècle que ce qu'il a pu en lire dans Machiavel. De l'ancienne Constitution de Florence il n'a pas la moindre idée; en revanche il fait preuve d'un certain talent d'exposition, d'autant plus méritoire qu'il n'a pas vu l'Italie.

De nos jours, A. von Reumont, auquel on était déjà redevable de tant d'intéressantes publications sur l'histoire de Florence [1], a réuni dans un dernier travail ce qui concerne plus spécialement Laurent de Médicis. On croira aisément que pour la critique

[1]. Alfred von Reumont : *Tavole cronologiche e sincrone della storia florentina*, 1 vol. in-4°, Firenze, 1841. — *Betrâge zur italianischen geschichte* (matériaux pour servir à l'histoire d'Italie), 6 vol. in-12, Berlin, 1853. — *Die jugend. Katerma di Medici* (*La jeunesse de Catherine de Médicis*), 1 vol. in-12, Berlin, 1854. — *Lorenzo de' Medici il magnifico*, 2 vol. in-8, Leizpig, 1874.

comme pour l'abondance des documents le nouvel
auteur est fort supérieur à ceux qui avant lui ont
traité le même sujet. Cependant dans toutes les
parties de son œuvre consciencieuse il reste fidèle à
une même méthode, qui n'est autre que l'accumulation d'un grand nombre de faits particuliers, groupés
entre eux sans nulle recherche des idées générales.
Le détail en une si riche matière est certes de beaucoup de prix quand il est bien observé et bien rendu.
N'y a-t-il pas cependant, à chaque progrès de ce
récit, de graves questions qui s'élèvent et dont la
solution distribuerait à propos une pénétrante
lumière. Les divers aspects de la Renaissance italienne donnent lieu à d'embarrassants problèmes.
Nous voulons, nous servant du travail de M. de Reumont et puisant nous-mêmes à quelques sources
premières, essayer de les dégager et de rappeler
quelles réponses peuvent y être proposées.

La plus difficile question qui se présente à l'historien des premiers Médicis est de savoir comment
s'explique, pendant les deux derniers tiers du
xvᵉ siècle, le système des institutions politiques et
civiles de l'État florentin, et quels en sont les principaux traits. Ces institutions étaient-elles purement
traditionnelles ou procédaient-elles du même mouvement auquel était due la Renaissance? Étaient-elles
de nature à le seconder, ou bien à le contrarier et à
le compromettre? Il ne se peut pas sans doute qu'un
si grand et si général essor n'ait exercé dans l'ordre
des idées politiques aucune influence. En excitant
les esprits, en reculant les horizons, il a dû faire
naître chez les peuples des réflexions sur ce grand et
capital intérêt, le mode de gouvernement, tout au

moins des idées générales, des pensées d'ordre, d'harmonie, de réciprocité entre les droits et les devoirs, destinées à se traduire tôt ou tard en des résultats pratiques.

Quand la Renaissance faisait appel aux souvenirs de l'antiquité, c'était l'exemple de Rome et de sa puissante domination qu'elle ranimait surtout, de sorte que l'influence nouvelle s'exerça dans le même sens où l'Italie était déjà entraînée par ses traditions. Dans les principaux pays de l'Europe occidentale, la Renaissance avait dû compter avec de premières ébauches de gouvernements enfantées par chaque génie national; l'Italie, elle, était restée à son insu trop directe héritière du monde classique pour que d'autres inspirations fussent venues l'émanciper. On avait vu au milieu du xve siècle, chez plusieurs peuples voisins, une révolution politique ériger sur les ruines du régime féodal la puissance unique de la royauté ayant pour base la centralisation administrative; mais il n'en avait pas été de même en Italie : un tel progrès ne s'y était pas fait sentir. Quand le génie antique, secouant un long sommeil, avait été convié à exercer son ascendant renouvelé sur l'Europe, l'Italie s'était trouvée offrir à son action des éléments encore considérables sans doute, à cause de la richesse de son propre fonds resté presque le même, mais non pas le ferment salutaire d'une alliance ou bien d'une lutte entre son génie traditionnel et un développement tel, par exemple, que celui dont la France du moyen âge avait été le théâtre, grâce au mélange efficace de divers éléments. L'Italie demeurait asservie, dans l'ordre des idées politiques, au vieux système de la cité. Bien plus, héritière impuissante de Rome, dont elle n'avait pas su recueillir |les larges vues de gouvernement et d'administration, elle sembla reculer jusqu'à la cité grecque. Rome avait su corriger l'étroitesse de ce régime par l'organisation des municipes, qui sauvegardèrent une somme considérable de libertés locales et devinrent la rançon de cette immense souveraineté; mais quand elle succomba, quand disparut le lien de l'organisation commune, ces municipes furent impuissants à étendre la protection autour d'eux et souvent à se protéger eux-mêmes. Les communes ou républiques du moyen âge, qui prirent leur place, particulièrement en Italie, retournèrent au véritable esprit des cités antiques, redevinrent comme elles égoïstes, étroites, défiantes, mais comme elles aussi cependant énergiques, jalouses de leur indépendance, ardentes à l'émulation, fières et avides de renommée.

On est vivement frappé de cette ressemblance avec les républiques anciennes si l'on jette un coup d'œil général sur ce que fut la Constitution de Florence depuis la fin du xiiie siècle, époque où s'en développa le caractère essentiellement démocratique, jusqu'au commencement du xve siècle, pendant lequel, sous les grands Médicis, elle courut vers son excès et par conséquent vers sa ruine. Essayons d'en marquer, pour cette période, les principaux caractères.

Il s'en faut d'abord que cette Constitution florentine reconnaisse à tous les habitants de l'État le titre de citoyen, et pourtant ceux-là seuls qui possèdent ce titre ont l'accès des fonctions publiques. La noblesse même, issue d'une féodalité incomplète que les désordres et les guerres du moyen âge ont

nourrie. se voit obligée, dès la fin du XIIIe siècle, de
s'inscrire dans un des *métiers* ou *arts*, bien plus, d'y
prendre une part active en pratiquant en effet quelque
métier, si elle veut avoir rang parmi les citoyens.
Jusque dans ce corps peu nombreux des citoyens,
de notables distinctions interviennent. Ceux-là seuls
dont les aïeux et les pères ont occupé les hauts
emplois en ont à leur tour l'accès facile, et ne sont
pas tenus à passer d'abord par les magistratures
inférieures ; les autres peuvent s'élever sans doute,
mais en commençant par les premiers échelons.
Ensuite, il y a ceux qui sont parvenus d'hier à payer
l'impôt, et à mériter par là le titre de citoyen. Ils ne
peuvent être appelés qu'après quelques années aux
fonctions publiques ; mais ils participent tout d'abord
à certaines immunités communes, et sont admis à
porter les armes. Au-dessous des citoyens viennent
les artisans, qui forment la plèbe et ne possèdent
nul droit politique. Quant aux habitants du domaine,
c'est-à-dire aux villes et campagnes du territoire
voisin, soumis par Florence, ils n'ont de libertés que
ce que leur en ont concédé les capitulations des
vainqueurs : ils sont véritablement des sujets conquis.

A la tête de l'État prend place la Seigneurie, corps
politique composé du gonfalonier et des prieurs des
arts majeurs. A côté de la Seigneurie est un conseil
d'autant plus ou moins nombreux que Florence est
plus ou moins libre, et qui représente l'ensemble des
citoyens : ce sera au temps de Savonarole le célèbre
Grand Conseil, qui ne comprendra toutefois, même
alors, que les citoyens de la première classe : viennent ensuite plusieurs conseils chargés des diverses
administrations. Nulle trace d'institutions représen-

tatives; loin de là, c'est un principe fondamental de
l'État que le gouvernement doit être exercé directement par les citoyens, et non pas au moyen de man-
dataires; beaucoup de fonctions sont payées; chacun
a droit aux profits et honneurs en compensation des
charges qu'il supporte. S'il est matériellement impossible que tous exercent en même temps et ensemble
l'autorité, s'il faut cependant que le plus grand
nombre possible arrive à l'obtenir, si d'autre part
quelque degré d'aptitude doit être sauvegardé, les
citoyens seront appelés tour à tour, selon certaines
conditions de capacité légale et par l'élection. Pour
éviter toutefois la perpétuelle agitation des scrutins
trop fréquents, et pour garantir, en partie du moins,
le roulement nécessaire, un certain nombre de
citoyens sont désignés en une fois pour remplir successivement, pendant trois ou cinq années, les diverses
fonctions, et les bulletins portant leurs noms sont
conservés dans une série de bourses spéciales à chaque
fonction. Déposées à l'église Santa-Croce, ces bourses
devront être épuisées par le tirage au sort avant qu'on
ait recours à d'autres élections régulières.

Ainsi se trouve constitué un État dans lequel il faut
bien reconnaître une démocratie, mais singulièrement
étroite, jalouse, édifiée sur le privilège, à la manière
de la démocratie antique. Ainsi s'explique l'extrême
défiance à l'égard des citoyens en charge. Il n'y a
guère de fonctions intérieures qui durent plus de
deux mois; et le motif de cette brièveté n'est pas
uniquement la nécessité d'appeler à ces fonctions le
plus grand nombre de citoyens possible, c'est aussi
une précaution contre l'abus des influences. Les lois
autorisent d'ailleurs des enquêtes et des accusations.

redoutables. Par un bizarre excès, on va jusqu'à réserver certaines magistratures exclusivement à des étrangers ; il y a d'ailleurs contre les suspects plusieurs sortes d'ostracisme ; nous avons vu en outre que le titre et les droits de citoyen sont concédés rarement aux nobles, et il peut arriver qu'on en soit privé, temporairement ou bien à vie.

Suivant l'esprit de la Constitution, l'ensemble des citoyens, disions-nous, possède la souveraineté inaliénable, et l'on peut toujours, par un appel subit, revenir à cette source première pour y puiser une légalité nouvelle. Une Seigneurie se croit-elle menacée par une faction contraire, il lui est loisible, à ses risques et périls, de faire sonner la grosse cloche du Palais et d'appeler tous les citoyens sur l'heure à ce qu'on appelle un *parlement*. Une fois ce peuple tumultuairement réuni sur la grand'place, la Seigneurie paraît à la tribune extérieure du Palais, et demande l'autorisation de nommer une *balie*, c'est-à-dire un comité extraordinaire chargé de reviser les lois et la Constitution. Ce comité en nomme un autre, qui doit particulièrement faire procéder à un scrutin pour les magistratures de la nouvelle période ; en d'autres termes, les bourses remplies par les précédentes élections, peut-être déjà sous l'influence du parti dont on avait dû redouter finalement le triomphe, sont anéanties ; et les *accoppiatori* ou accoupleurs, membres du nouveau comité d'élection, veillent à ce qu'elles soient désormais remplies de noms plus favorables.

Il est clair qu'une telle Constitution favorisait beaucoup moins la liberté que l'esprit de faction et la tyrannie : c'est encore là, dans tous les temps, un

caractère inévitable de la mauvaise démocratie. Ces
ostracismes, qui peuplaient la campagne, comme
autrefois en Grèce, d'armées de *fuorusciti* ou de
proscrits incessamment renouvelées par les vicissitudes les plus contraires, ces mises en accusation,
ces appels révolutionnaires aux subites assemblées
dites *de parlement*, qu'était-ce autre chose que des
armes offertes en dehors des lois aux passions des
partis? De fait, la république florentine, du XIVᵉ au
XVIᵉ siècle, même sous les grands Médicis, n'a été
gouvernée que par des factions successives, plus ou
moins longtemps triomphantes, mais jamais assez
pour désarmer leurs adversaires et donner définitivement la concorde et la paix à l'État. Côme et Laurent parurent pendant un temps y être parvenus;
mais leur domination fut, à eux aussi, celle d'une
tyrannie temporaire, qui n'étouffa pas les partis
opposés, et prépara, non sans de glorieuses compen-
sations, il est vrai, la perte définitive de la liberté.

Côme occupe un rang élevé dans cette série
d'hommes d'État de la seconde moitié du XVᵉ siècle
qui compte un Louis XI et un Ferdinand le Catholique et prépare un Charles-Quint : lui-même a
ouvert la voie à Laurent de Médicis. Une fortune
colossale, fruit du commerce et de la banque, a
désigné depuis longtemps sa famille pour la direction
d'un parti puissant dans Florence. Il a vu son père,
Jean d'Averardo, lutter pied à pied contre la faction
oligarchique des Albizzi; quant à lui, exilé, puis rappelé par une balie favorable, il est porté le 1ᵉʳ janvier 1435 au gonfaloniérat, et à partir de ce jour
Florence subit un maître. Côme a quarante-six ans,
plus de talents que de scrupules, un sens rassis,

l'expérience des affaires. Son point de départ, son meilleur appui n'est autre que l'excellente administration de son immense fortune. Il porte au comble la prospérité de sa maison; ses relations de commerce s'étendent à l'extrême Orient; ses banques se multiplient dans les régions occidentales; il devient le bailleur de fonds de plusieurs souverains. Le pape lui remet en gage, pour les sommes qu'il a empruntées de lui, une de ses places fortes, Assise. Quand le roi de Naples veut le combattre d'accord avec Venise, Côme suspend d'un mot le crédit de l'un et de l'autre, et les réduit de la sorte, en les privant d'une ressource principale. Au dedans, le nombre est considérable des citoyens dont tous les intérêts sont liés aux siens propres : il est le créancier de beaucoup d'entre eux; il n'y a peut-être pas un négociant de l'État florentin qui ne doive, pour sa propre cause, ardemment souhaiter qu'il prospère.

Administrateur patient, clairvoyant, sévère, Côme savait conduire avec un égal bonheur ses combinaisons commerciales, la vaste exploitation de ses diverses propriétés, et les ressources de l'État. Simple dans sa vie, peu soucieux des apparences, ennemi du luxe inutile, juge avisé des circonstances et des caractères, il sut tromper ses ennemis ou ses rivaux, en s'effaçant lui-même au second rang tandis que ses volontés triomphaient au premier. Les politiques de ce temps-là se piquaient d'habileté infaillible plus que de conscience timorée; aussi voulait-il, comme eux, le succès avant tout. Il disait qu'on ne gouverne pas les hommes avec des patenôtres, et se reprochait de n'avoir pas commencé dix ans plus tôt à se faire des amis à prix d'argent. Envers ses

ennemis, même vaincus, il fut impitoyable. Invo-
quaient-ils du fond de leur exil quelque alliance
étrangère pour rentrer dans leur patrie par les
armes, suivant l'ancien usage, il les faisait déclarer
infâmes et confisquait leurs biens. S'éloignaient-ils
seulement des territoires qu'il leur avait assignés,
ou bien arrivaient-ils au terme de leur peine sans
cesser de lui être suspects, il prolongeait leur ban-
nissement. Il y eut des nobles illustres, hommes et
femmes, qu'il réduisit à mendier; pour un ou deux
rebelles, il condamnait toute une famille, interdisant
même aux jeunes filles de se marier. Il aimait à
élever d'humbles citoyens ou quelquefois de simples
habitants du domaine aux places que convoitaient
les nobles, ou, mieux encore, il ruinait ceux-ci par
l'impôt. L'impôt fut entre ses mains, disait-on, ce
qu'était le poignard aux mains des plus cruels
tyrans. Comme les agents de l'administration finan-
cière dépendaient de lui aussi bien que tous les
autres, il faisait modifier à son gré l'assiette et la
levée des taxes. Alléger la condition des classes inférieures était son prétexte, abaisser les classes indé-
pendantes était son vrai but. C'est dans cette même
vue qu'il fit établir l'impôt progressif, instrument
dangereux de nivellement démagogique. En 1443, les
citoyens furent partagés en quatorze classes. La plus
humble renfermait ceux dont le revenu était inférieur à cinquante florins d'or [1] : ils étaient imposés à
quatre pour cent. La classe la plus élevée comprenait ceux dont le revenu dépassait cent cinquante
florins : ils étaient imposés à trente-trois pour cent.

1. Le florin d'or, *nummus aureus*, pèse un huitième d'once
d'or fin, et vaut donc sans doute 12 francs environ.

Quatre ans plus tard, les conditions de cet impôt devenaient plus excessives encore : la classe inférieure était taxée à huit, et la plus riche au taux énorme de cinquante pour cent. Il faut lire, parmi les *Opere inedite* de François Guichardin, le curieux dialogue dans lequel, instituant un double plaidoyer, il fait ressortir les dangereux effets d'un tel impôt. Ces pages du grand historien témoignent que l'impôt progressif parut bien alors devoir être une arme de guerre. Guichardin met tout le venin de la démagogie sur les lèvres de l'un des deux interlocuteurs, tandis que l'autre, organe sans nul doute de la pensée de l'écrivain, réfute son adversaire avec un bon sens suprême, qui est de tous les temps.

On voit par quelle prudence hardie Côme de Médicis fonda une autorité que d'ailleurs il dissimula sans cesse. Il la transmit à son fils Pierre, qui, malade, la détint quelques années seulement (de 1464 à 1469), de sorte que le vrai continuateur de l'œuvre de Côme fut son petit-fils Laurent. Or, dans l'établissement des pouvoirs nouveaux, il y a une épreuve toujours difficile, c'est celle de la première transmission réelle de ces pouvoirs. Un régime s'est-il institué à la suite d'un mouvement populaire, on doit attendre pour savoir si la majorité de la nation, si les classes dirigeantes finissent par y accéder, et si le peuple lui-même est constant à soutenir son œuvre. Est-il issu d'un coup d'État, il faut savoir si la surprise aura fait place à une fatale résignation, ou bien à quelqu'une de ces espérances que suscite le génie, ou bien aux mécontentements indomptés, aux discordes des partis, aux ferments des révolutions prochaines. Peut-être donc Laurent de Médicis dut-il nécessairement apporter à la continuation de l'œuvre fondée par son aïeul encore plus d'habileté politique que celui-ci n'en avait montré. Côme ayant toujours affecté de s'effacer derrière les magistratures officielles de la république, quelques-uns de ses envieux s'étaient avisés de vouloir le prendre au mot, et se croyaient, dans ses derniers temps, à la veille de relever la tête. Le court passage de Pierre ne fut pas à l'abri d'entreprises ennemies, et lorsque les partisans des Médicis, après sa mort, convinrent de laisser à ses deux fils, Laurent et Julien, malgré leur jeune âge, la même autorité dont avaient joui leur aïeul et leur père, ce ne fut pas sans que de certaines voix s'élevassent pour demander le retour à la sincérité de l'administration première. Laurent, déjà résolu, ne l'entendait pas de la sorte. Il sut d'abord, par l'heureux emploi d'une fortune qui, toutefois, avait commencé de souffrir quelques atteintes, retenir autour de lui ceux qui hésitaient. Il fit en outre décider, sous le prétexte de complications extérieures, un impôt de 300 000 florins d'or, destiné à mettre aux mains de son gouvernement des ressources toujours utiles. Mais ce qui lui importait bien davantage, c'était, tout en affectant, suivant l'usage de ces républiques italiennes, le respect des formes légales, de les faire servir à ses propres intérêts. Il y réussit par un changement dans le mode d'élection aux principales magistratures, il s'y assura une influence prépondérante.

Peu de chefs de partis furent tenus à se montrer plus jaloux de leur pouvoir. Il lui fallait incessamment veiller à ce que nulle famille, en regard de la sienne, ne devînt puissante par les alliances, par la

richesse ou la popularité. Quand les Pazzi lui parurent
trop grandir, il fit porter une loi qui les priva tout à
coup d'un immense héritage et ruina leurs espérances vers plusieurs places éminentes dans l'État. Il
excita ainsi les haines qui devaient amener le formidable complot où il faillit périr, mais d'où finalement,
observe Guichardin, il retira un grand profit. Les
conjurés le débarrassèrent en effet d'abord de son
frère Julien, avec qui il lui eût fallu partager ses
avantages; la force publique le délivra ensuite de ses
propres ennemis, par le gibet, par la prison, par la
confiscation et l'exil. Le peuple, qui avait pris parti
en sa faveur contre ses assassins, applaudit quand on
lui décréta une garde particulière, de sorte que
l'appareil militaire et princier ne manqua plus désormais à la nouvelle tyrannie. Le coup d'État de 1480
couronna l'œuvre, et fut le dernier fruit de l'épisode
sanglant de 1478 : il acheva de mettre les élections
dans la main de Laurent de Médicis. Jusqu'alors les
semblants de légalité avaient été observés; cette fois
la grosse cloche du palais de la Seigneurie ne fut pas
mise en branle; la nouvelle balie fut composée non
par le peuple convoqué, suivant la vieille et dangereuse coutume, à un simulacre de parlement, mais
par les membres de la Seigneurie et des conseils. Ils
nommèrent trente citoyens à qui devait être confiée
toute l'autorité; ceux-ci créèrent une balie de deux
cent dix membres ayant mission de remplir à nouveau
les bourses; puis, comme ces trente paraissaient
cependant offrir le danger d'une trop étroite oligar-
chie, quarante autres leur furent bientôt adjoints,
par cooptation; l'on eut ainsi ce conseil des
Soixante-dix qui gouverna pendant le reste de la

vie de Laurent comme sous un maître absolu. Ala-
manno Rinuccini, un contemporain, un membre de
cette balie, compare la despotique domination que
·Florence subit alors à la cruelle tyrannie des trop
célèbres Trente qui ruina jadis Athènes.

Un tel excès était l'indice certain que l'autorité de
Laurent de Médicis, loin d'être paisible et incontestée,
devait lutter contre de graves sujets d'inquiétude.
Côme avait eu, disions-nous, pour point de départ et
pour solide appui de sa domination l'inouïe prospérité de sa fortune commerciale; Laurent fut à cet
égard moins heureux ou moins habile. Côme avait en
mainte occasion prêté à l'État; Laurent au contraire
eut des moments d'embarras réel pendant lesquels il
se laissa entraîner à confondre les finances publiques
avec les siennes propres, et d'où naquirent ces graves
complications qu'il essayait de dissimuler en mettant
plus que jamais la main sur l'administration finan-
cière. C'était une voie dangereuse, qui conduisait
aux extrêmes abus : telle fut en 1485 l'atteinte portée
à l'institution du *Monte*, sorte de banqueroute qui
pèse sur la mémoire de Laurent le Magnifique. Cet
établissement de crédit remontait au commencement
du siècle. En vue d'amortir une partie de la dette
publique portant 8 pour 100 d'intérêt, on avait disposé que les prêteurs pourraient transformer tout ou
partie de leurs créances en dots pour leurs filles. Les
conditions étaient fort libérales. Pour un capital de
104 florins d'or, inscrit sur la tête de sa fille, le père,
après quinze années, réalisait la somme de 1 000 florins comptants. S'il ne la retirait pas, cette somme lui
restait acquise et lui rapportait dès lors un intérêt de
5 pour 100. En cas de mort de l'enfant désignée, une

moitié de la somme à laquelle, suivant son âge, elle aurait eu droit, était payée à son père, l'autre était acquise au *Monte delle doti*. La prétendue réforme de 1485 consista en ce que, après quinze années, un cinquième seulement de la dot, soit 200 florins au lieu de 1 000 pour un dépôt de 104 florins, dut être payé comptant; le reste serait inscrit sur un registre et ne porterait intérêt que de 7 pour 100. Six ans plus tard, cet intérêt fut même abaissé à 3 pour 100. Bien plus, un contemporain nous témoigne que ces derniers engagements ne furent pas toujours bien remplis. Le crédit public était dès lors atteint; les familles se sentaient frappées d'un coup particulièrement sensible; le nombre des mariages diminua. En même temps les banques étrangères des Médicis, celles de Lyon et de Bruges, en étaient venues à devoir proposer à leurs créanciers de fâcheux accommodements; notre Commines subit de la sorte des pertes considérables.

Telles étaient cependant l'habileté politique et la puissance subsistante de Laurent, que les mêmes mesures destinées à hâter la ruine de sa maison semblaient ne faire que resserrer son autorité personnelle. Ce qui maintenait cette autorité, c'était le renom qu'il avait acquis au dehors. De même que l'incertitude de la constitution florentine empêchait au dedans qu'aucun parti, même celui des Médicis, n'étouffât définitivement les autres partis, de même l'État florentin était sans doute détourné des vues de conquête extérieure par l'inévitable préoccupation de ses troubles civils et par la faiblesse de son armement militaire. La sûreté du parti qui se trouvait en possession du gouvernement exigeait du moins que, dans cette Italie si profondément divisée, où chaque prince aspirait à dominer sur les autres princes, nul des rivaux ne prît un ascendant souverain. Venise ne pensait qu'à profiter des embarras que les invasions ottomanes suscitaient à l'Italie pour agrandir au milieu de ces inquiétudes son égoïste domination. Le roi de Naples, Ferdinand d'Aragon, avait d'ordinaire cette république pour rivale sur la mer Adriatique, mais pour alliée contre d'autres États italiens. Milan et Gênes se disputaient les territoires entre elles et contre Venise. Le pape Sixte IV, voisin redoutable pour Florence, avide d'argent, ambitieux pour les siens, inquiétait le roi de Naples en rappelant les anciens droits d'une suzeraineté contestable, et en appuyant, quand cela servait ses desseins, la turbulence de la noblesse napolitaine. Un grand nombre de petits États, qui se disaient indépendants, se portaient à chaque accasion d'un côté ou de l'autre quand se formaient les alliances et quand se renouvelaient les traités. A coup sûr, ce n'était pas le moment, parmi tant de haines réciproques, de rêver à ce qu'on a depuis appelé l'unité de l'Italie; l'unité ne se fût réalisée, pour un temps, que par une violente compression, source de beaucoup d'autres maux, et dont personne d'ailleurs ne se montrait capable. Le chef de la république florentine observa donc une sage et utile politique lorsqu'il intervint uniquement pour s'opposer à ce que le triomphe exclusif d'aucun des princes italiens sur les autres États de la Péninsule ne vînt détruire un équilibre nécessaire. Il eût été souhaitable que cet équilibre amenât un accord permettant à l'Italie de repousser les Turcs et de déjouer les prétentions de certains

2.

princes étrangers; mais tout ce que les circonstances permettaient d'espérer, c'était de voir se balancer les ambitions et les forces, ce qui n'excluait pas d'ailleurs la formation de quelque ligne partielle contre les plus pressants dangers. L'habileté et le grand crédit de Laurent le Magnifique rendit ce service à l'Italie: il y fut aidé par la sagesse de Louis XI, qui sut faire servir l'alliance traditionnelle des Florentins avec la France au maintien de l'équilibre et de la paix au delà des Alpes; s'appliquant à réconcilier Florence avec le pape, à constituer enfin dans la péninsule une confédération durable [1]. Commines s'employa aux desseins de cette habile diplomatie, dont Laurent de Médicis comprit le solide avantage. Il ne put toutefois la faire triompher autour de lui qu'au prix d'une lutte attentive, incessante, pendant laquelle il rencontra de graves périls et de solennels moments, quand, par exemple, en septembre 1479, il résolut subitement d'aller se confier au roi de Naples, avec lequel il se trouvait en guerre, et qu'il pouvait croire son personnel et mortel ennemi, ou bien lorsque, à la diète de Crémone, en 1484, il faisait lui seul conclure une ligue de cinq ans et bientôt une paix entre le pape, le roi de Naples, le duc de Milan et la république de Florence, pour la seule protection du duc de Ferrare, que Venise avait menacé. Laurent se montre tout entier en de tels épisodes, avec sa hauteur d'esprit et sa fermeté d'action, avec sa claire

1. Voir les *Négociations de la France avec la Toscane*, par Abel Desjardins, la *Collection des documents inédits sur l'histoire de France*, voir aussi dans la *Revue des Sociétés savantes*, IIe série, t. V, p. 314 et suiv., une étude de M. Huillard-Bréholles intitulée : *Louis XI protecteur de la Confédération italienne*, d'après ces documents et un important manuscrit de Bourges.

intelligence des périls, des nécessités et des ressources. Dans cette partie de son œuvre, il semble qu'il a bien compris et bien servi ce que demandaient alors et ce que comportaient les intérêts de l'Italie.

C'est donc, en résumé, par leur politique intérieure que Côme et Laurent de Médicis ont encouru certains reproches de la postérité. La conduite à la fois violente et rusée de Côme, la tyrannie en même temps audacieuse et brillante de son petit-fils, ont, cela est certain, déshabitué Florence de la saine liberté, et l'ont livrée sans résistance aux hontes de l'époque qui a suivi. Il est vrai que les profondes agitations de la république avaient dès longtemps préparé la servitude florentine; mais cela n'absout pas les Médicis, ou, tout au moins, leurs admirateurs doivent reconnaître que leur grandeur n'a pas été jusqu'à rendre à leurs concitoyens quelque salutaire énergie. Ce qui est vrai, c'est que leur gloire s'enveloppe pour la postérité du souvenir de la faveur par eux témoignée aux lettres et aux arts. C'est ce que nous voudrions examiner maintenant. Cette riche matière offre un plus réel intérêt que celui qui résulterait de développements étendus sur des incidents militaires et diplomatiques ou sur les incessantes transformations de la Constitution florentine.

II

Ce qu'on a appelé de nos jours l'*humanisme* a été comme le centre et le foyer de la Renaissance italienne, particulièrement de la Renaissance florentine.

On désigne par ce mot la série des efforts tentés et
des résultats obtenus par les lettrés et les érudits qui
entreprirent en Occident, pendant le XVᵉ siècle, de
reconquérir la connaissance naguère obscurcie des
plus belles œuvres de l'antiquité classique, et de
renouer de la sorte, au grand profit de la civilisation,
la chaîne des traditions intellectuelles et morales.
Les souvenirs de la Grèce, ou tout au moins ceux de
Rome, n'avaient certes jamais été complètement
effacés en Italie, même au temps les plus obscurs du
moyen âge; on put croire, quand parurent Dante,
Pétrarque et Boccace, que ces souvenirs suffisaient,
et que ces trois poètes allaient entraîner leur siècle
en des voies originales d'où ne serait pas absente une
culture féconde de l'antiquité. Les efforts intéressants, mais inégaux, du XIVᵉ siècle, démontrèrent
toutefois que la civilisation moderne réclamait tout
son patrimoine, et qu'il fallait la remettre en complète possession du riche tribut classique.

Nul doute que le seul établissement de l'autorité
des deux grands Médicis, en mettant fin pour une
assez longue période aux agitations civiles, n'ait
beaucoup aidé au développement de la Renaissance.
Si l'époque précédente avait connu quelques-uns de
ces génies pour qui les obstacles communs ne sont
qu'excitations puissantes, de fait la perpétuité des
troubles y avait entretenu l'anarchie propre au moyen
âge. A partir du XVᵉ siècle seulement, à vrai dire, les
tendances nouvelles qui sollicitaient les esprits trou-
vèrent une utile direction dans un retour passionné,
mais intelligent, vers les plus belles œuvres du génie
antique. Niebuhr a écrit, en tête de sa célèbre *Histoire
romaine*, que la philologie est la médiatrice de l'éter-

nité. Si, par cette formule ambitieuse et vague, il a voulu dire que la philologie peut témoigner à sa manière de la perpétuité des races et de l'identité de l'esprit humain, il a eu, en s'exprimant de la sorte, un pressentiment du grand rôle que notre siècle réservait aux études de linguistique et de grammaire comparée. Quelque chose de pareil est arrivé pour l'érudition pendant le xv° siècle. L'érudition servit alors à détourner les esprits des voies particulières et bientôt confuses dans lesquelles il fallait qu'ils ne restassent pas trop longtemps engagés; elle sut ensuite les fixer utilement au patient examen de modèles antérieurs qu'il s'agissait d'égaler ou de surpasser même. Le salutaire contact avec le ferme génie antique allait secouer l'asservissement du moyen âge, émanciper la pensée, et lui permettre de développer les ressources dues au christianisme et à l'inspiration moderne. Si l'humanisme ne s'est pas manifesté pendant le xv° siècle par des œuvres vraiment originales, il a du moins employé cette période à déblayer ou même à créer son propre sol, ou, pour mieux dire, le sol commun. Il l'a débarrassé des idées vieillies qui l'encombraient; il y a pour ainsi dire amassé les matériaux intellectuels dont l'époque suivante devait faire un si brillant usage.

Il fallait retrouver d'abord ceux des anciens manuscrits que le temps avait laissés subsister au fond des cloîtres, dans les bibliothèques de l'Occident ou de l'Orient. Il fallait ensuite les multiplier par des copies, afin de les mettre désormais à l'abri de la destruction; l'on devait enfin les interpréter par des traductions, des commentaires et des exégèses. Pétrarque et Boccace avaient donné l'exemple.

Pétrarque envoyait ses émissaires en Italie, en Allemagne, en France, en Espagne et en Grèce; il rendait à la lumière les *Institutions oratoires* de Quintilien, une partie de la correspondance et plusieurs discours de Cicéron; il avait cru vainement pouvoir atteindre le savant ouvrage de Varron, *Des choses divines et humaines*; il ne fit enfin qu'apercevoir, dans son enfance, un recueil des lettres et épigrammes d'Auguste, qui ne reparut jamais depuis. On sait que Raimond Soranzo, un de ses correspondants, lui avait envoyé le *De gloria* de Cicéron, mais que le vieux maître de Pétrarque, Convennole da Prato, le lui emprunta et le perdit sans retour. Boccace, de son côté, bravait dégoûts et fatigues pour fouiller les plus vieux dépôts, dans des greniers vermoulus, la *librairie* délaissée du Mont-Cassin lui réservait de riches découvertes. Excitée par ces exemples, l'ardeur devint générale. Aurispa le Sicilien s'en allait, dès les premières années du xvᵉ siècle, acheter des manuscrits à Constantinople; il se trouvait si pauvre au retour, qu'il était obligé de mettre en gage plus de deux cents de ces manuscrits, jusqu'à ce que de Florence lui arrivât un secours. Guarino le Véronais faisait aussi le difficile et périlleux voyage de Grèce; la tradition de ses cheveux blanchis tout à coup par le désespoir, à la suite d'un naufrage anéantissant les résultats de ses recherches, qu'elle soit ou non authentique, exprime bien l'enthousiasme sincère dont ces hommes étaient possédés. Cyriaque d'Ancône, parmi cent aventures, parcourait, à la recherche des manuscrits, des inscriptions, des antiquités de toute sorte, la Sicile, la Dalmatie, plusieurs provinces de l'empire grec, et jusqu'à l'Égypte. Au même temps, c'est-à-dire pendant la première moitié du siècle, et par conséquent encore au nombre des précurseurs, le Pogge, animé d'un pareil zèle, était, lui aussi, à la fois érudit et antiquaire. Sous les auspices de deux papes, Eugène IV, puis Nicolas V, fondateur de la Vaticane, il voyageait au loin et entretenait de nombreux envoyés en divers pays. Il avait retrouvé pour son compte huit discours de Cicéron, le *De finibus* et le *De legibus*, un manuscrit de Quintilien plus complet et meilleur que celui de Pétrarque, une partie du poème de Lucrèce, Tertullien, Ammien Marcellin et la première décade de Tite-Live. C'était le Tite-Live surtout que ces ardents humanistes aspiraient à restituer, Tite-Live qui, pour chaque État italien, figurait comme historien national, Tite-Live, qui avait conservé pendant tout le moyen âge une si grande renommée. On promettait de grosses sommes, on offrait des châteaux à qui retrouverait une nouvelle décade. Le Pogge crut pendant longtemps qu'une bibliothèque de Dacie, c'est-à-dire de Danemark, répondrait sur ce point à ses espérances. Il poursuivait aussi quelques-unes des œuvres de Tacite qui n'ont été définitivement reconquises qu'après lui, la seconde partie des *Annales* et plusieurs livres des *Histoires*. Ce fut un de ses agents, Enoch d'Ascoli, qui retrouva dans un couvent d'Allemagne le manuscrit contenant le célèbre traité des *Mœurs des Germains*, manuscrit perdu bientôt après, mais dont un autre humaniste, Jovianus Pontanus, avait heureusement pris une exacte copie, aujourd'hui conservée à la bibliothèque de Leyde. Le Pogge était, disions-nous, antiquaire en même temps qu'érudit; son petit ouvrage sur les vicissitudes de la fortune de Rome démontre quel savant et profond intérêt s'attachera désormais à la vue des ruines antiques, la veille encore si dédaignées.

Les deux grands Médicis ne peuvent pas, il est vrai, revendiquer le mérite d'avoir donné la première impulsion à ce puissant essor; mais on peut dire que sans eux peut-être il eût avorté. La part d'influence de Côme l'Ancien à cet égard semble nettement définie. Une intelligence ferme et juste, développée par une forte éducation, le faisait s'intéresser également aux choses de l'esprit, au gouvernement de la République et à l'habile administration de ses affaires privées. Il serait facile de grouper auprès de son nom ceux des nombreux lettrés qu'il encourageait et dont il aimait à s'entourer. Il assistait dans leurs travaux, en leur prêtant ses plus rares manuscrits, ou bien en les aidant à en acheter pour eux-mêmes, des savants tels que le Pogge qui disait avoir trouvé en lui un père, un frère, un ami; ou bien Ambrogio Traversari, le Camaldule, humaniste et philosophe, aux savantes leçons duquel, dans l'isolement du cloître, on le voyait auditeur assidu. Il s'y rendait avec Niccolo Niccoli, ce riche Florentin qui lui légua en mourant jusqu'à huit cents manuscrits destinés à devenir le premier fonds de la célèbre bibliothèque Laurentienne. Il avait donné pour précepteur à ses enfants Enoch d'Ascoli; il favorisait Cristoforo Landino, qui professait avec un grand succès les lettres anciennes et créait en même temps l'exégèse des poèmes de Dante et de Pétrarque; il se servait, pour accroître ses collections, de Cyriaque d'Ancône; comme il avait fondé lors de son exil une bibliothèque à Venise, de même il augmenta ou créa dans Florence, soit celle de ce couvent de Saint-Marc, où il se réservait une cellule pour aller jouir des conversations savantes de saint Antonin, soit la riche collection devenue aujourd'hui la bibliothèque publique de la ville, soit enfin, à peu de distance, celle de Fiesole.

Ce ne sont là toutefois que les marques d'une protection personnelle qu'aimaient à exercer un assez grand nombre de Mécènes dans cette première moitié du xve siècle. Côme l'Ancien a marqué son passage par des traits plus particuliers, par une spéciale influence sur le développement intellectuel et moral de son temps. Son mérite est d'avoir décidément engagé l'humanisme, trop limité jusqu'alors à l'étude des antiquités et de la langue latines, dans la voie plus originale des études grecques; il y a réussi par la séduction d'un retour vers la philosophie platonicienne.

Certes l'Italie et Florence n'étaient pas restées, dans les années précédentes, entièrement étrangères au premier réveil de l'hellénisme. Dès la fin du xive siècle, Manuel Chrysoloras, envoyé par l'empereur d'Orient vers les princes occidentaux pour les invoquer contre les Turcs, puis Théodore Gaza, d'autres encore étaient venus enseigner et n'avaient pas manqué de disciples enthousiastes. C'était peu cependant en comparaison de l'accueil réservé à leurs illustres successeurs, alors que la translation à Florence en 1439 du concile assemblé à Bâle, puis à Ferrare, et bientôt après la prise de Constantinople concentrèrent au foyer de la Renaissance italienne les rayons de l'Orient grec unis à ceux de l'Occident. Le concile, dans sa dixième session, le 6 juillet 1439, proclama l'union des deux Églises, œuvre peu durable, mais occasion de rapports plus intimes entre les Italiens et les érudits byzantins. Au nombre des représentants de l'église grecque envoyés à Florence, il y avait des savants tels que Gemistus Pletho et Bessarion, évêque de Trébizonde; ils furent, avec Côme, les vrais introducteurs du platonisme en Italie. Le vieux Gemistus Pletho, qui avait été le maître et de Bessarion et de Chrysoloras, était animé, pour les idées et la gloire du grand philosophe grec, d'une admiration enthousiaste : c'était une sorte de culte, qu'il brûlait de propager par ses leçons ou par ses pages éloquentes. Les Florentins, et l'Occident à leur suite, apprirent d'abord à lire Platon et Aristote dans le texte même, et non plus en d'obscurs commentaires ou bien d'après d'équivoques traductions latines ou arabes. Dans un écrit qui fut un manifeste, Bessarion enseigna, contre les fougueux partisans d'Aristote, contre Théodore Gaza et George de Trébizonde, qu'il pouvait y avoir entre les deux plus grands philosophes de l'antiquité différence de vues, mais non pas inégalité de génie, et du même coup il transporta la discussion du domaine scolastique dans la sphère de la vraie philosophie.

Côme avait été au nombre des auditeurs émus de Gemistus Pletho comme au nombre des lecteurs de Bessarion; sa vive intelligence avait été frappée des lumières qui lui étaient offertes : il conçut la pensée de mettre son propre crédit au service d'une cause qui intéressait le gouvernement des esprits. Est-ce lui qui forma le projet ou bien accepta-t-il seulement l'idée, suggérée par Gemistus, d'ouvrir au platonisme régénéré d'autres jardins d'Academus? Il attendit du moins quelques années, Gemistus étant mort vers 1450, jusqu'à ce qu'il eût rencontré un homme qui lui parût digne de fonder cette œuvre en continuant cette tradition. Cet homme fut Marsile Ficin; Côme le choisit tout enfant et le fit instruire auprès de lui pour être le fondateur ou le premier maître de la nouvelle académie platonicienne.

Il n'est que juste de rapporter aussi au temps de Côme l'Ancien l'essor définitif de l'Université de Florence. Créée en 1321, elle s'ouvrit seulement le 6 novembre 1348, l'année de la peste. Languissante pendant tout le XIVᵉ siècle, elle ne se raviva qu'après la réforme du 14 avril 1428, sous la direction de ce Palla Strozzi auquel, parmi tant d'hommes remarquables, un hommage spécial est dû, puisque très riche, très instruit, très influent en politique, très généreusement dévoué à la cause des lettres, il précéda en tout les Médicis et ne manqua peut-être, pour substituer sa famille à la leur, que d'une ambition plus directe et plus résolue. L'affluence des savants grecs à Florence, à la suite du concile de 1439, et les encouragements de Côme firent décidément de l'Université florentine un des plus actifs foyers de la Renaissance.

Voilà quels services Côme l'Ancien rendit à la cause des lettres savantes, qui était alors celle de toute culture intellectuelle et morale, de toute littérature, de toute poésie, de tout réel progrès. Il y montra un grand zèle, sans toutefois qu'il cessât de paraître donner aux soins des affaires la première place, tandis qu'avec Laurent le Magnifique on croirait en vérité voir attribuer la même importance au gouvernement de l'État et au progrès littéraire; comme si ces deux grands intérêts avaient paru de valeur égale au nouveau chef de la république florentine. C'est qu'il y avait deux hommes dans Laurent de Médicis : le lettré à côté du politique. Simple citoyen, il eût certainement, par les dons de son esprit, marqué dans le mouvement de la Renaissance. Élevé au premier rang, il fut le représentant le plus complet des tendances et des aptitudes de son siècle.

L'ardeur d'érudition par où l'humanisme avait suscité le réveil de l'antiquité et secoué la servitude du moyen âge rencontra sous Laurent une aide d'autant plus puissante que la découverte de l'imprimerie commençait alors à porter ses premiers fruits. Inventé seulement en partie dès 1430 par Laurent Köster, de Harlem, qui fit les premiers essais de caractères mobiles, cet art avait été transporté, vers 1462, au delà des Alpes par Sweynheim et Pannartz, les deux célèbres collaborateurs de Gutenberg, de Füst et de Scheffer, quand la prise et le pillage de Mayence, à la suite des victoires du prince Adolphe de Nassau, les eut forcés de s'expatrier. Établis d'abord à Subiaco, puis à Rome, ils donnèrent en six ans, à partir de 1465, plus de 12 000 volumes. Ce ne fut toutefois qu'en 1471 que parut à Florence le premier livre imprimé; mais ce retard fut racheté par l'industrie de l'orfèvre florentin Bernado Cennini, qui apprit à ses compatriotes à fondre eux-mêmes les caractères. En 1488, le célèbre *Homère*, exécuté avec le concours de l'Athénien Démétrius Chalcondyle par les soins et aux frais de Bernardo Nerli, qui le dédia au fils aîné de Laurent de Médicis, inaugura dignement la série des beaux ouvrages grecs publiés à Florence. Avant la fin du siècle, l'Europe était inondée de livres sortis des presses italiennes. L'imprimerie d'ailleurs, quel que fût son premier développement, ne nuisait pas encore au bel art des copistes enlumineurs et à la belle exécution des manuscrits : le magnifique *Saint Augustin* qu'on admire aujourd'hui à la Laurentienne, en seize volumes in-folio avec ornements et miniatures, est de la seconde moitié du xve siècle. L'imprimerie ne faisait même qu'encourager la recherche des manuscrits antiques, puisqu'on était assuré désormais de pouvoir, par un si merveilleux moyen, les arracher au péril de la destruction.

Laurent payait d'exemple. Il se faisait léguer ou bien il achetait les collections déjà faites; il avait partout des correspondants érudits et des copistes; il les voulait aux meilleurs endroits, par exemple dans la savante Padoue qui, par Venise, avait d'intimes rapports avec tout le Levant, ou bien auprès de la cour de Hongrie avec laquelle, au temps de Sigismond de Luxembourg et plus tard de Mathias Corvin, Florence entretenait de fréquentes relations littéraires. Les amis de Laurent de Médicis ne cessèrent jamais de travailler à l'agrandissement de sa bibliothèque ou de celles de Saint-Marc, de San Gallo, de Fiesole, auxquelles il témoignait un intérêt tout personnel. Il voulait avoir le plus de livres possible, disait-il quelquefois, dût-il mettre sa vaisselle en gage. Or un tel zèle ne pouvait pas alors passer pour un vain caprice : nous avons la lettre par laquelle Laurent de Médicis priait instamment le duc Hercule d'Este de lui prêter pour quelques jours le manuscrit « d'un certain historien de l'antiquité romaine nommé Dion Cassius », dont on lui disait qu'il y avait fort peu d'exemplaires; le duc n'y consentit pas, mais permit seulement l'envoi d'un copiste à Ferrare ; deux ans après, comme Nicolas Léonicène venait d'achever la traduction latine de Dion, Hercule en voulut bien envoyer une copie à Laurent, à condition encore de ne point la répandre, ni par l'impression, ni par des copies. La lettre de Laurent était datée du 5 février 1486 ; la traduction de Léonicène ne fut imprimée qu'en 1532 à Venise, et la première édition de l'original grec fut celle de Robert Estienne (Paris, 1548). Qui ne comprend que, si Laurent avait été ici le maître, un des plus importants ouvrages de l'antiquité grecque eût été rendu à la science et garanti contre de nouvelles chances de perte soixante années plus tôt ?

De même que la découverte de l'imprimerie, un peu antérieure par la date, avait commencé sous le principat de Laurent de Médicis à donner ses premiers résultats, de même il avait à recueillir et à mettre à profit quelques-unes des plus graves conséquences de la chute de Constantinople. On a vu que sous Côme déjà, la translation du concile à Florence avait multiplié le nombre des érudits byzantins conviés dans cette ville comme dans un savant refuge, l'immigration continua de s'accroître pendant la seconde moitié du siècle. S'il faut en croire un document curieux, mais cité avec quelque défiance par l'historien Cantu [1], la veuve même du dernier empereur de Constantinople, Anne Paléologue, vint s'établir avec cent familles dans un bourg de la maremme voisine de Sienne ; une convention du 28 avril 1474, fixant les conditions de cette colonie, y autorisait une

1. *Histoire universelle*, t. XII, p. 487 de la trad. française Didot, 1847.

égislation et des tribunaux conformes au droit grec.
— Or, parmi ces exilés il y avait les dépositaires des
manuscrits et du savoir helléniques. La protection
que naguère, en faveur de ces savants, Côme avait
offerte, le projet d'école platonicienne, délaissé par
son faible successeur Pierre, tout cela fut repris avec
ardeur par son petit-fils. Marsile Ficin, naguère
désigné pour cette œuvre, fut le vrai directeur de la
nouvelle Académie, dont les principaux disciples
furent, avec Laurent, Cristoforo Landino, son précepteur, le père de Marsile, qui était son médecin,
Politien, initié tout jeune au platonisme par Marsile
Ficin lui-même, Pic de la Mirandole qui, apportant
dans ces graves études un autre élément, la science
orientale, croyait pouvoir découvrir dans la Cabbale
une explication des mystères du christianisme, L. B.
Alberti, à la fois philosophe, juriste, poète dramatique, peintre, sculpteur et ingénieur, les deux
frères Marsuppini, tous deux poètes, Bandini, Cavalcanti, Nuzzi, Benci et d'autres encore. Les séances
n'avaient rien de cet apprêt raide et guindé dont les
académies italiennes devaient offrir plus tard le premier modèle. C'étaient, au contraire, des réunions
amicales que le premier citoyen de Florence, avec
une simplicité le plus souvent sincère, convoquait
auprès de lui, dans ses villas de Poggio a Cajano ou
de Careggi, ou bien en ville, dans son palais de
famille de la Via Larga. On aimait à y célébrer, suivant la tradition alexandrine, le repas commémoratif
du 7 novembre, jour anniversaire (on l'affirmait)
de la naissance et de la mort de Platon. A l'aide des
commentaires et des lettres de Marsile Ficin, on peut
restituer la physionomie des entretiens qui occu-

paient les convives. Un des dialogues platoniques, le *Banquet*, par exemple, dont le sujet, comme on sait, est l'amour, servait de texte et de point de départ aux développements que devait donner chaque membre chargé de représenter à son tour un des antiques interlocuteurs. Jean Cavalcanti prenait le rôle de Phèdre; il racontait la naissance du dieu Éros, sortant du chaos avec la terre et la lumière et se faisant sa place au cœur de l'humanité, s'y transfigurant en un principe moral, en une constante aspiration vers le vrai et le beau. Alberti se chargeait du personnage de Pausanias qui, mûri par l'âge et la philosophie, introduit des distinctions et veut qu'on précise le sujet : l'Amour ne va pas sans Vénus, or il y a deux Vénus et par suite deux Amours, etc. Cristoforo Landino représentait Aristophane : sa tâche n'était pas la plus facile à remplir, s'il prétendait élucider la bizarre théorie des trois espèces d'hommes primitifs. Carlo Marsuppini parlait au nom d'Agathon, le poète élégant et le rhéteur habile. Tommaso Benci enfin s'efforçait d'accorder avec les dogmes du christianisme les enseignements de la prêtresse de Mantinée, Diotima, interprétés dans le dialogue antique par Socrate lui-même.

Sans doute nulle œuvre bien originale ne devait sortir de ce mouvement philosophique, né de l'érudition, et qui ne dépassa pas les limites un peu confuses du néo-platonisme alexandrin; sans doute la rhétorique eut sa large part dans cette effervescence et dans cette ambition des esprits; mais ce n'est pas prononcer une condamnation absolue que de juger de la sorte. La rhétorique, aussi bien que l'érudition, a eu son rôle important dans la Renaissance italienne.

Celle-ci avait, disions-nous, enlevé les intelligences des voies confuses du moyen âge pour les appeler en d'autres sphères, à des vues plus précises; la rhétorique, elle, héritière directe de l'antiquité classique, allait servir dans les temps modernes, comme elle avait servi à Rome ou en Grèce, à revêtir d'éloquentes ormules les idées générales, et à les propager avec d'autant plus d'expansion et de puissance, au grand profit du bon sens et de la vérité. Les esprits allaient d'ailleurs se fortifier à la fois et s'élever au contact et à l'exemple de cette doctrine platonicienne qui avait eu l'honneur, dès sa naissance, de préparer les âmes aux clartés du christianisme, qui, plus tard, renouvelée, avait paru capable de réaliser l'idéal de beaucoup de nobles esprits, c'est-à-dire la conciliation entre la philosophie et la foi, et qui maintenant encore allait exercer tout au moins la générale et bienfaisante influence d'un spiritualisme religieux. Ce n'est pas à dire que le néo-platonisme de la Renaissance florentine soit resté étroitement fidèle aux enseignements du christianisme; il a cherché de bonne foi la conciliation entre la philosophie et la religion, mais sans toujours atteindre la sécurité de croyance qu'il paraît avoir invoquée sincèrement. Marsile Ficin, quoique prêtre, écrivait à une mère pleurant la mort de son fils sans employer une seule expression chrétienne de nature à tempérer l'aridité de ce style que les anciens rhéteurs assignaient au célèbre genre « consolatoire ». Il avait fait avec son ami Mercati une convention formelle : celui des deux qui mourrait le premier viendrait, sous le bon plaisir de Dieu, attester au survivant si tout ce qu'on disait de l'autre vie avait quelque vérité. Or un soir Mercati, de sa chambre, entendit un grand bruit; il regarda au dehors et reconnut un cavalier blanc ayant les traits de son ami, qui lui cria : *Vera, vera, sunt illa!* et disparut : Marsile Ficin venait de mourir; il avait obtenu de pouvoir dégager sa parole et accomplir sa promesse. On dit encore que Marsile Ficin suspendait devant le buste de Platon une lampe toujours allumée; mais on n'ajoute pas qu'il entendit parfois, comme saint Jérôme, la voix de Dieu même lui reprochant ses attaches aux beautés païennes. Autour de lui cependant, Gemistus Pletho attendait le triomphe des anciens dieux; Landino tirait l'horoscope de la religion, et, s'appuyant sur une certaine conjonction de Jupiter et de Saturne, il prédisait une grande transformation du christianisme pour le 25 novembre 1484, date qui, suivant quelques calculs, aurait été précisément celle de la naissance de Luther. Ces traits et bien d'autres, en révélant les incertitudes, les anxiétés, les attentes d'une époque si troublée, n'empêchent pas de reconnaître que le néo-platonisme de la Renaissance italienne, non responsable à lui seul en tout cas de ce qu'il y avait de scepticisme, a bien plutôt élevé les âmes. Par là il n'a pas dû être de rien dans le mouvement religieux qui a suivi cette grande époque; il a contribué sans nul doute à la condamnation des abus trop établis dans l'église, et même à ce qu'il y eut d'esprit chrétien dans le double mouvement qui devait conduire, soit à la réforme protestante, soit à la contre-réforme catholique.

L'humanisme avait enivré Florence d'érudition et de philosophie; il avait presque fait oublier aux contemporains de Côme et de Laurent de Médicis les efforts littéraires du xive siècle, non pas sans doute les chefs-d'œuvre des trois grands poètes d'alors, mais ce qu'on avait tenté autour d'eux. Les noms de Dante, Pétrarque et Boccace restaient isolés et admirés, mais la tradition était presque rompue, de sorte qu'on vit se produire comme une nouvelle littérature italienne, dont l'inspiration fut naturellement d'abord l'imitation de l'antiquité. Il y a un homme qui représente bien cette phase du xve siècle et cet enfantement littéraire : c'est Politien. Nul ne réunit plus complètement et grâce à un talent plus heureusement varié les divers aspects de l'humanisme. A cet admirable érudit les deux littératures classiques sont également familières; il collationne, commente et corrige les manuscrits grecs et latins avec une ferveur enthousiaste. Homme de goût, il s'exprime avec une parfaite élégance dans les langues anciennes et dans la langue nationale; peut-être se montre-t-il de préférence l'élève sinon de Catulle et de Virgile, tout au moins de Stace; nul, au temps de la Renaissance, n'a mieux écrit le langage et reproduit la manière des poètes romains placés sur les limites du siècle d'Auguste. C'est un juriste, un philosophe platonicien, un exégète des Pères de l'Église : il embrasse tout, explique tout, traduit tout, enseigne tout. Or la langue italienne avait déjà un trop riche passé, elle était par la parenté trop voisine des idiomes classiques pour ne pas profiter d'un tel mouvement des esprits. Politien composa des poésies italiennes, toutes pénétrées, il est vrai, des influences et des réminiscences de l'antiquité, mais qu'il sut cependant si bien adapter, par une habile conciliation, au génie de ses compatriotes, en inventant de nouveaux rythmes, en usant d'ingénieux artifices, qu'il peut être regardé comme ayant créé certains genres modernes devenus familiers à la poésie florentine. Son *Orfeo* n'offre, à la vérité, qu'une suite de scènes sans un lien serré entre elles; c'est moins un drame qu'un ensemble de morceaux lyriques, mais c'est une œuvre écrite en langue italienne (bien qu'Orphée y récite encore sur sa lyre une ode saphique en latin), et par là cette œuvre fait époque dans la littérature de l'Italie comme le premier exemple du drame profane traité dans l'idiome national. Ses célèbres *Stanze* à l'occasion d'un tournoi où avaient brillé les deux frères Médicis, Laurent et Julien, écrites de même en langue italienne, parurent inaugurer aussi, par une autre dérogation aux habitudes de son temps, une nouvelle époque. Il passa pour avoir porté à sa perfection l'*ottava rima*, qui allait être la forme définitive d'une poésie épique vouée au plaisir de l'oreille presque autant qu'à celui de l'esprit.

De quelque talent et de quelque riche savoir qu'un poète comme Politien fît preuve, ce n'étaient pas là, il faut le reconnaître, les gages d'une grande originalité littéraire. L'étude des auteurs latins et grecs allait-elle peser sur les écrivains modernes, et devait-elle les priver d'une inspiration propre et distincte, ou bien au contraire était-elle capable d'affranchir, de tremper et d'exciter les esprits?

Dans le terroir même, c'est-à-dire dans le propre génie populaire de la Toscane, reposaient les germes de deux genres poétiques dont l'un n'était pas encore éclos, tandis que l'autre, qui n'avait jamais cessé entièrement de produire, se préparait à donner de

nouveaux fruits, deux genres opposés, mais que
l'esprit italien, particulièrement au xv° siècle, sut
associer sans beaucoup d'efforts : nous voulons parler
de la poésie purement édifiante et religieuse et de
l'épopée romanesque.

Ce dernier genre, plus voisin de la satire ou de la
parodie que de la grande épopée, naissait au commencement du siècle, dans la boutique du barbier
Domenico Burchielo, l'auteur de célèbres *Sonnets*;
mais il faut chercher son second berceau dans
l'intime société groupée autour des Médicis, qu'animait le vieil esprit florentin. Les deux frères Pulci,
Luca et Luigi, l'inaugurèrent réellement, le premier
par son poème du *Ciriffo Calvaneo*, le second
par le célèbre *Morgante Maggiore*. Il ne faut pas
exagérer le scepticisme de pareilles compositions.
Ce n'était pas avoir entièrement rompu avec les
idées et les croyances d'un autre âge que de les
choisir pour cadre et d'y associer si familièrement sa
pensée poétique. Un entier silence, un volontaire
oubli, eussent été bien autrement la marque d'un
sceptique dédain. Ils vivaient encore, bien qu'affai-
blis et voilés, ces souvenirs du moyen âge héroïque;
le poète les recueillait tels que le travail de la tradition les offrait de son temps, c'est-à-dire à l'état
d'échos légendaires près de s'éteindre, et que
d'autres voix retentissantes allaient faire oublier. Le
scepticisme philosophique et religieux de la Renaissance n'a jamais franchi certaines limites et l'esprit
italien a su presque de tout temps concilier d'une
façon qui lui est particulière une notable liberté
d'esprit avec une habituelle et comme inconsciente
adhésion à de traditionnelles croyances, devenues

comme le fond de sa nature. Il n'en est pas moins vrai que la voie où l'entreprise des Pulci engageait la littérature florentine n'était pas celle d'un réel progrès, moral ou littéraire; leurs poèmes et celui de Boiardo n'avaient pour but que d'amuser la petite cour des Médicis; il fallut un autre temps et d'autres hommes pour donner à l'épopée romanesque l'éclat durable d'une vive et brillante poésie.

C'était bien aussi une veine réellement nationale et populaire, plus intime encore et plus anciennement féconde, celle qui continuait à produire en langue vulgaire une poésie toute édifiante. Plus la seconde moitié du XIV° siècle avait été accablée de plaies et de misères, plus la première moitié du XV° avait paru, dans certaines classes de la société florentine, incliner vers un demi-paganisme, plus le sentiment religieux de la bourgeoisie et du peuple avait réagi. Le seul souvenir des cantiques de saint François d'Assise, puis de Jacopone de Todi, faisait porter à cette branche de la littérature italienne, sous l'influence d'une excitation mystique, de nouvelles moissons, abondantes et faciles. Florence, au milieu de ses démêlés avec la cour de Rome, venait-elle à être privée par sentence pontificale de la célébration du service divin, les confréries se réunissaient sur les marchés et les places pour prier et chanter en commun. Le pape Urbain V, rendu aux vœux de l'Italie, revenait-il de l'exil d'Avignon, la grande congrégation des *Jésuates* se rendait à sa rencontre; des rameaux d'olivier à la main, ils accompagnaient en procession, toujours chantant leurs cantiques, la marche triomphale du pontife. Ainsi naissaient les compagnies des chanteurs de laudes, *scuole de' laudesi*. Le peuple lui-même devenait le poète en de telles occasions, ou c'étaient du moins quelques-uns de ses plus intimes sentiments que des poètes confondus dans ses rangs traduisaient en un langage en même temps familier et mystique. Là se révélait tout ce que la langue florentine avait de caresses à l'esprit et à l'oreille, tout ce qu'elle savait inventer de ressources pour une expression variée à l'infini. Or cette poésie populaire était, du temps de Laurent de Médicis, en grande faveur après des corporations de métiers. Il leur fallait des chants à répéter en chœur, ou bien à mélanger de récitatifs et de récits dialogués, soit dans leurs fréquents pèlerinages, soit devant leurs madones aux coins des rues de Florence. Il leur fallait parole et musique, et l'on sait que, jusqu'à la réforme entreprise par Palestrina lors du concile de Trente, le service divin était accompagné de chants dont les airs étaient souvent de la plus profane origine, les mêmes motifs se prêtant avec une égale aisance aux couplets de carnaval et aux pieux cantiques [1].

Si la poésie populaire exerçait la langue et la façonnait à son image, la prose italienne ne pouvait manquer de grandir aussi et de s'affranchir des liens

---

1. On peut suivre dans l'ouvrage de M. de Reumont tout le développement de ce genre; le chapitre où le nouveau biographe de Laurent le Magnifique a traité de ce curieux sujet, grâce à une abondante multiplicité de souvenirs, évidemment empruntés à une intime connaissance du pays même, comble en réalité une lacune de l'histoire littéraire. L'auteur a très bien mis à leurs rangs, en faisant apprécier leur allure, des poètes tels que Feo Belcari et Girolamo Benivieni; surtout il a montré de la façon la plus attachante la persistance de cette veine continue qui va du célèbre *Séraphique* à l'éloquent Savonarole.

de l'humanisme dans un siècle où la multiplicité des rapports avait rendu tout à fait nécessaires les moyens d'action et d'échange les plus pratiques. Entre les monuments écrits où se trouve le plus tôt et le plus constamment adopté l'usage de la langue maternelle, il faut signaler à bon droit les correspondances familières, non destinées, comme les lettres des érudits, à figurer aux yeux de la postérité en recueils prétentieux et pédantesques [1]; on peut citer aussi comme ayant beaucoup contribué au progrès de la prose ces livres *de raisons*, c'est-à-dire de comptes, où l'exact génie florentin aimait à inscrire, à côté des chiffres résumant l'économie domestique, la mention des circonstances de famille ou même des événements de la cité. Pareil usage a duré longtemps, comme on sait, dans la France, surtout méridionale; nous en avons conservé de curieux exemples, dont l'historien peut tirer avantage aussi bien que le moraliste et l'antiquaire. Pour ce qui est de l'Italie, plusieurs des livres de raisons du xv⁰ siècle, et précisément émanés de quelques-uns des Médecis, nous sont restés : ils figurent au nombre des plus précieux monuments de la prose italienne. Ajoutez les travaux des annalistes, des chroniqueurs, des historiens, qui, de Cavalcanti à Guichardin, et Machiavel, forgent en habiles artistes cette belle langue encore imprégnée de latin, mais secouant peu à peu ses liens avec une singulière énergie, et bientôt prête pour l'ample exposé des théories de la politique, des négociations de la diplomatie ou des récits de l'histoire.

1. Dans ce nombre on peut citer les très curieuses et édifiantes *Lettere del beato Giovanni delle celle* ; réimprimées dans la *Biblioteca classica sacra... da Ottavio Gigli*, Rome, 1845, t. XIV.

Le mérite de Laurent de Médicis était de s'être fait l'inspirateur de cet essor littéraire en partageant d'abord lui-même de bonne foi les sentiments et les goûts de ses concitoyens. N'eût-il pas eu en main l'autorité suprême, il n'en eût pas moins compté, disions-nous, parmi les éminents lettrés de son siècle. Non seulement c'était en réalité son plaisir d'appeler auprès de lui dans ses magnifiques villas les gens d'esprit et de science, mais en outre il figurait comme écrivain, comme philosophe et comme poète, à l'égal des plus renommés d'entre ceux qui l'entouraient. On peut bien signaler çà et là chez lui, disent les bons juges, quelque rudesse d'expression, des formes anciennes, des tournures auxquelles manque le droit de cité; il n'a pas la sûreté, la plénitude, le constant éclat de Politien, par exemple; mais il suffit de parcourir ses œuvres pour apercevoir combien il est touché des beautés de la nature; il en sait rendre avec délicatesse et comme sans effort les dehors gracieux ou le charme intime; avec cela, il use très librement d'une langue élégante et variée; son talent se plie aux genres divers avec une aisance qui étonne, de sorte que la Renaissance florentine a pu avoir de plus puissants interprètes, mais nul plus franc ni de plus sincère. C'est, bien entendu, l'amour qu'il célèbre dans la plupart de ses sonnets et de ses *canzone*, mais avec une diversité de situations et de couleurs qui empêche toute monotonie, et quelquefois avec un accent de platonisme qui ennoblit l'expression et la pensée. Le petit poème de l'*Altercazione* offre une vue philosophique de la vie et du bonheur; on s'intéresse au retour que fait sur soi-même un esprit qu'on suppose si entièrement voué aux soins et aux vues pratiques. Les idylles de Laurent, que le cadre en soit tiré de la vie rustique, ou de la mythologie, ou des mœurs aristocratiques, comme il arrive dans *la Nencia da Barberino*, dans *l'Ambra* et dans la *Caccia col falcone*, empruntent un charme pénétrant aux vives scènes de nature, qu'elles reflètent avec transparence. Le même pinceau, tout à l'heure sobre et délicat, maintenant chargé de couleurs voyantes, ébauche dans la pièce intitulée *I beoni* (les Buveurs), la satire bouffonne, et prélude de la sorte aux *Canti carnascialeschi*, où il se donnera toute carrière. On sait ce qu'étaient les chants carnavalesques. Florence avait, comme l'antiquité, ses Bacchanales, pendant lesquelles, plusieurs journées de suite, les groupes des divers métiers se livraient au plaisir, dansaient et chantaient. Laurent, qui ne restait étranger, par plusieurs motifs peut-être, à aucune des réjouissances populaires, composa de nouveaux couplets pour ces chanteurs ; chaque corporation tour à tour vient réciter ses vers, libre hommage, bien entendu, à l'épicurisme et au plaisir. On a pu reprocher avec raison à l'auteur de ces trop faciles poésies d'y être descendu parfois jusqu'à la licence ; mais on a pu le défendre aussi, puisque apparemment la plaisanterie la plus libre n'avait jamais été absente de ces fêtes traditionnelles, et qu'en renouvelant cette poésie, un esprit élégant et moderne devait la régler plutôt que l'affranchir. Tout au moins Laurent y apportait-il la grâce et le charme de l'expression ; il est de lui, ce refrain resté populaire, qui résonne encore comme un écho lointain et gracieux de la Renaissance :

Quanto è bella giovinezza
Che si fugge tuttavia !
Chi vuol esser lieto, sia :
Di doman non c'è certezza.

Fidèle représentant de son époque et de sa cité, le même prince (on peut bien l'appeler ainsi) qui dictait ces hymnes au plaisir écrivait des pièces toutes d'édification pieuse, telles que la *Représentation des saints Jean et Paul*, sorte de mystère dialogué à l'exemple de ceux qui n'avaient cessé de réjouir Florence pendant toute la durée du moyen âge, et il écrivait aussi ces laudes ou cantiques dont les pieux accents se mêlaient dans les rues de Florence aux chants épicuriens sans exciter beaucoup d'étonnement ni de scrupule.

Nous en avons dit assez pour montrer quelle part personnelle Laurent le Magnifique a prise à l'essor de son temps, et quel a été le caractère de cette période littéraire. Côme Ier avait ici encore, comme dans la carrière purement politique, donné l'exemple à son petit-fils ; mais celui-ci l'avait dépassé en se montrant lui-même philosophe, ou tout au moins littérateur et poète. Quant à la Renaissance littéraire florentine du xve siècle, entre l'époque illustrée par Dante, Pétrarque, Boccace, et le grand xvie siècle, elle n'avait été, il est vrai, sincèrement originale que par l'érudition et l'humanisme ; mais cela seul avait suffi. On avait pu craindre que l'éclat précédent ne fût effacé par la subite lumière de l'antiquité renouvelée ; cependant le génie italien vivifié avait réagi au contraire, et des œuvres intéressantes, écrites dans la langue nationale, avaient refait les voies plus larges, sans doute, et plus lumineuses, pour un Machiavel

et un Guichardin, pour l'Arioste et le Tasse. Faut-il
toutefois ne voir dans la faveur prodiguée aux lettres
par Laurent de Médicis que l'exécution d'un plan
politique? on l'a dit; au nom de la liberté on a médit
de ce zèle. Singulier stratagème que celui d'un tyran
si habile à prendre les dehors brillants de l'homme
d'esprit et à paraître passionné pour la poésie et les
lettres! De pressants plaidoyers ont, en plus d'une
occasion, soutenu cette thèse; avant de les discuter
nous devons parler de la faveur prodiguée aussi par
les deux grands Médicis aux beaux-arts, autre élément de la question, qui ne doit pas être négligé.

III

Il importe de fixer d'abord par les dates l'étendue
de la période où l'on entend placer ce qu'on appelle
la Renaissance florentine des arts. Avant de chercher
les explications et les origines d'un si mémorable
essor, ne faut-il pas savoir le définir sous peine de
se méprendre sur les circonstances qui déterminent
ou accompagnent d'ordinaire de telles manifestations
du génie humain? Enfermer par exemple la Renaissance florentine dans l'éclatante et courte époque
marquée des noms de Raphaël et de Michel-Ange, ce
sera donner le change sur les données du problème
et offrir aux esprits excessifs les prétextes de leurs
paradoxales conclusions. La période que forment les
dernières années du xve et les premières du xvie siècle
italien a été marquée, en même temps que par d'incomparables chefs-d'œuvre des arts, par les plus

violentes agitations, invasions étrangères, guerres
civiles, sièges et sacs de villes, violences publiques
et privées, corruption et licence. Benvenuto Cellini
manie presque également, comme on sait, le ciseau
et l'escopette; il a des visions mystiques, de pieuses
extases et des colères sanglantes ; Luini exécute ses
grandes fresques, scènes multiples et bien ordonnées
dans le Milanais ravagé par la guerre; l'école de
peinture de Parme est fondée avec une somme d'argent oubliée par les Français après la bataille de
Ravenne, et le Corrège peint la coupole de Saint-Jean
de 1520 à 1524, pendant l'administration fort troublée
de Guichardin; on se rappelle enfin ce qu'a été pour
Rome la date funeste de 1527. Il n'en va pas autrement à Florence même. Or quelques-uns voudront
en induire que toutes les sortes d'agitations sont
fécondes, et qu'il n'y a nulle préparation intellectuelle
et morale nécessaire pour les grandes époques de
l'art, mais qu'il suffit d'un bon vent, d'une heureuse
rencontre, de certaines circonstances, de même
qu'une température fortuite ou une exposition favorable peut susciter, sans le travail de l'homme, les
fleurs et les fruits. Ce serait manquer de justice
envers une période antérieure qui a été toute de très
haute et féconde inspiration. La vérité est qu'une
longue et patiente culture intellectuelle et morale a
toujours préparé les riches moissons des lettres et
des arts, et qu'en outre il ne faut pas mesurer celles-
ci aux seuls produits les plus achevés d'une sève plus
spontanée, en négligeant le grand nombre de ceux
qui les ont précédés ou accompagnés.

Le goût de notre temps, devenu moins exclusif,
sait distinguer souvent dans les œuvres d'art, sous

des formes moins régulièrement parfaites, des trésors de sentiment esthétique et les purs traits d'une vive beauté. Les ouvrages qui lui offrent ces traces privilégiées, volontiers il les élève et les préfère; c'est pour cela que de la Renaissance florentine il ne saurait séparer tout le xve siècle, si fécond en œuvres exquises, et même le xive qui, s'il peut être considéré comme un temps de préparation, a cependant déjà inauguré cette renaissance, dont, tout à la fin du xve siècle, un essor d'incomparable splendeur a atteint les derniers sommets.

Cela ne veut certes pas dire qu'on entende ici donner raison à la thèse outrée qui soutient l'unique excellence de l'art exclusivement religieux, dont le commencement du xve siècle a encore offert tant d'admirables exemples. Sans doute l'idéal religieux, en un temps de foi naïve, a rencontré une merveilleuse expression dans ce qu'on a appelé l'art gothique. Ces cathédrales aux flèches élancées, aux voûtes étroites, hautes et sombres, dont les longues lignes verticales semblent ne s'arrêter enfin qu'à regret, transformant la voûte en ogive, monuments enfantés sur notre sol par notre art national, et que l'Europe occidentale a imités de nous, ont servi d'éloquents témoignages à une piété exaltée et sincère. En mainte curieuse page de nos anciens chroniqueurs, on peut voir l'église gothique s'élever par des mains non mercenaires, par celles de nombreux pénitents, hommes et femmes, pauvres et riches, qui s'attèlent aux chariots et transportent les pierres en chantant des cantiques [1]. Cependant cet art, expression d'un

---

1. *Rerum Gallicarum scriptores*, t. XIII, p. 290. — *Annales ordinis Sancti Benedicti*, t. VI, lib. lxxviii, c. LXVII, anno 1145.

sentiment enthousiaste, devait trouver promptement par là même ses limites de durée et de puissance ; il n'était pas fait pour survivre à un temps d'effervescence religieuse ; il ne se prêtait pas facilement à d'autres interprétations de l'idéal ; il trahissait enfin certaines faiblesses : jusque dans ses plus belles œuvres, il dissimulait avec peine l'appareil des soutiens extérieurs destinés à seconder au dedans sa prestigieuse et naïve audace. De même la sculpture et la peinture gothiques, presque trop fidèles traductrices de la pensée chrétienne, en offrant à l'édification des âmes de trop expressifs symboles, des figures ascétiques ou mystiques, oubliaient ou excédaient les conditions qui, d'elles-mêmes, s'imposent aux arts du dessin. L'architecture peut aspirer à rendre quelque idée simple, comme celle de la majesté ou de la puissance ; mais elle est en même temps singulièrement asservie aux lois, aux proportions, aux harmonies qui règlent et dominent la matière ; quant à la peinture et à la sculpture, l'abstrait n'est pas leur domaine ; elles ne peuvent parvenir à interpréter la vie idéale, à traduire les sentiments moraux, que par une attentive étude et une intelligente imitation de la réalité vivante et de la nature créée. L'art religieux a certes une grande et belle place, à condition que, prétendant transfigurer la nature, il ne commence pas par la méconnaître et la maudire, et qu'il ne répudie pas les maximes désintéressées de l'esthétique, suivant lesquelles l'unique objet de recherche et de pensée doit être la beauté idéale, telle que les éléments de la beauté saisissable et réelle permettent de la deviner et de la rendre.

Si l'on consent à interpréter plus largement que

ne le faisaient nos pères le terme consacré de siècle de Léon X, et à ne pas exclure de la Renaissance florentine des noms comme ceux de Ghiberti et de Brunellesco, dignes de faire cortège à ceux de Raphaël et de Michel-Ange, venus près d'un siècle après eux, alors tout reprend sa juste place, — et les droits imprescriptibles du génie, qui sans doute souffle quand et comme il lui plaît, mais toutefois dans l'unique région de certaines hauteurs préalablement conquises, — et l'ordinaire intervention des circonstances propices aussi bien que des règles salutaires. Communes conditions dont le génie peut se passer, mais qu'il ne récuse pas, que bien plutôt il invoque d'ordinaire et plus tard justifie. Il peut sembler oiseux de rechercher par quelles voies s'accomplit l'élaboration première des grands siècles, car il appartient au génie seul d'ouvrir et de diriger ces voies, et ceux qu'on appelle les protecteurs des lettres et des arts peuvent tout au plus, en favorisant ou en excitant certaines aspirations particulières, seconder un essor devenu général. L'expérience démontre toutefois que jamais une grande époque n'est subitement issue d'un long état de torpeur, et on la voit précédée d'ordinaire par un développement d'activité ou même d'agitation énergique en vue de grands intérêts ou de virils débats, interrompue ou suivie de calmes féconds. La mémorable lutte d'Athènes pour son indépendance, et, après cette lutte, l'intelligente hégémonie de Cimon, fils de Miltiade, qui mérita presque de donner son nom au siècle, ont comme inauguré le beau temps de Périclès; les réformes de César, succédant aux guerres civiles, paraissent avoir enfanté l'âge d'Au-

guste ; le règne réparateur de Henri IV au lendemain
des guerres religieuses a suscité Louis XIV, et de
même ce qu'on appelle le siècle de Léon X a été
sans nul doute redevable au génie de la période italienne qui l'a précédé sous l'influence des premiers
Médicis.

Ni l'établissement politique ni le développement
moral et littéraire dont nous avons vu que la république florentine avait, dans cette dernière période,
été le théâtre, ne sont demeurés sans action, comme
on le pense bien, sur l'essor particulier qui a produit
dans la Toscane la renaissance des arts. L'établissement politique, en donnant à Florence une liberté
réglée, y faisait naître l'émulation, puisque chaque
parti ne pouvait arriver au premier rang que par
le suffrage des citoyens, et ne s'y maintenait qu'en
sachant conserver la faveur publique. Les citoyens
eux-mêmes étaient partagés en corporations qui lut-
taient de crédit et de renommée. Il en était de la sorte
par toute l'Italie, où les villes, centres de petits États,
rivalisaient entre elles et se disputaient la première
place. Or quelle magnifique expression les beaux-
arts n'offraient-ils pas à cette émulation commune?
Chaque ville eut, pour ainsi parler, son génie, qui se
traduisit dans une école particulière. On sait en
quelles pages éclatantes les peintres vénitiens célé-
brèrent le triomphe de leur fière cité; l'école de
Sienne, celle de Milan, celle de Pérouse, répondirent
aux aspects divers de ces concurrences fécondes,
auxquelles ne manquèrent pas les manifestations
toutes populaires : on vit se raviver, en effet, particulièrement à Florence, ces coutumes pittoresques,
ces fêtes municipales, ces processions de caractère,

ces spectacles allégoriques où se plaisait tant le génie italien, avide du plaisir des yeux, curieux d'imaginations subtiles et brillantes. C'était encore, avec tant d'autres, un trait hérité ou renouvelé de l'antiquité classique. Marcellus après la prise de Syracuse, Paul-Émile après la défaite de la Macédoine, exposaient dans les rues de Rome, avec le secours du peintre et du machiniste, des scènes roulantes, de vastes décors, et ce qu'on peut appeler des tableaux vivants, par où se trouvaient figurés leurs hauts faits, leurs assauts et leurs batailles. On faisait venir en pareilles occasions les artistes les plus renommés de la Grèce; des statues improvisées qu'on portait dans ces pompes personnifiaient les provinces soumises, les grands fleuves subjugués, les prisonniers illustres. Lors du triomphe de Vespasien et de Titus, le peuple romain admira des machines qui lui montraient la fuite et le massacre des ennemis, l'écroulement des murailles, l'incendie du Temple et de Jérusalem entière. L'esprit de cité, reprenant à son profit dans les temps modernes ces traditions romaines, offrait aux arts du dessin, les occasions les plus brillantes. Tout le monde a lu dans Vassari les récits de la fête de la Mort ou de tant d'autres exhibitions célèbres, auxquelles prenaient part comme ordonnateurs et comme décorateurs les plus éminents artistes, un Piero di Cosimo, un Francesco Granacci, un Andrea del Sarto.

On pense bien que la cause des arts était intéressée de même soit au renouvellement des idées philosophiques et littéraires, soit au mouvement d'érudition et de découvertes qui ont marqué d'une si originale empreinte le xv° siècle. Sans doute Dante,

Pétrarque et Boccace avaient déjà ramené les esprits aux souvenirs de Rome et de la Grèce : sans doute un artiste comme Nicolas de Pise avait, de longue date et avec éclat, enseigné quel profit on devait tirer des riches débris de la sculpture antique. On peut dire toutefois que c'est seulement au xvᵉ siècle, et grâce aux progrès de l'humanisme, que l'intelligence de l'art antique s'est formée et que son génie est devenu source vive. C'est alors qu'une ardeur nouvelle suscite d'incroyables efforts pour satisfaire une curiosité empressée à faire renaître de l'oubli l'antiquité monumentale et figurée. Un Cyriaque d'Ancône, par exemple, fut une des plus curieuses figures de ce temps et son nom peut servir à résumer tout ce qui s'accomplit alors. Il faut le suivre, en s'aidant de son *Itinéraire* ou bien de ses recueils d'inscriptions auxquels son journal est mêlé, à travers l'Orient grec qu'il parcourt en tous sens pendant les années 1436 et 1437, en Illyrie, en Épire, aux îles, en Péloponèse, à Delphes, à Thèbes, à Athènes. Ce n'est pas seulement l'actif et patient érudit qui recueille avec un soin scrupuleux les instruments de l'histoire, c'est aussi le voyageur intelligent et instruit qui recherche les lieux et les monuments, théâtres d'un glorieux passé, et qui ne les voit pas sans émotion devenus ruinés ou déserts. De la montagne de Mistra il descend dans la plaine et y admire les majestueux débris de Sparte *amplissima civitatis vestigia, ingentia et ornatissima urbis aedificia, statuas, insignes, mamoreas columnas, et epistylia hinc inde per agros longa antiquitate collapsa.* Il visite avec étonnement Delphes et Athènes, ces nobles murs, ces roches sculptées, cette architecture antique, *nobilissima maenia, rupes meisas, arte mirabili,* ces colonnes, ces ruines éparses, ces marbres admirablement travaillés. Il donne ensuite les mesures des principaux édifices, de telle sorte qu'à l'impression morale son récit ajoute les informations techniques et précises [1].

Au même temps Squarcione visite aussi la Grèce et rapporte en Italie, non seulement des dessins, mais des statues, des bas-reliefs, des médailles, des pierres gravées; précieuses épaves qui vont trouver place, à l'abri de nouveaux désastres, en de nombreuses galeries; Rome en particulier par ses ruines, désormais mieux comprises, devient tout entière comme un vaste musée d'étude; le tableau qu'en trace le Pogge dans son petit écrit *De fortunae varietate urbis Romae et de ruina ejusdem descriptio,* est de 1430; les plus grands artistes florentins, J.-B. Alberti, Brunellesco, Donatello y viennent méditer leur art et le Bramantino, fils ou élève du Bramante, en rapporte vers le commencement du xvie siècle, un curieux recueil de plans et de restitutions; témoignage authentique entre beaucoup d'autres du progrès qu'avaient fait, vers la fin de la période de la Renaissance, l'intelligence et le respect des monuments de l'antiquité [2].

1. *Inscriptiones seu epigrammata graeca et latina reperta per Illyricum a Ciriaco Anconitano...* Romæ, 1747, in-folio. — Cf. Scalamonti, *Vita di Ciriaco,* apud Colucci, *Antichité Picene,* t. XV, in-folio.

2. *Le ravine di Roma al principio del secolo* xvi°. *Studi del Bramantino... con prefazione e note del Giuseppe Mongeri;* in-folio, 1875, tiré à 200 exemplaires. La publication de ces dessins d'architecture eût été beaucoup plus utile si l'éditeur avait pu donner des identifications précises, travail délicat et difficile, qu'il ne paraît pas avoir tenté.

Si, au point de vue des arts du dessin, de la peinture et de la sculpture, cette étude de l'art antique a été une incontestable source de beauté, lorsqu'elle s'est mêlée sans la tarir à l'inspiration chrétienne des âges précédents; en a-t-il été de même pour l'architecture et cet art, aux attaches plus intimes avec le milieu où il se développe, n'avait-il pas déjà produit sur le sol italien, suscité peut-être par une inspiration étrangère, ses plus rares merveilles, les églises superposées d'Assise, l'étonnant palais de ville de Gubbio, les cathédrales de Pise, Sienne, d'Orvieto, le campo santo de Pise et tant d'autres? A Florence même, à la fin du XIVe siècle, l'architecture et à sa suite la sculpture ont déjà produit des monuments qui ne seront point surpassés en grâce et en beauté. La physionomie de Florence est alors celle d'une cité de libre et riche bourgeoisie qui, au sortir d'une longue période de guerres intestines, inaugure une ère de brillante prospérité. — Ce n'est pas seulement la discorde qui dans l'âge précédent, jusqu'en 1378, date de la terrible révolte des Ciompi, a désolé la ville; d'autres fléaux ont, en s'ajoutant, multiplié les désastres. L'incendie a détruit pendant l'année 1304, avec l'ancienne construction d'Or. San Michele, dix-sept cents maisons ou édifices, et, en 1333, le campanile, bientôt remplacé par celui de Giotto. L'inondation du 1er novembre de cette dernière année a fait crouler trois ponts et ruiné quelques parties de monuments. La peste de 1326, celle plus fameuse encore de 1348, les troubles qui ont suivi la honteuse domination du duc d'Athènes en 1343, et enfin les ravages des grandes compagnies ont risqué de faire disparaître les souvenirs déjà

5.

renommés de la cité que Dante avait aimée. Cependant, après cette série d'épreuves, une ardeur incomparable s'est emparée de Florence et l'on a vu se multiplier, soit par l'achèvement de constructions antérieurement commencées, soit par de nouveaux édifices, les témoignages d'un art qui approchait de la perfection. A quelques pas seulement les uns des autres, cette magnifique série de monuments — Santa Maria del Fiore, le nouveau dôme, commencé par Arnolfo Sapo, continué par Giotto et d'autres; l'élégant campanile revêtu de marbre, paré de bas-reliefs et statues, que Giotto a transmis pour le terminer à son élève Taddeo Gaddi. — Le second Or. San Michele que Taddeo Gaddi a élevé, puis qu'Orcagna, auteur du riche tabernacle, décorait magnifiquement. — Sainte-Marie-Nouvelle, achevée seulement au milieu du XIVe siècle sauf la façade. — Le palais de la Seigneurie (palazzo vecchio), le Bargello d'un âge antérieur, etc. — atteste l'inouïe fécondité de l'architecture florentine, pendant les années qui précèdent et suivent 1400. Les ponts écroulés sont d'ailleurs reconstruits, l'enceinte fortifiée a été complétée, les palais se sont redressés, non sans conserver, avec leur masse imposante, dans les rues étroites, leurs créneaux, leurs rares fenêtres, leurs portes basses, leurs rudes bossages d'*opus rusticum*, tout un air de défiance rappelant encore les guerres civiles. Les *loggie*, pourtant devenues plus nombreuses, modèrent la sévérité de cette architecture par un aspect nouveau, comme de réconciliation et de facile accueil. C'était un vieil usage, interrompu par les dissensions intestines, que chaque famille d'importance fît construire dans les rues ou sur les places, non loin de la maison d'habi-

tation, du palais héréditaire, un de ces portiques
couverts qui offraient à l'ombre et un peu à l'écart,
des lieux de réunion commodes, pour traiter en
quelques instants de certaines affaires ou pour recevoir, presque publiquement, la parenté ou du moins
la clientèle. Des mariages, des ligues, des marchés
de toute sorte y étaient souvent conclus : c'était
quelque chose d'intermédiaire entre la *leschè* ancienne
et la bourse moderne. Un tel usage convenait à une
époque de vie municipale, quand la cité italienne
était comme un petit État où de principales familles
jouaient un rôle politique et civil. Le calme semblant
revenu dans la cité, la Seigneurie de Florence voulut
avoir elle aussi sa *loggia* d'où elle présiderait aisément les réunions et les fêtes, fonction devenue des
plus fréquentes et à laquelle ne suffisait plus la *ringhiera* ou tribune adaptée à la façade du palais
en 1349. Ce ne fut toutefois qu'en 1376, le 22 septembre, que fut commencée la construction du célèbre
édifice qui, à partir du XVIe siècle, a reçu le nom de
loggia dei lanzi[1].

1. Vasari et d'autres après lui ont eu tort d'attribuer cette
œuvre élégante et hardie à André Orcagna, dont la mort doit
sans doute être placée en 1368; on a du moins une délibé-
ration des consuls *dell' arte del Cambio* par laquelle, le 25 août
de cette année, le sachant gravement malade, ils désignent son
frère Jacques pour terminer un travail dont il avait été chargé
antérieurement, et c'est le dernier document où il soit parlé
d'André Orcagna comme vivant encore. Dans un autre document de 1375, il est mentionné comme étant mort depuis
longtemps. Il n'est pas même probable qu'André Orcagna ait
pu faire le dessin et préparer le modèle d'un édifice dont
l'emplacement ne fut déblayé, par la démolition des maisons
Baroncelli et autres, que huit ans plus tard. Les documents
démontrent que la construction de la Loggia en 1376 fut confiée
à Benci di Cione et à Simone di Francesco Talenti, deux excel-

La Renaissance florentine eut son œuvre et son triomphe quand commença de s'élever, à partir du 7 août 1420, au milieu de l'étonnement général, la fameuse coupole de Santa Maria del Fiore de Brunellesco. Vasari nous a raconté en traits attachants la vie de ce grand artiste. Il nous l'a montré s'en allant avec son ami Donatello à Rome pour étudier, pour mesurer chacune des majestueuses lignes de la ville éternelle et restituer en architecte, en antiquaire, en patriote italien, l'image de ce que l'ancienne Rome avait été. Il nous a dit l'ardeur religieuse qui lui inspirait une foi invincible dans le succès de son entreprise, sa confiance dans le secours de Dieu et de la Vierge à la gloire de qui devait s'élever un tel monument, ils ne manqueraient pas de donner la force, la sagesse et le génie à celui qui serait chargé d'un si grand ouvrage. Brunellesco apportait donc à cette œuvre le double appui de la tradition antique et d'une foi égale à celle du moyen âge, mais il dominait le passé par la précision de la science mathématique, par l'entente des proportions, par la supériorité intelligente de son inspiration. La coupole de Santa Maria del Fiore, plus audacieuse que ce qu'avait fait l'antiquité, plus étonnante et plus triomphante, à vrai dire, que ce qu'avait osé le moyen âge, résumait tous les efforts qui avaient précédé, et en même temps annonçait l'architecture moderne et la coupole de Saint-Pierre.

lents artistes, qui travaillèrent à Or. san Michele et au palais du Bargello. (Voir à ce sujet la courte mais excellente monographie intitulée *La loggia della Signoria*, insérée dans la première série des *Curiosità storico artistiche fiorentine* del conte L. Passerini, Firenze, 1866.)

La sculpture florentine ne s'était jamais séparée du grand art qui lui apprêtait de si beaux cadres, et lui suggérait de si nobles harmonies, mais elle avait accepté en même temps une autre tutelle, celle de l'art de l'orfèvre dont toujours la trace lui restera. Les noms de Ghiberti et de Donatello marquent en tout cas pour elle, au commencement du XVᵉ siècle, un moment suprême dont témoigneront aussi bien la riche invention de ses bas-reliefs, l'élégance exquise, la précision fine et délicate, la ferme expression de ses marbres et de ses bronzes. Quant à la peinture, plus indépendante au moins pour les procédés, de l'étude de l'antiquité classique dont elle n'avait presque pas recueilli de modèles, mais qui toutefois pouvait indirectement s'instruire par les monuments sculptés, elle s'était, avec un Cimabue, un Giotto, frayé sa route. Le progrès définitif qu'elle accomplit dans la première moitié du XVᵉ siècle avec un grand artiste tel que Masaccio, l'engagea dans les voies dernières où, attentives à l'aspect vivant de la nature, elle réunira en même temps la pureté du dessin, la vérité de la couleur; et l'expression religieuse s'imposant désormais, sans l'excès du mysticisme et sans l'inexpérience des moyens, à ceux mêmes qui ne l'auraient pas trouvée avec leur cœur, à un Pérugin, à un Filippo Lippi, aussi bien qu'à un Angelico de Fiesole. Si l'on doutait de l'étude que les peintres comme les sculpteurs faisaient de l'antiquité il suffirait pour en donner la preuve effective de rappeler les représentations de monuments, de bas-reliefs antiques qu'ils aimaient à introduire, soigneusement reproduits, dans leurs œuvres comme le Pinturicchio dans les appartements Borgia ou Ghirlandajo dans les fresques de Sainte-Marie-Nouvelle. C'est sans doute de quoi compenser le reproche d'une certaine tendance au naturalisme que cette première époque a pu être accusée d'avoir acceptée et transmise.

Les rapports des Médicis avec les artistes de leur temps montrent quelle noble simplicité régnait entre eux sans faire tort au sentiment de dignité que les uns puisaient dans la conscience de leur génie, les autres dans celle de leur puissance. Côme a visiblement secondé, fortifié, étendu le mouvement de renaissance qui avait déjà produit de belles œuvres avant lui; on le voit non seulement multiplier à l'intérieur de l'État florentin les constructions surtout religieuses, réunir à grands frais les débris antiques, respecter le grand art et propager ce respect, mais aussi envoyer au dehors des artistes florentins, ou les plans qu'ils ont tracés, et répandre ainsi leur renommée. Michelozzi, le continuateur de Brunellesco à Santa Maria del Fiore, lui est personnellement attaché. Donatello, quand Padoue veut l'attirer en le faisant citoyen, ne veut pas quitter le chef de la république florentine, dans lequel il trouve un ami et à côté de qui plus tard il aura sa sépulture; Ghiberti et son élève Lucca della Robbia ont à son égard de pareils sentiments. Lippi lui est en tout redevable, Benazzo Gozzoli prend soin de l'informer sans cesse des travaux qu'il accomplit au dehors. Il est évident que l'époque à laquelle le nom de Côme a présidé a été celle d'un vigoureux élan qui en plus d'une direction a porté l'art vers de suprêmes hauteurs, le concours du prince se joignant aux communs efforts a été là singulièrement actif et sans nul doute efficace. Après le court principat de Pierre de Médicis, l'époque

de Laurent le Magnifique n'a certes pas été moins
féconde et son zèle moins dévoué; d'une période à
l'autre, il y a cependant des différences qu'il est intéressant de rechercher. Laurent, avec son heureuse et
riche nature, était doué d'un sentiment personnel qui
donnait sans doute un prix particulier à ses rapports
avec les artistes. Habile en architecture, il avait
dressé un projet de façade pour le dôme de Santa
Maria del Fiore qui devait en rester dépourvu jusqu'à
nos jours; ses célèbres jardins de Saint-Marc, véritable musée d'antiques où Michel-Ange se révéla; ses
échanges d'œuvres d'art avec le roi de Hongrie
Mathias Corvin; ses relations continues et familières
avec un certain nombre d'artistes le montrent assurément digne de la renommée qui s'attache à son nom
comme à celui de son aïeul. A son service l'architecte
Giuliano Giamberti conquit son surnom devenu glorieux de San Gallo; comme le sculpteur Donatello
et le peintre Filippo Lippi avaient été les favoris
de Côme, le sculpteur Verrochio et le peintre Filip-
pino Lippi furent les favoris de Laurent; il en fut de
même d'Antonio Pollaiuolo, de Botticelli, noblement
secouru dans sa misère, et de bien d'autres. Peut-être
cependant sa protection la plus efficace s'est-elle
exercée de préférence dans le domaine des lettres.

Plusieurs des plus grands artistes ont travaillé en
dehors de son influence. Sous Côme Florence avait
vu s'élever d'après les dessins de Brunellesco en 1440
le fameux palais de Luca Pitti; sous Laurent le
majestueux palais de Pilippo Strozze s'éleva par les
soins de l'architecte Benedetto da Majano et Simone
Pollaiuolo donna pour couronne à l'édifice le bel
entablement qu'on y admire encore aujourd'hui;

mais cette belle œuvre fut construite non seulement
sans l'ordre ni le concours de Laurent de Médicis,
mais comme par subterfuge en défiance de sa jalousie
et de son mauvais vouloir [1]. Laurent n'édifia lui-
même en somme que le couvent de San Gallo,
ouvrage remarquable de Giuliano Giamberti, bientôt
ruiné dans les troubles du commencement du
XVIe siècle, et la belle villa de Poggio-a-Cajano où ce
même artiste déploya des talents dont les témoignages sont encore visibles de nos jours. Peut-être
cela s'explique-t-il par le progrès même qui s'était
accompli. L'art s'était affranchi en quelque mesure
de la protection princière. La génération qui avait
illustré le règne de Côme avait disparu ou s'éteignait
vers l'année de l'avènement du second grand Médicis.
Laurent se plaignait de n'avoir plus autant d'architectes et de sculpteurs que de peintres. L'architecture
et la sculpture avaient eu dans l'époque antérieure
leur principal essor, et c'était maintenant la peinture
qui allait donner aux œuvres précédentes leur
suprême achèvement et avec un Antonio Pollaiuolo,
un Botticelli, un Paolo Ucello pour la perspective, un
Luca Signorelli pour l'étude anatomique, s'emparer
des dernières hauteurs. Mais le peintre qui nous
donnera la plus fidèle représentation de la Florence
du XVe siècle est certainement Ghirlandaio; chez lui
on trouve une sérieuse étude de la nature et des
traits individuels, unie à ce sentiment des belles
formes, qui sait choisir parmi les réalités en dédai-
gnant ce qui offense. Si on observe ses représentations de l'histoire des saints ou des récits évangé-

1 Von Reumont.

liques, on se retrouve, sans mélange d'aucune impression discordante ou simplement étrangère, dans la Florence de son temps, au milieu de cette vie aimable, active, brillante ; parmi ces intelligents bourgeois et leurs femmes au riche costume, au maintien grave et modeste, dans cett eville qui méritait d'être appelée, selon l'inscription bien connue du chœur de Sainte-Marie-Nouvelle, belle entre toutes, honorée de ses rivales, fière de son atmosphère pacifique et salubre, riche de gloire, d'œuvres d'art, de célèbres monuments. Les fresques dont Ghirlandaio a décoré ce chœur de Sainte-Marie-Nouvelle offrent particulièrement, comme on sait, toute une galerie de portraits. De même que l'artiste a représenté Laurent de Médicis dans la chapelle Sassetti de la Trinité, voici maintenant Marsile Ficin, Landino, Politien, Gentile d'Urbino, c'est-à-dire les maîtres de l'humanisme puis les peintres, comme Baldovinetti et David Ghirlandaio, puis les membres des familles Tornabuoni, Tornaquinci, les parents ou les amis des Médicis, toute une glorification des dernières années de Laurent et du même coup, pour les artistes de la grande génération qui se formait alors, tout un nouvel enseignement, comme l'avait été au commencement du siècle la fameuse chapelle Brancacci avec les peintures de Masaccio.

Plus d'un peintre a tracé le portrait de Laurent de Médicis, de cette figure attachante, malgré l'irrégularité des traits, par la beauté et la profondeur du regard et caractéristique dans ses dernières années par une expression de tristesse presque dure comme trahissant l'angoisse de l'opposition grandissanet autour de lui et de la mort prématurée qui s'approche. Il est curieux de connaître sur lui le jugement de ses contemporains. Un des plus illustres représentants de la Renaissance nous l'a laissé dans une œuvre restée inédite jusqu'à ces derniers temps. Guichardin n'avait que dix ans à la mort du dernier grand Médicis, mais lorsqu'il écrivit son *Histoire florentine*, œuvre de jeunesse, il était entouré des témoins de la domination des Médicis, et dans sa propre famille même, de ceux qui y avaient pris part dans les grandes charges de la république. Son jugement s'éclairait encore de la comparaison avec les années de liberté, mais d'agitations intérieures et de guerre étrangère qui avait suivi. Dans ce morceau on retrouvera les habitudes classiques d'esprit et de style en honneur dans l'Italie du xvie siècle, mais aussi le goût des réalités et des traits individuels, l'art de l'écrivain est d'accord avec celui des peintres et sculpteurs [1].

La cité était dans une paix profonde, son gouvernement était uni et fort et si puissant que nul n'osait hasarder le moindre signe d'opposition. Chaque jour, le peuple satisfait par l'abondance des choses nécessaires à la vie et par la prospérité du commerce, se délectait dans les fêtes, les spectacles et les nouveautés de tout genre. Les hommes de science et de mérite applaudissaient en voyant les honneurs et les récompenses se répandre sur les œuvres de l'intelligence, des lettres et des arts. Jouissant de ce complet et heureux repos à l'intérieur, la cité atteignait au dehors le plus haut degré de réputation et de gloire pour la grande autorité de son gouvernement et de son chef, pour l'accroissement récent de son domaine, pour avoir procuré enfin en grande partie d'abord le salut de Ferrare, et ensuite celui du roi de Naples. Alliée de Naples et

---

1. Francesco Guicciardini, *Opere inedite*, t. III. — *Storia florentina*, chap. iii, p. 82.

de Milan, disposant en entier du pape Innocent, la république tenait pour ainsi dire la balance de toute l'Italie,
quand un accident renversa tout cet édifice de prospérité
et amena le trouble et le désordre non seulement dans
Florence, mais dans l'Italie entière.

Dès l'année 1491, Laurent avait souffert d'une assez
longue maladie, que les médecins avaient jugée de peu
d'importance. Cependant, soit qu'il eût été soigné trop
tard, soit que le mal eût fait des progrès cachés, au mois
d'avril 1492 il mourut. L'importance de cet événement fut
signalée par de nombreux présages : une comète avait
paru peu de temps auparavant; on avait entendu hurler
des loups; dans l'église de Santa Maria Novella, une
femme prise de fureur s'était écriée qu'un bœuf avec des
cornes de feu incendiait toute la ville; les lions[1] s'étaient
battus, et un des plus beaux avait été tué par les autres ;
enfin, un jour ou deux avant la mort de Laurent, la
foudre était tombée de nuit sur la lanterne de la coupole
de Santa Maria Liperata, et en avait détaché quelques
grosses pierres qui avaient roulé du côté de la maison des
Médicis. On regarda aussi comme extraordinaire ce qui
arriva à Piero Lione de Spolète, le plus célèbre médecin
de toute l'Italie, et qui soigna Laurent de Médicis. Laurent
mort, il se jeta de désespoir au fond d'un puits et s'y
noya; — il est vrai que quelques gens ont dit qu'on l'y
avait jeté...

Il y eut en Laurent beaucoup et d'éclatantes vertus. Il y
eut aussi plusieurs vices, en partie naturels, en partie
de nécessité. Il s'empara d'une si grande autorité qu'on
ne peut dire que de son temps la cité fût libre. Elle jouit
du moins de toute la gloire et de toute la félicité que
peut posséder un état libre de nom, asservi de fait par un
seul de ses citoyens. Les choses qu'il a faites, bien qu'à
blâmer sur quelques points, furent néanmoins pleines de
grandeur. Il y manque, non par sa faute, mais par suite
de l'humeur de son temps, ce fracas des armes, cette
science et ce régime de la guerre qui donnaient la
renommée chez les anciens. On ne racontera point de lui

1. De la ménagerie.

la défense d'une ville, la prise d'une forteresse, un stratagème habile, une victoire sur l'ennemi; mais, si l'histoire
de sa vie ne resplendit pas des éclairs de cette sorte de
gloire, on y trouvera du moins tous les signes des vertus
qui peuvent briller dans la vie civile. Parmi ses adversaires mêmes, nul ne refuse une grande et singulière intelligence à celui qui a gouverné pendant vingt-trois ans,
avec une perpétuelle augmentation de puissance et de
gloire, une ville comme Florence, remplie d'esprits subtils
et inquiets, où le parler est si libre, où les charges de
l'État, peu nombreuses, ne peuvent appartenir qu'à une
petite partie des citoyens, au risque de mécontenter la
majorité; à celui qu'honorèrent de leur amitié particulière
tant de princes en Italie et hors d'Italie : le pape Innocent,
le roi Ferdinand, le duc Galéas, le roi Louis de France,
jusqu'au Grand-Turc et au Soudan, dont il reçut en présent dans les dernières années de sa vie une girafe, un
lion et des béliers...; à celui dont les discours publics et
privés étaient d'une pénétration et d'une habileté qui, en
diverses occasions, notamment à la diète de Crémone,
lui valurent de grands avantages; à celui enfin dont les
lettres respirent le plus vif esprit, que rehaussaient une
grande éloquence et la parfaite élégance de l'expression...
Il aima la prééminence et la gloire plus qu'homme au
monde, et on peut lui reprocher d'avoir porté cet appétit
jusque dans les choses minimes, ne voulant être surpassé
ou imité par personne, ni dans les vers, ni dans les jeux,
ni dans les exercices du corps, sachant mauvais gré à qui
le tentait, et voulant de même égaler et surpasser dans les
grandes choses les autres princes de l'Italie, ce qui déplai-
sait fort au duc Louis Sforza. Néanmoins, à tout prendre,
in universum, cette passion de gloire fut digne d'éloges, et
son nom n'eût point été célébré en tous lieux, même hors
de l'Italie, s'il n'eût voulu que de son temps les arts et
toutes les choses de l'intelligence fussent cultivés plus
excellemment à Florence qu'en aucune autre ville du
monde.

Quant aux lettres, il établit à Pise une école pour la
philosophie et pour les arts libéraux, et, comme il lui était
démontré par beaucoup de raisons qu'elle ne pourrait
rivaliser pour le nombre d'étudiants avec les écoles de

Pavie et de Padoue, il dit qu'il lui suffisait que la réunion des professeurs y fût la première par le mérite. On y vit professer en effet, généreusement payés, les hommes les plus éminents et les plus fameux de toute l'Italie, Laurent n'épargnant pour les avoir ni argent ni peine. C'est ainsi que l'étude des humanités se développa sous messire Ange Politien, l'étude du grec sous messire Démétrius, puis sous Lascaris, la philosophie et les sciences sous Marsile Ficin, maître George Benigno, le comte de La Mirandole et d'autres hommes excellents. Il accorda une même faveur à la poésie en langue vulgaire, à la musique, à l'architecture, à la peinture, à la sculpture, si bien que la cité était remplie de toutes ces délicatesses (*gentilezze*), lesquelles surgissaient (*emergevano*) d'autant plus innombrables que Laurent, d'un esprit universel, en donnait son jugement et savait discerner les habiles, qui, pour lui plaire, travaillaient alors à l'envi l'un de l'autre. Ajoutez sa libéralité infinie, fournissant à tous les hommes de mérite les instruments et les moyens du travail, comme par exemple lorsque, pour composer une bibliothèque grecque, il envoya Lascaris, savant homme qui enseignait le grec à Florence, chercher jusqu'en Grèce même des livres anciens et précieux.

Cette même libéralité maintenait sa réputation au dehors et ses bonnes relations avec les princes italiens et étrangers, car il n'y avait sorte de magnificence qu'avec ses grandes richesses, il ne se permît pour obliger les hommes illustres de son temps. Aussi, ses dépenses augmentant sans cesse à Lyon, à Milan, à Bruges et en d'autres villes où étaient ses comptoirs de commerce, et ses gains diminuant par la mauvaise direction d'agents comme Lionetto de' Rossi, Tommaso Portinari, etc., lui-même ne s'entendant pas au négoce et ne s'en souciant que fort peu, ses affaires tombèrent en un tel désordre qu'il fut près de faillir, et dut recourir à la bourse de ses amis et même aux finances publiques...

Ses dernières amours, qui durèrent plusieurs années, furent avec Bartolomea de' Nasi, femme de Donato Benci, laquelle n'était point belle, mais aimable et gracieuse. Il en était tellement épris que, pendant un été qu'elle passait à sa villa, il partait en poste à cinq ou six heures du soir pour aller la trouver, la quittant d'assez bonne heure chaque matin pour être de retour à Florence avant le jour. Luigi dalla Stufa et il Butta de' Medici, qui l'accompagnaient, ayant déplu à la dame, elle les mit si bien en disgrâce auprès de Laurent qu'il envoya Luigi en ambassade près du Soudan et il Butta près du Grand-Turc : chose folle en vérité qu'un homme si haut placé, de tant de réputation et de tant de sagesse, à l'âge de quarante ans, fût dominé par une femme ni jeune ni belle au point de faire des choses déshonorantes même pour un jeune homme!

Il passait aux yeux de quelques-uns pour cruel et vindicatif à cause de la dureté dont il usa dans l'affaire des Pazzi, lorsqu'après tant de supplices il emprisonna des enfants innocents et défendit aux filles de se marier; mais l'attaque avait été si violente qu'il n'était pas étonnant que le ressentiment en eût été extraordinaire : il s'adoucit d'ailleurs avec le temps. Le plus fâcheux de son caractère, c'est qu'il fut défiant et soupçonneux, non pas tant par nature que parce qu'il régnait sur une cité qui avait connu l'indépendance et où les affaires devaient se traiter encore par les mains des magistrats d'une manière conforme à la coutume, avec l'apparence et selon les formes de la liberté. C'est pourquoi dès le commencement de son autorité il s'appliqua à abaisser tous les citoyens qui, par leur noblesse, leur fortune ou leur réputation, étaient en estime auprès du public... Ceux qui n'étaient point écartés absolument des affaires se trouvaient mêlés dans le conseil des Cent, dans les élections et dans l'administration des impôts à une quantité d'hommes de rien, avec lesquels Laurent s'entendait, et qui étaient les maîtres du jeu.

Par suite du même caractère soupçonneux, il empêchait les familles puissantes de s'unir par des mariages, et s'ingéniait à leur trouver des alliances qui ne pussent lui donner ombrage, obligeant des jeunes gens de qualité à prendre des femmes qu'ils n'auraient nullement choisies. Les choses en étaient venues à ce point qu'il ne se faisait plus un mariage, même d'importance plus que médiocre, sans son ordre ou son consentement. C'est encore ainsi qu'il voulut, les ambassadeurs n'étant pas choisis par lui-même, qu'ils eussent auprès d'eux un chancelier payé par

le trésor public, qui fût chargé de correspondre directement et secrètement avec lui. Je ne veux pas mettre sur
le compte de cette défiance habituelle cet entourage
d'hommes armés qui ne le quittaient pas et qu'il attachait
à lui par toute sorte de faveurs, jusqu'à leur donner les
revenus d'hôpitaux et de fondations pieuses. La conjuration des Pazzi avait motivé cette façon d'agir; on peut
dire toutefois qu'elle était d'un tyran et d'une ville asservie
plutôt que d'une cité libre et d'un citoyen. En résumé, si
Florence ne connut point sous lui la liberté, elle ne pouvait
avoir un meilleur tyran...

Suit dans l'*Histoire florentine* un parallèle entre
Côme et Laurent, conforme aux règles classiques et
qui termine bien ce morceau dans lequel apparaît
clairement le politique du xvi⁰ siècle : il contemple
les passions humaines s'appliquant à la politique,
ce jeu complexe et ses effets est ce qui l'intéresse.
Toutes les combinaisons diverses qu'offre à ses yeux
le gouvernement changeant de Florence, lui sont
autant d'objets de calcul et de froide réflexion, il ne
voit qu'au second plan l'admirable essor des lettres
et des arts, gloire encore vivante pour la postérité.

Du reste, à quelque point de vue qu'on l'observe
et la décrive, quelle riche matière offre cette étroite
scène. Florence, comme jadis Athènes, a fait mesurer
la gloire humaine, non pas à l'étendue de la puissance matérielle, mais à la vitalité, à l'énergie, à la
puissance de l'esprit. Avec quelques lieues carrées
de domination non incontestée, elle est devenue un
des plus mémorables États dans l'histoire du monde
et a créé une série d'œuvres dignes d'être comptées,
avec celles du génie grec, au nombre des principaux
titres dont le genre humain se puisse honorer.

JÉROME SAVONAROLE

Il n'est pas de mortes époques pour l'historien, parce que le génie des nations, dont il fait profession d'observer les vicissitudes, est, comme la nature humaine elle-même, en activité et en transformation perpétuelle; soit que la domination incontestée d'un principe ou l'efflorescence complète d'une idée se manifeste par une de ces brillantes époques qu'on est convenu d'appeler les grands siècles, soit que la lutte ouverte entre deux principes contraires et pleins de vie enfante un antagonisme entre un passé déjà décrépit et une jeune lumière, se décelant par un travail caché, éclatant çà et là par quelque éclair imprévu. Ces époques de transition dont le caractère général, difficile à saisir, est d'être complexes, mêlées et confuses, offrent un intérêt particulier pour celui qui les étudie : il voit se dérouler devant lui certains replis cachés de la conscience humaine avec les scrupules honnêtes et les revendications sincères du passé, avec les ardeurs encore incertaines et les premières conquêtes du prochain avenir.

Tel fut le xv⁰ siècle : la décrépitude pâlissante du moyen âge s'y rencontre avec l'aurore déjà sensible des temps modernes; la scolastique expirante y engage un dernier combat contre l'esprit grandissant de la Renaissance; le principe d'autorité, armé de toutes pièces, y livre bataille à celui de la libre pensée. Une lumière équivoque et voilée y recouvre de singulières contradictions. Le sort du xvᵉ siècle a été d'être honoré par de grands dévouements qu'il a tous méconnus. Il a vu naître la plus poétique personnification du patriotisme et il a vu le génie de la science ouvrir le monde, mais il a brûlé Jeanne d'Arc et querellé pour sa prétendue hérésie des antipodes Christophe Colomb, qu'il a ensuite laissé mourir dans la disgrâce et le dédain. Le bûcher de Jean Huss a éclairé d'une sinistre lueur les premières années de ce siècle; celui de Savonarole jette sur les dernières un sanglant reflet.

Ce n'est pas que Savonarole se soit élevé au-dessus de son temps; au contraire, c'est pour n'avoir pas su le dominer qu'il en est devenu la victime : il lui avait emprunté ses forces incomplètes, qui se sont retournées contre lui. Du xvᵉ siècle, Savonarole reproduit dans son caractère les qualités et les faiblesses; à cause même de ce mélange, il est difficile de se rendre compte très précisément du rôle qu'il a rempli, et d'autant plus intéressante en est l'étude. Ce rôle est double : tout moral et religieux d'abord, il devient ensuite, par la force même des événements, tout politique. Sous le premier des deux aspects, il est digne de sympathie, mais il trahit une faiblesse inhérente à son temps et par où finalement il a péri : sa foi est sincère et sa charité ardente. Si Jeanne

était pénétrée de « la pitié qu'il y avait au royaume
de France », il souffre, lui, jusque dans le plus profond de ses entrailles et à la manière des saints, de
la pitié qu'il y a aux choses de l'Église et à l'état des
âmes; mais la scolastique l'enveloppe, il se livre à
elle tout en ne croyant plus entièrement et sans
arrière-pensée en elle. Deux siècles auparavant, il
eût été franchement un illuminé ferme en sa croyance
aux visions et aux communications célestes, et il eût
sans contradiction et sans danger passé pour tel,
tandis qu'au xv⁰ siècle, une fois engagé comme à son
insu sur ce terrain devenu glissant, il ne trouve plus
en lui-même, ni dans ceux à qui il s'adresse, l'appui
qui lui serait nécessaire; il est battu en brèche par
ces mêmes armes de la scolastique que ses ennemis
retournent contre lui, et il périt sous leurs coups.

Quant à son rôle politique, on ne lui a pas suffisamment rendu justice. Il montre là une liberté
d'esprit et une habileté pratique singulières, et par
là encore il est bien de son temps. En inaugurant
ce mouvement de centralisation administrative qui
s'opéra dans tous les États de l'Europe occidentale
au double profit des communes et de la royauté
unies contre la noblesse, le xvᵉ siècle fut assurément
inspiré de l'esprit moderne, et Savonarole se trouva
le véritable fils de ce siècle lorsque, entraîné par son
ardeur et sa charité même, à prendre en main la conduite des affaires après l'expulsion des Médicis, il
déploya un génie d'organisation politique entièrement dégagé de la tradition féodale.

On conçoit que, pour qui veut démêler un caractère si complexe, mais si entièrement d'accord avec
son époque, la connaissance profonde de cette

époque même soit absolument nécessaire. Pour l'histoire de Savonarole en particulier, l'Italie a dans ces derniers temps produit plusieurs importants ouvrages [1]. Un retour sur le grand rôle de Savonarole avec les lumières nouvelles qui nous sont offertes n'est pas inutile d'ailleurs pour la connaissance de ce génie italien qui ne s'est montré que trop flexible et trop habile, dans le passé, aux combinaisons politiques, et auquel n'ont pas manqué non plus, avec les infortunes de tout genre, les leçons pratiques de l'expérience.

I

A proprement parler, le rôle religieux de Savonarole ne se sépare pas de son rôle politique ; il le

1. M. le comte Charles Capponi, descendant d'une famille qui a été fort mêlée à cette histoire, et dans laquelle la vénération, j'allais dire le culte, du grand dominicain est héréditaire, a livré à l'impression, avec un soin parfait, plusieurs des ouvrages inédits dont les manuscrits étaient en sa possession : *Del dispregio del mondo,* ouvrage latin de la jeunesse de Savonarole, — *Sermon inédit et poésies.* — *Savonarola e i Lucchesi,* avec des documents nouveaux et une lettre inédite de Savoranole. — Toutes ces publications sont datées de Florence, 1862. Il faut y joindre *Officio proprio per fra Girolamo Savonarola e suoi compagni.* — Enfin, se servant de tous ces documents, M. Pasquale Villari publia une nouvelle biographie de Savonarole en deux volumes : *Storia di Girolamo Savonarola,* Firenze, 1859, qui épuise le sujet. M. Villari a le grand mérite de replacer le réformateur italien de la Renaissance au milieu de son temps, et, malgré quelque partialité pour son héros, il en a donné, on peut le croire, une appréciation définitive. De ce bel ouvrage une traduction française a été donnée par M. Gustave Gruyer (*Jérôme Savonarole et son temps*), accompagnée d'une étude préliminaire du traducteur et d'un choix de lettres et poésies de Savonarole. Didot, 1874. — G. Gruyer, *Les illustrations des écrits de J. Savonarole,* in-4, avec planches ; Didot, 1879.

domine sans cesse, il l'explique, et mérite une étude
particulière de quiconque aspire à comprendre l'épisode auquel reste attaché le nom de l'éloquent dominicain. Il importe de préciser en quoi ce rôle a con-
sisté. Savonarole a souhaité et tenté d'accomplir une
réforme morale, embrassant à la fois la société
ecclésiastique et la société laïque, plutôt qu'il n'a
rêvé une réforme proprement religieuse. Il n'a
jamais eu en effet la pensée de changer le dogme de
l'Église; mais il a été témoin d'une profonde corruption morale au sein de l'Église et dans le siècle : il
en a ressenti une vive douleur, et il a consacré sa
vie à combattre ce mal. Telle est la hauteur de son
inspiration, telle l'ardeur de sa pitié. Savonarole n'a
pas le ferme génie de Colomb ni l'héroïque bon sens
de Jeanne d'Arc; mais il a du moins avec eux, outre
la communauté du malheur, celle du dévouement.
Avertir l'Italie et l'Église, provoquer la réforme de
l'une dans sa discipline et dans ses mœurs, dans son
chef et dans ses membres, rappeler l'autre à une vie
meilleure, montrer à toutes deux l'abîme où elles se
précipitent, et les sauver par un prompt réveil, voilà
son dessein, qui n'a pas été trop élevé pour son éloquence et pour son zèle.

Il ne faut pas chercher d'autre explication à son
entrée dans la vie religieuse; cette vie nouvelle le
marquait du caractère nécessaire à l'accomplisse-
ment de sa mission et lui ouvrait la chaire chrétienne. Élevé dans Ferrare par un oncle bel esprit
et en faveur à la cour d'Este, Savonarole pouvait,
avec son intelligence vive et précoce, devenir un professeur illustre dans la célèbre université de Padoue
ou bien un courtisan heureux dans sa propre ville;

mais de bonne heure l'étude assidue de saint Thomas l'avait détourné des sciences profanes aussi bien que des élégances frivoles, et l'horreur du paganisme renaissant était venue ensuite le dévouer à la vie du cloître. Le 24 avril 1475, il se présentait au couvent de Saint-Dominique, à Bologne, pour y prendre l'habit; il avait alors vingt-trois ans. Quelque temps après, en 1482, il était envoyé à Florence, dans cette maison de Saint-Marc sur laquelle il devait répandre un si grand éclat. C'était déjà, avant qu'elle devînt un sanctuaire de l'art chrétien, une demeure privilégiée. Côme l'Ancien l'avait fait construire par le célèbre architecte Michelozzo Michelozzi et l'avait dotée d'une belle collection de manuscrits précieux, mais la plus grande gloire de la sainte maison aux yeux de Savonarole était le souvenir de son fondateur religieux, san Antonino, justement vénéré dans Florence pour d'innombrables institutions de charité, dont une fort célèbre, celle des *buoni uomini*, subsiste encore de nos jours.

Laurent de Médicis était à l'apogée de sa puissance; tous ses ennemis étaient morts prisonniers ou languissaient dans l'exil. Au milieu d'une paix profonde, les Florentins ne songeaient qu'à des fêtes et paraissaient avoir oublié jusqu'au nom de la liberté. La situation intellectuelle et morale de ce peuple offrait le singulier contraste d'un paganisme croissant en présence d'une insatiable curiosité d'esprit et d'un incomparable amour des arts. La tyrannie des Médicis avait détruit toute activité politique, le grand commerce et l'industrie, jadis si prospères à Florence, déclinaient. Toutes les forces vives de la nation semblaient s'être réduites dans une soif immo-

dérée des jouissances intellectuelles et matérielles
indifféremment confondues. Le vice et la débauche
se déployaient à l'aise, l'intrigue et le meurtre domi-
naient ; toute sérieuse foi religieuse semblait être
morte : une bizarre doctrine prétendait concilier
toutes les croyances en imaginant un olympe où les
divinités du paganisme, remises en honneur par
les études des humanistes, admettaient Jésus-Christ
comme un nouvel hôte dans leurs rangs. Suivant
Marsile Ficin, la principale autorité philosophique
de ce temps, Platon lui-même, avait annoncé que sa
doctrine durerait jusqu'à la venue de celui qui ouvri-
rait les fontaines de toute vérité ; les dieux avaient
déclaré le Christ excellemment pieux et religieux,
et comme eux immortel, « rendant ainsi témoignage
de lui avec beaucoup de bienveillance ». A côté de
cette indifférence et de cet oubli du christianisme, le
zèle était incroyable à recueillir les manuscrits ou
les statues antiques ; on discutait avec passion les
questions grammaticales, philologiques ou érudites ;
au mépris de mille difficultés, on entreprenait des
voyages en Orient à la recherche des objets d'art,
des livres latins ou grecs, et c'était fête publique à
Florence ou à Venise lorsqu'un Giovanni Aurispa, un
Guarino de Vérone, un Francesco Filelfo revenait de
Constantinople rapportant quelque débris antique.
Cette ardeur intempérante et cette passion païenne,
Florence en trouvait le modèle dans le prince qui
l'avait asservie. Laurent de Médicis, du palais où il
venait de signer l'abolition d'un dernier vestige de
liberté ou bien quelque sentence de confiscation,
d'exil ou de mort, passait avec une parfaite égalité
d'humeur à cette fameuse académie platonicienne

qui rédigeait des litanies en l'honneur de Socrate et
demandait à Rome de canoniser Platon; il y disser-
tait de la vertu et de l'immortalité de l'âme. De là il
se rendait au milieu d'une jeunesse perdue et en
partageait les débauches, qu'il encourageait et excitait par des chants *carnavalesques* (*canti carnascialeschi*), à la fois raffinés et obscènes.

N'était-ce pas assez de ce brillant paganisme pour
inspirer à une âme ardente et austère comme celle de
Savonarole la pensée d'une expiation nécessaire et
celle d'un suprême dévouement? Le mal qui s'offrait
à ses yeux et qu'il détestait, il le combattit d'abord
par son propre exemple jusque dans le cloître, où la
contagion avait pénétré, puis au dehors par la plus
éloquente prédication. Recueillie sur-le-champ par
ses auditeurs mêmes, cette prédication peut bien
aujourd'hui nous sembler étrange, entachée de mauvais goût et d'excès; il est d'autant plus curieux de
remarquer qu'elle sembla, lors de sa première apparition, timide et décolorée, parce qu'elle ne s'ap-
puyait que sur la Bible et n'invoquait le secours
d'aucune grâce mondaine. Le prédicateur à la mode
était un franciscain nommé Mariano Gennazzano,
dont Politien louait « la voix sonore, les paroles
choisies, les périodes harmonieusement cadencées ».
Savonarole n'avait à la vérité aucun de ces mérites,
et la première fois qu'il monta en chaire : « Père, lui
dit un de ses auditeurs, on ne peut nier que votre
doctrine ne soit bonne et utile; mais votre exposition
manque de grâce, surtout si on la compare à celle du
frère Mariano ». Peu de temps après, Florence tout
entière était suspendue aux lèvres du nouveau prédicateur, et, découvrant en lui par surcroît un grand

patriote, elle allait remettre en ses mains toute autorité.

Il aimait Florence et l'Italie et il aimait la liberté. A la grande cause de la liberté politique se rattachait inévitablement, dans sa pensée, celle de la moralité et de la religion des peuples; la tyrannie démoralisatrice et énervante des Médicis était pour lui, au nom de cette doctrine généreuse, la plus dangereuse ennemie. On sait quels furent ses rapports avec Laurent le Magnifique. Laurent, déjà en proie aux angoisses de la mort, lui rendit un éclatant témoignage. Sachant jusqu'où on portait la corruption et la servilité autour de lui et que pas un prêtre ne lui oserait refuser l'absolution, il ne trouvait à ces derniers secours d'une église avilie et mercenaire aucune saveur, aucun prix, aucun soulagement efficace. Le remords agitait ses derniers moments, et sa conscience ne rencontrait aucune aide. Au milieu de ce tourment, il se rappela Savonarole : « Je ne connais de vrai religieux que celui-là », dit-il, et il le fit mander. Il avait trois fautes à lui confesser, pour lesquelles il sollicitait son absolution : c'était le sac de Volterra, le vol au détriment du Mont-des-Filles (*il Monte delle Fanciulle*), et le sang par lui versé à la suite de la conjuration des Pazzi. Sous l'impression terrible de ces souvenirs, la parole du moribond devenait ardente et oppressée; Savonarole, assis au pied du lit, tentait de le calmer en disant : « Dieu est bon, Dieu est miséricordieux. — Toutefois, ajouta-t-il dès que Laurent eut fini de parler, il faut ici trois choses : la première est d'avoir une foi vive dans la miséricorde divine. — Je l'ai, répondit Laurent. — La seconde est d'ordonner la restitution de tout

l'argent iniquement enlevé. » Après quelque hésitation et malgré une répugnance évidente, Laurent
fit de la tête un signe affirmatif, puis il attendit
avec une visible anxiété. « Le troisième point, dit
Savonarole, c'est de rendre la liberté au peuple de
Florence », à quoi Laurent de Médicis, rassemblant
ce qui lui restait de forces, sans prononcer une
parole, leva les épaules avec l'expression d'un suprême dédain. Savonarole partit sans lui donner
l'absolution, et Laurent, peu d'heures après, rendit
l'âme.

Nous venons de résumer le récit du plus grand
nombre des biographes. Il est vrai que Politien, dans
une de ses lettres, a raconté la scène d'une manière
un peu différente. « Pic venait de se retirer, dit-il,
lorsqu'entra Jérôme de Ferrare, homme d'une science
et d'une sainteté remarquables, prédicateur éminent
de la divine doctrine : il exhorte le malade à la foi,
Laurent témoigne d'une foi profonde et sincère ; —
il l'engage à prendre la ferme résolution d'une vie
meilleure, Laurent y accède ; — il lui recommande
enfin d'accepter avec résignation, s'il le faut, une
mort prochaine, et le malade affirme que rien ne lui
sera plus agréable, si Dieu l'a décidé ainsi. — Jérôme
s'apprêtait à partir ; le malade lui demande sa béné-
diction : il la reçoit la tête et les yeux humblement
baissés, dans toute l'attitude d'une parfaite pénitence,
répondant à toutes les prières et ne se laissant en
rien émouvoir par la douleur, désormais non con-
tenue, de ses familiers ; vous eussiez dit que la mort
menaçait tout le monde, excepté Laurent lui-même. »
Telle est la narration que Fabroni, le *Plutarque italien*, panégyriste des Médicis à la fin du XVIIIe siècle,

a le premier préférée, et qu'à son exemple Roscoe a
voulu accréditer. Politien était témoin oculaire,
disait-on ; il écrivait une lettre à un ami, dans laquelle
il ne pouvait être tenté de dissimuler. Nous croyons
que M. Villari, le dernier venu des biographes de
Savonarole, a raison de préférer le premier récit.
L'autorité de Politien n'est point imposante. Rien ne
prouve qu'il ait été présent : Razzi, biographe contemporain, dit que tous ceux qui entouraient Laurent
sortirent de sa chambre au moment où arriva Savonarole, ce qui va de soi pour une entrevue semblable.
Politien dit lui-même qu'il dut passer plusieurs fois
dans la chambre voisine. Quant à son impartialité
présumée, tout le monde sait qu'il était habile courtisan ; il risquait, en publiant une semblable scène,
de ruiner son crédit auprès du successeur de Laurent
de Médicis, et l'on ne doit pas enfin se faire illusion
sur le titre de *lettre* donné à l'écrit latin qui porte en
suscription le nom d'un érudit, son contemporain ; il
faudrait être peu familier avec les habitudes savantes
du xve siècle pour oublier que c'était là une forme
littéraire qu'adoptaient volontiers les beaux esprits
d'alors, et que les auteurs de ces prétendues lettres
les adressaient véritablement au public. De plus,
contre l'unique témoignagne de Politien, on a ceux,
entièrement conformes entre eux, des autres biographes contemporains de Savonarole ; nous ne cite-
rons que Burlamacchi et Pic, neveu du célèbre Pic
de la Mirandole. Tous deux étaient honnêtes et sincères, tous deux écrivaient en présence des ennemis
de Savonarole ; comment supposer qu'ils eussent
inventé un récit auquel n'auraient pas manqué les
promptes réfutations ? Mais surtout combien la ver-

sion commune n'est-elle pas plus conforme à l'esprit du temps et au caractère des deux personnages! Cette anxiété d'une conscience que tant de fautes ont atteinte sans l'émousser entièrement et cette impérieuse intervention d'un moine au nom de la liberté politique sont bien des traits du xvᵉ siècle; Laurent de Médicis ne s'est pas résigné à mander Savonarole, et Savonarole n'a pas consenti à venir trouver Laurent de Médicis, dont il avait ouvertement plus d'une fois blâmé la conduite, si ce n'est pour quelque grave entretien. Pour tout dire enfin, la narration toute compassée du courtisan Politien nous paraît un calque effacé de la véritable scène dont il laisse subsister les traits extérieurs, mentionnant, lui aussi, trois conseils de Savonarole; le troisième seul diffère dans son récit.

Nous avons insisté sur cet épisode de la vie du célèbre dominicain, parce qu'il est à la fois très souvent cité et très discuté, et parce qu'il dévoile d'un seul coup l'énergie de son caractère et l'influence morale que lui avaient acquise ses deux premières années de prédications à Florence (1490-1492). Cette prédication, à elle seule était de nature à émouvoir profondément les âmes; l'Église sera flagellée, puis renouvelée, et cela se fera bientôt, tel était le texte perpétuel de ses sermons :

Je voudrais me taire, mais je ne le puis, parce que le Verbe de Dieu est dans mon cœur comme un feu ardent; si je ne lui cède, il consumera la moelle de mes os. — Les princes de l'Italie lui sont envoyés pour la punir. Voyez-les tendant aux âmes des embûches; leurs palais sont le refuge des bêtes féroces et des monstres de la terre, c'est-à-dire de tous les scélérats et pervers, qui s'y trouvent à

laise pour satisfaire leurs volontés dépravées et leurs passions mauvaises. Là sont les conseillers méchants qui
inventent sans cesse de nouvelles charges et de nouveaux
impôts pour sucer le sang du pauvre peuple, là les philosophes et les poètes de cour qui racontent mille fables
pour faire remonter jusqu'aux dieux la généalogie de leurs
princes, là (ce qui est bien pis!) des religieux qui suivent
les mêmes errements... C'est bien la cité de Babylone, ô
mes frères, la cité des fous et des méchants, que le Seigneur veut détruire. — Allez à Rome! Pour tout christianisme, on s'occupe chez les grands prélats de poésie et
d'éloquence. Vous trouverez dans leurs mains les œuvres
d'Horace, de Virgile ou de Cicéron; c'est là qu'ils appren-
nent le gouvernement des âmes. Ils régissent l'Église par
l'intermédiaire des astrologues, qui leur prédisent l'heure
grave à laquelle ils devront aller parader à cheval ou remplir quelque autre fonction de même importance. — Vue
extérieurement, elle est belle, leur Église, avec ses ornements et ses dorures, ses brillantes cérémonies, ses vêtements magnifiques, ses candélabres d'or et d'argent, ses
riches calices, ses mitres d'or, ses pierres précieuses;...
mais faut-il vous le dire? dans la primitive Église, les
calices étaient de bois et les prélats étaient d'or : c'est le
contraire aujourd'hui. Les prélats de Rome ont introduit
parmi nous les fêtes de l'enfer; ils ne croient plus en Dieu
et se moquent des mystères de notre religion... Que fais-tu
donc, ô Seigneur? Pourquoi dors-tu? Lève-toi et viens
délivrer ton Église des mains des démons, des mains des
tyrans, des mains des mauvais prêtres! As-tu oublié ton
Église? as-tu cessé de l'aimer? Presse le châtiment, afin
que plus vite nous retournions à toi! — O Rome, prépare-
toi, ton châtiment sera terrible! Tu seras ceinte de fer, tu
passeras par l'épée, par le feu et la flamme. Pauvres peuples! combien je vous vois accablés!... Italie, tu es malade
d'une grave maladie, et toi, Rome, tu es malade d'une
grave maladie, malade *usque ad mortem*... Si tu veux
guérir, renonce à ta nourriture habituelle, à ton orgueil,
à ton ambition, à ta luxure, à ton avarice : telle est la
pâture qui t'a rendue malade et qui te mène à la mort...
Mais l'Italie se moque, et refuse le remède, et dit que le
médecin déraisonne... O incrédules, qui ne voulez pas

entendre ni vous convertir! Le Seigneur vous dit : Puisque l'Italie est toute pleine d'hommes de sang, de courtisanes, d'entremetteurs et de scélérats, je conduirai sur elle le pire ennemi qui se puisse trouver, j'abattrai ses princes, et je ferai cesser l'orgueil de Rome. Cet ennemi entrera dans ses sanctuaires et souillera ses églises. L'Italie elle-même en a fait les demeures des courtisanes; moi, j'en ferai les demeures des chevaux et des porcs : cela déplaira moins à Dieu que d'y laisser les courtisanes! Quand viendra l'angoisse et quand viendra la tribulation, alors ils n'auront plus de paix; ils voudront se convertir, mais ils ne le pourront pas. O Italie, ce sera alors fléau sur fléau : fléau de la guerre par-dessus celui de la famine, fléau de la peste par-dessus celui de la guerre, fléau d'ici et fléau de là... Et l'on ne suffira pas à enterrer les morts; les morts seront si nombreux dans les maisons que les fossoyeurs iront par les rues, disant : « Apportez les morts! » et ils les mettront sur des charrettes et jusque sur les chevaux, et ils en feront des montagnes qu'ils brûleront. Ils iront par les rues, criant : « Qui a des morts? qui a des morts? » Et les gens viendront et diront : « Voici mon fils, voici mon frère, voici mon mari... » Et ils iront encore par les rues, criant : « N'y a-t-il plus de morts? qui a encore des morts? » Et telle aura été la mortalité qu'il restera bien peu d'habitants dans les villes!... — O Florence! ô Rome! ô Italie! il a cessé, le temps des chants et des fêtes! Vous avez fait le mal et vous avez été flagellées; les prophéties se sont vérifiées, l'épée est venue... Faites donc pénitence, faites l'aumône, priez et restez unies... O mon peuple! qu'ai-je jamais souhaité que de te voir sauvé? Je me tourne vers toi, ô Seigneur, qui es mort pour l'amour de nous! Pardonne à ce peuple de Florence qui veut être à toi!

Telles étaient les alternatives de terreur, d'espérance et de pitié par lesquelles la prédication éloquente de Savonarole faisait passer la population de Florence, tout entière courbée sous cette parole. On sait que les effets en étaient prodigieux quoique souvent peu durables; les femmes se dépouillaient de leurs parures pour les offrir en aumônes, les hommes renonçaient aux mœurs faciles pour accepter d'austères pénitences; quelques-uns des principaux citoyens venaient prendre l'habit dans le glorieux couvent que gouvernait Savonarole, et l'humble copiste enfin qui. mettait par écrit de son mieux les paroles du prédicateur s'interrompait, comme on le voit dans les éditions du temps, avec ces mots : « Ici l'émotion et les larmes m'ont empêché d'écrire ».

Il est un point particulier de cette prédication qui a servi de texte à beaucoup d'accusations contre Savonarole, et sur lequel il faut s'arrêter et s'expliquer, si l'on veut arriver à le connaître. Aux moments mêmes où son éloquence paraît triompher le plus complètement, Savonarole, au lieu de se livrer à l'espérance et à la joie, est profondément triste. Il est vrai qu'il paraît avoir compris l'incurable légèreté des esprits auxquels il s'adresse et n'avoir pas partagé sur leur compte leurs propres illusions. Au lieu de ces impressions vives, mais peu profondes, qui se produisaient avec éclat devant lui, au lieu de ces élans trop passagers d'enthousiasme et de ferveur, il demandait une conversion durable, que dis-je? il l'implorait avec supplications et avec larmes, et, dans son généreux dévouement, bien qu'il doutât fort du succès, acceptant une terrible solidarité, espérant contre toute espérance, il remettait aux Florentins, dont il confondait la cause avec la sienne, ses plus graves intérêts, — ceux de son salut éternel, car il croyait devenir coupable s'il échouait, ceux de son salut temporel, car il prévoyait le martyre. Et il leur présentait cette dernière image sous la double inspiration des symboles familiers à la primitive Église et de l'imagination dantesque :

Un jeune homme, ayant quitté sa maison, se mit en mer pour aller pêcher; pendant qu'il pêchait, le patron de la barque l'emporta jusque dans la haute mer, d'où l'on n'apercevait plus le port, et le jeune homme commença de se lamenter... — O Florence! cet infortuné qui se lamente, il est ici, dans cette chaire! Moi aussi, je sortis de ma maison pour aller d'abord dans un des ports de la religion chercher la liberté et la paix, les deux choses que j'aimais par-dessus toutes les autres; mais je regardai vers la mer de ce monde, et je commençai de prêcher et gagnai quelques âmes, et, pendant que j'y trouvais plaisir, le Seigneur m'a emporté dans la haute mer, où me voici maintenant, n'apercevant plus d'asile. *Undique sunt angustiæ.* Devant moi se préparent la tribulation et la tempête, derrière moi j'ai perdu le port, et cependant le vent me pousse toujours au large. A droite sont les élus, qui réclament notre aide; à gauche sont les démons et les méchants, qui nous persécutent; au-dessus de ma tête, j'aperçois la vertu éternelle, et l'espérance m'y pousse; sous mes pieds est l'enfer : étant homme, je dois le craindre; j'y tomberais sans le secours de Dieu. O Seigneur, Seigneur! où m'as-tu conduit? Pour avoir voulu sauver quelques âmes, me voici en un lieu d'où je ne puis plus retourner vers mon repos. J'étais libre, et me voici l'esclave de tous. Je vois partout la discorde et la guerre qui s'avancent sur moi. Vous du moins, ô mes amis, ô élus de Dieu, pour qui nuit et jour je pleure, ayez pitié de moi! Donnez-moi des fleurs, comme dit le cantique, parce que je languis d'amour, *quia amore langueo,...* des fleurs, c'est-à-dire des bonnes œuvres. Je ne désire rien autre, si ce n'est que vous plaisiez à Dieu et que vous sauviez vos âmes... — Mais quelle sera, ô Seigneur! la récompense accordée dans l'autre vie à celui qui sortira vainqueur d'un tel combat? — L'œil ne peut le voir et l'oreille ne peut l'entendre : ce sera la béatitude éternelle. — Et le prix dans cette vie? — Le serviteur ne sera pas plus grand que le maître, dit le Seigneur. Tu sais qu'après la prédication je fus crucifié;

toi aussi, le martyre t'attend. — O Seigneur, Seigneur!
envoie-le-moi donc, ce martyre, et fais-moi bientôt mourir
pour toi comme tu es mort pour moi! Voici déjà qu'il me
semble voir le couteau affilé!...

Ce fut là, M. Villari le remarque avec raison, un
de ces moments dont Savonarole avait coutume de
dire : « Un feu intérieur brûle mes os et me force à
parler ». Savonarole était alors emporté comme dans
une sorte d'extase au milieu de laquelle l'avenir semblait véritablement s'ouvrir devant ses regards. Se
trouvait-il en chaire, son exaltation devenait conta-
gieuse, et tout son auditoire pleurait et gémissait
avec lui; s'il était dans sa cellule, il restait longtemps
en visions, oubliant le sommeil et le mouvement, la
faim et la soif. En réalité, il eut sur plusieurs points
un incroyable pressentiment de l'avenir : il ne cessa
pas de prédire sa mort violente; il annonça le premier l'arrivée des Français en Italie et l'expulsion des
Médicis : et quand arriva l'effroyable sac de Rome
par les bandes forcenées menées par le connétable
de Bourbon, qui ne se rappela les terribles visions du
moine prophète? Il comprit, avant tous ses contemporains, qu'un grand renouvellement moral approchait,
que le sentiment religieux allait renaître dans les
âmes pour les régénérer, et qu'à travers de terribles
combats la société chrétienne reprendrait une
vigueur nouvelle. Le xvie siècle avec sa réforme
catholique en face de la réforme protestante, le
xviie avec sa haute inspiration et sa foi profonde,
ont justifié ses prédictions.

Mais si l'on pénètre jusque dans le détail de sa vie,
on voit que Savonarole, sur cette voie périlleuse des
prédictions, s'est laissé entraîner à des extrémités

qu'il est difficile de défendre, et qu'on doit se contenter d'expliquer pour n'en pas laisser exagérer les conséquences. Bien que la légende qui s'est formée autour de son nom lui ait attribué gratuitement un grand nombre de prophéties auxquelles il resta entièrement étranger, il n'en est pas moins incontestable qu'il réclama pour lui-même ce don de prophétie; on en a conclu tantôt qu'il était de bonne foi, mais halluciné, tantôt qu'il n'avait pas dédaigné d'appeler à son aide quelque supercherie. L'une et l'autre interprétations sont erronées à notre avis, surtout la dernière, énergiquement démentie par tout ce que l'on sait du caractère de Savonarole et même de ses faiblesses, auxquelles il eût évidemment résisté, s'il eût été de mauvaise foi. La vérité est que Savonarole, malgré son regard perçant dans l'avenir et malgré son initiative de réformateur, était l'homme d'une doctrine dont il avait emprunté, à son insu peut-être, les procédés intellectuels. La scolastique exerçait encore, à la fin du xvᵉ siècle, un tout-puissant empire. Bien que Savonarole eût tenté plus d'une fois d'en briser les liens pour s'enfermer dans l'étude unique et directe des saints livres, elle avait été sa principale éducation. Dès l'enfance, il avait commenté avec une passion singulière les écrits de saint Thomas, et il avait longtemps médité toutes les conceptions du docteur angélique sur le caractère des prophéties et des visions, et sur celui des rapports entre les hommes et les intelligences célestes. Il n'y avait pas une apparition rapportée dans l'histoire des prophètes qui ne lui fût devenue familière, c'està-dire dont il n'eût étudié à travers les distinctions les plus subtiles les causes efficientes, la préparation et l'éclosion, et il n'y avait pas de phénomène analogue qui ne lui parût digne d'être examiné suivant les règles raffinées de la scolastique.

Dès lors il était devenu esclave de ses visions; à l'entendre, il eût paru souvent croire qu'en elles seules consistait toute l'importance de sa mission; c'était pour lui un sujet d'étude continuelle et de méditation attentive; il s'attachait pendant de longues heures à distinguer comment l'action immédiate exercée par les anges produisait les visions, comment se percevaient les voix d'en haut et les signes surnaturels. Cette préoccupation se montre partout, dans ses sermons et dans ses lettres; mais il a particulièrement rassemblé les résultats de ses réflexions dans son *Dialogue de la vérité prophétique*, qui est devenu ainsi une sorte de traité *ex professo* sur la matière. Il a, dans ce dialogue, sept interlocuteurs allégoriques, qui ne sont autres que les sept dons du Saint-Esprit: ils lui adressent des objections, et il s'efforce d'y répondre. La première est celle-ci : « Ne se serait-il pas dit prophète pour avoir un moyen d'insinuer plus facilement au peuple les vérités de la foi? » Il répond avec indignation : « La vérité est une, et tout mensonge est un péché; grave entre tous serait le péché de celui qui voudrait abuser tout un peuple avec le nom du Seigneur, et transformer de la sorte Dieu même en imposteur ». Mais cette croyance au don de prophétie ne pourrait-elle pas être un effet de l'orgueil déguisé par une apparence de fausse modestie? A cela Savonarole répond, en citant l'autorité de saint Thomas : « Cette lumière du don prophétique n'entraînant pas avec elle la justification, sur quoi donc se fonderait mon orgueil? — Mais n'y a-t-il pas tout au moins erreur involontaire? — Non, réplique-t-il; cela ne serait pas possible. Je connais la pureté de mes intentions; j'ai adoré sincèrement le Seigneur, je ne cherche qu'à retrouver ses traces divines; j'ai passé les nuits entières dans l'oraison; j'ai perdu la paix; j'ai consumé ma santé et ma vie au service de mon prochain; non, non, il n'est pas possible que le Seigneur m'ait trompé. Cette lumière prophétique, c'est la vérité même; cette lumière aide ma raison, elle dirige ma charité. » Ainsi donc tantôt le don de prophétie entraîne, suivant Savonarole, l'état de grâce pour celui qui en est doué, tantôt l'état de grâce n'en est pas, à ses yeux, une conséquence nécessaire; dans d'autres passages, on le voit considérer la puissance de percevoir l'avenir comme un résultat auquel s'élèvent sûrement et par leurs propres forces la charité ardente et la fervente piété. « Je ne suis prophète ni fils de prophète, s'écrie-t-il alors, je ne veux pas de ce nom terrible; mais je suis sûr que les choses que j'annonce arriveront, parce que je m'appuie sur la doctrine chrétienne et sur l'esprit de charité évangélique. En vérité, ce sont vos péchés, les péchés de l'Italie, qui de force me font prophète et devraient faire prophète chacun de vous. Le ciel et la terre prophétisent contre vous, et vous ne les entendez ni ne les voyez. Vous êtes aveugles des yeux de l'intelligence, vous fermez vos oreilles à la voix du Seigneur, qui vous appelle. Si vous aviez l'esprit de charité, vous verriez tous, comme je le vois, le fléau qui s'avance. »

Ce fléau, Savonarole l'aperçoit sous des formes diverses, et quelques-unes de ses visions dénotent une vigueur d'imagination extraordinaire. Une de celles sur lesquelles il revenait le plus volontiers et qui devinrent le plus populaires est celle-ci : il croyait distinguer une croix noire qui s'élevait du milieu de la ville de Rome et montait en planant jusqu'au plus haut des cieux, et dessus on lisait ces mots : *Crux iræ Dei*. Tout à coup le ciel s'assombrissait ; des nuées sinistres parcouraient les airs au milieu des rafales, du tonnerre et des éclairs ; il pleuvait des flammes et des glaives, et une grande multitude d'hommes périssait. Puis la scène changeait en un instant. Le ciel se rassérénait, la croix noire s'effaçait peu à peu, et du milieu de Jérusalem une autre s'élevait, qui paraissait d'or et qui illuminait et consolait la terre ; on y lisait ces mots : *Crux misericordiæ Dei*, et de toutes les parties du monde les nations accouraient pour l'adorer. Le symbole de cette vision était facile à saisir ; une foule de dessins et de gravures la répandirent à profusion parmi le peuple de Florence, dont l'imagination vive se fixait ainsi pour un temps. Savonarole cependant n'était pas toujours aussi heureux, par exemple lorsqu'il racontait son étrange voyage au paradis en qualité d'ambassadeur vers Jésus-Christ de la part des Florentins ; il dépeignait les lieux qu'il avait visités ; il rapportait les harangues qu'il avait entendues de divers personnages allégoriques et de la Vierge elle-même ; il décrivait son trône, il comptait les pierres précieuses dont ce trône était orné : la conclusion de l'étrange récit était un discours que Jésus-Christ adressait par l'intermédiaire de Savonarole aux Florentins, et ce discours était une entière confirmation de la doctrine du frère. Cette vision et ce récit ne furent pas bien accueillis dans Florence, car on voit Savonarole répondre avec

8.

une certaine aigreur aux objections. « Si on l'avait écouté attentivement, répondait-il, on aurait compris qu'il n'avait pas prétendu être allé corporellement dans le paradis, qu'il ne s'agissait que d'une vision purement imaginaire, car il n'y avait au paradis ni arbres, ni eaux, ni escaliers, ni portes, ni sièges; tous ces objets n'étaient que des formes imprimées dans l'intelligence du frère par l'action intermédiaire des anges. »

La puérilité même de ces imaginations nous paraît à bon droit aujourd'hui une garantie de sincérité, mais elle n'en fut pas moins pour Savonarole un extrême péril qui entraîna sa chute. Ses ennemis abusèrent de ses involontaires méprises; l'arme redoutable de la scolastique fut retournée contre lui, et en dépit de sa foi ardente, en dépit de son généreux dévouement, il porta cruellement la peine de ce manque de fermeté d'esprit auquel il dut de ne pas dominer la confusion des doctrines de son temps et d'offrir par certaines contradictions mille ouvertures à ses ennemis. Ceux-ci purent de la sorte le conduire sans défense jusqu'au martyre, qu'il avait prévu.

II

Le rôle politique de Savonarole, mieux contenu dans la sphère des idées nécessairement pratiques, montre plus de cohésion et plus d'unité, avec une plus grande originalité de conception individuelle. Il est certain d'abord que s'il mit la main à une œuvre politique, ce fut malgré lui et comme par un nouveau devoir de charité; le patriote ne se sépara pas en lui du missionnaire religieux. Après la chute des Médicis, Florence était tombée dans une profonde anarchie. La longue domination qu'elle avait subie avait étouffé ou empêché de naître les énergies politiques. Il ne se rencontrait pas un seul homme capable de prendre en main les affaires, les principaux partisans du gouvernement déchu ayant fui le ressentiment public, et les adversaires de ce gouvernement n'ayant sauvé leur vie qu'en oubliant toute activité réelle. Ce fut plus tard, à l'école de la liberté, que se forma la grande école florentine à laquelle appartiennent Guichardin, Machiavel, et ce Donato Giannotti, ardent patriote et publiciste profond, injustement effacé à nos yeux par l'éclat de ses deux illustres contemporains. Seul Savonarole exerçait, au moment de la révolution, sur tout le peuple de Florence, une influence incontestée. Tous les bons citoyens avaient donc les yeux tournés vers lui et n'espéraient qu'en lui. Devait-il reculer, au risque de ramener avec les Médicis de cruelles proscriptions dans la république? Il attendit plusieurs jours, exhortant les principaux de la ville à se réunir et à proclamer quelques mesures de gouvernement arrêtées en commun; nul, pas même du côté des ambitieux ou des gens de désordre, ne répondit. Il y avait autre chose que la stupeur d'un état nouveau; il y avait décidément le triste triomphe d'un énervement universel contre lequel réagissaient seules les mauvaises passions des temps d'anarchie, la vengeance et la convoitise menaçantes.

Le 12 décembre 1494, Savonarole aborda franchement en chaire la question du gouvernement. « O mon peuple, dit-il, tu sais que je n'ai jamais voulu entrer dans les affaires de l'État; crois-tu que j'y viendrais maintenant, si je n'y étais forcé pour le salut des âmes?... Notre réforme doit commencer par les intérêts spirituels, qui sont au-dessus des intérêts temporels, dont ils forment la règle et sont la vie. Si l'on t'a dit (c'était un proverbe familier à Cosme de Médicis) que les États ne se gouvernent pas avec des *pater noster*, rappelle-toi que c'est là une maxime des tyrans, une maxime des ennemis de Dieu, une maxime pour opprimer et non pour délivrer. Tout au contraire, si tu veux un bon gouvernement, il faut de toute nécessité que tu le rapportes entièrement à Dieu. Je ne consentirais certainement pas à me mêler des affaires, s'il en était autrement. » Savonarole posait comme il suit les bases du nouvel état : premièrement la crainte de Dieu et par conséquent la réforme des mœurs, en second lieu le dévouement au bien public de préférence à tout intérêt personnel et à toute ambition particulière. Ces recommandations générales avaient pour objet de préparer les esprits à une importante mesure, c'est-à-dire, sous le nom de paix universelle, à une entière amnistie, soit pour les amis du dernier gouvernement en général, soit particulièrement dans la cité pour les débiteurs de l'État. Chose assurément inattendue et nouvelle que la clémence d'un parti vainqueur en de pareils jours! Dans cette Italie du xve siècle, quand le meurtre et la violence, étant partout, avaient cessé de révolter ou même d'étonner les consciences, après les sanglantes exécutions par lesquelles Laurent de Médicis avait puni la conjuration des Pazzi, action sauvage elle-même, Savonarole invoquait et faisait accepter de tout le peuple une loi d'indulgence et de pardon,

un oubli de toutes les haines publiques et privées :
nouveau témoignage de la noble inspiration qui le
faisait agir, et qui n'avait d'autre principal objet que
la réforme morale. Guichardin, dont le jugement sur
ces temps voisins de lui est si pénétrant, a bien
mesuré l'importance et la grandeur de l'acte par
lequel Savonarole inaugura son rôle politique, lorsqu'il en parle ainsi : « Florence était de toutes parts
divisée; les partisans de l'ancien État se voyaient en
grande haine et en grand péril malgré la protection
de Francesco Valori et de Piero Capponi, et il paraissait imposssible de les sauver, cela au grand détriment de la cité, car il y avait parmi eux des hommes
estimables, prudents et riches, de grande naissance
et d'illustre parenté... Les violences qu'on prévoyait
eussent engendré la désunion des gouvernants, les
révolutions, les exils, et peut-être, pour dernière
extrémité, une restauration de Pierre de Médicis avec
une extermination et une ruine complètes de la cité.
Frère Jérôme lui seul empêcha ces redoutables
désordres : ... il fit décréter la paix universelle, qui,
en coupant court à toute recherche du passé, détourna
les vengeances dont étaient menacés les partisans
des Médicis. Ce fut l'avantage des vainqueurs aussi
bien que des vaincus [1]. »

Ce n'était pas assez de guérir les plaies du passé :
Savonarole voulait en même temps préparer l'avenir,
et il donnait de nouvelles lois constitutíves à Florence.
Voici comment son action pouvait s'exercer : chaque
mesure était par lui proposée en chaire dans un
sermon; aussitôt l'esprit public s'en emparait, les

1. Storia florentina, opere inedite, t. III, p. 181.

réunions de magistrats et de membres de la seigneurie dites *pratiche* la discutaient dans les termes
mêmes que le prédicateur avait posés ; l'adoption sui-
vait presque toujours, sans aucun amendement. —
La loi principale, base de tout l'édifice, fut l'institution
du grand conseil. Le problème que Savonarole se pro-
posait de résoudre était celui-ci : la tyrannie une fois
détruite, il fallait sauvegarder la liberté en préve-
nant à la fois les abus de l'aristocratie et ceux de la
démocratie. Il voulait mettre le gouvernement entre
les mains du peuple, représenté par des délégués en
nombre limité. La nouvelle institution du grand conseil répondit habilement à ces nécessités. En possession de nommer à toutes les principales magistratures
et de voter toutes les lois, ce conseil souverain
comprenait indistinctement tous les citoyens *benefi-
ziati* âgés de plus de vingt-neuf ans. Cette première
classe de citoyens était déjà désignée par l'ancienne
Constitution florentine pour les soins du gouvernement. Il fallait, pour en faire partie, avoir occupé
soi-même ou bien avoir eu un père, un aïeul, un
bisaïeul ayant occupé une des trois charges dites
majeures. Au-dessous de cette première classe venait
celle des citoyens dits *statuali*, comprenant ceux qui
occupaient actuellement quelque charge, majeure ou
mineure. La troisième et dernière classe était celle des
citoyens dits simplement *aggravezzati*, c'est-à-dire que
rien ne distinguait en dehors de la condition, commune d'ailleurs à tous, du paiement de l'impôt. Ces
derniers jouissaient du privilège de porter les armes,
refusé aux artisans et à la plèbe, qui ne conservaient
aucun droit politique, pas plus que les habitants du
domaine, c'est-à-dire de tout le territoire de la

république en dehors de la cité. Le cadastre démontra
que Florence contenait environ quatre-vingt-dix
mille âmes, et seulement trois mille deux cents *bene-
fiziati* ayant passé vingt-neuf ans. C'était à ceux-là
qu'était réservé, avons-nous dit, le privilège de
former le grand conseil; mais ce nombre de trois
mille deux cents paraissait trop élevé à Savonarole
pour la composition d'une seule assemblée, car il
redoutait l'anarchie dans les délibérations. Il fit donc
décider que ce nombre serait divisé en trois parties,
et l'on eut trois assemblées d'un peu plus de mille
membres dont chacune dut siéger alternativement
pendant six mois. Indépendamment de cette première
garantie contre le danger d'une trop nombreuse
réunion politique, chaque assemblée partielle, au
moment où elle inaugurait sa période de gouvernement semestriel, dut choisir dans son sein ce que
nous appellerions une commission, composée de
quatre-vingts membres, *i ottanti*, chargés de conférer
avec la seigneurie, de recevoir d'elle la proposition
des lois et de les présenter au grand conseil, c'est-à-
dire à celle des trois assemblées partielles en fonction.
Quant à la seigneurie, ce n'était rien moins en réalité
que l'ancien pouvoir exécutif qui subsistait dans les
mêmes conditions que par le passé; son action devait
seulement se trouver restreinte désormais par les
institutions nouvelles. Elle continuait à être présidée
par le gonfalonier de justice, magistrat suprême,
nommé par élection, et dont le pouvoir, d'abord temporaire, devint à vie après la mort de Savonarole,
qui avait recommandé ce changement.

La première mesure du grand conseil une fois
constitué fut de sanctionner la paix universelle pro-

clamée par le réformateur. Toutefois ce n'était pas assez pour Savonarole : l'amnistie effaçait le passé, elle n'assurait pas l'apaisement de l'avenir. En vue de cette dernière œuvre, il eut recours à une autre institution : il imagina une nouvelle forme d'appel. Souvent, au milieu des effervescences de la guerre civile et dans tout l'essor des vengeances réciproques, des citoyens avaient été conduits sur-le-champ devant la seigneurie ou devant le tribunal des huit, et on les avait vus interrogés, condamnés, exécutés quelquefois le même jour, dans l'espace d'une heure, sous la pression de l'aveugle multitude ou sous la terreur imposée par quelques nobles confédérés. D'illustres victimes avaient péri de la sorte. Ce fut pour rendre désormais impossibles de telles violences que Savonarole fit adopter une loi aux termes de laquelle tout habitant de Florence (*cittadino*) condamné pour crime d'État par la seigneurie ou par quelque autre tribunal, soit à la mort, soit à une peine corporelle, à un emprisonnement, ou à une amende de plus de 200 florins, ou bien à la peine de l'admonition, entraînant la perte des droits politiques, pouvait, pendant un délai de quinze jours, interjeter appel devant le grand conseil lui-même. Il voulut même que cet appel ne fût déféré qu'à la commission des quatre-vingts et non pas à l'assemblée des mille ; la première proposition qu'il en fit rencontra une vive résistance de la part de beaucoup d'hommes puissants à qui ce nouvel ordre enlevait une arme terrible ; toutefois, après plusieurs jours de discussions ardentes, elle passa, « car, dit encore Guichardin, tout ce qui venait du frère avait une force plus qu'humaine ». Savonarole avait par là ménagé aux

passions le temps de se calmer et créé un contre-
poids à l'excès de l'aristocratie ou de la démocratie.

L'abolition des assemblées *à parlement* couronna
son œuvre constitutive en lui assurant des conditions
de durée. La loi, fort ancienne, qui autorisait ces
assemblées avait consacré, à vrai dire, et organisé
la révolution permanente; elle avait été, sous les
Médicis, le plus puissant instrument de leur despotisme; elle redevenait après leur chute, aux mains
de leurs partisans, ou dans celles d'une démocratie
sans frein, la menace la plus redoutable. On sait que
cette loi autorisait le gonfalonier et les membres,
toujours peu nombreux, de la seigneurie, à convoquer
sans annonce préalable le peuple sur la grand'place
au son de la grosse cloche du Palais, et à lui faire
acclamer quelque résolution, qui devenait ainsi légale.
Or on comprend qu'à ces convocations subites la
populace remplaçait aisément les vrais citoyens, et
qu'il était trop facile aux factieux d'organiser des
bandes en vue de ces occasions pour leur faire voter
les mesures les plus révolutionnaires. Les Médicis
s'étaient bien gardés de faire disparaître un tel usage,
et plus d'une fois des assemblées *à parlement* leur
avaient décerné une dictature temporaire, pendant
laquelle ils pouvaient modifier les lois ou faire disparaître ceux des citoyens qui les gênaient. Jamais
la parole du frère ne fut plus ardente ni plus vive
que lorsqu'il entreprit de faire abroger cette loi
d'anarchie ou de despotisme. Il se laissa même
entraîner en cette occasion jusqu'à une violence de
langage qui ne s'explique que par son intime conviction que là était en réalité la pierre d'achoppement
de toute son œuvre et de toutes ses patriotiques espé-

rances : « Prends garde, ô Florence, qu'on ne fasse encore un seul parlement! Sachez bien tous que celui qui parle d'assemblée à parlement n'a d'autre but que de dépouiller le peuple de tous ses droits. Gardez cela dans vos esprits et enseignez-le à vos fils.... Quelqu'un vous propose-t-il de faire sonner les cloches pour un parlement, si c'est un simple citoyen, qu'il soit déclaré rebelle, et que tous ses biens soient confisqués. » Savonarole parlait ainsi le 28 juillet 1495 ; quinze jours après, la loi qui supprimait l'usage de ces parlements était votée, et il commençait à considérer avec quelque sécurité, non pas certes son avenir à lui-même, mais celui des réformes qu'il avait fait accepter. Le texte de la loi nouvelle promettait 300 florins à quiconque dénoncerait l'auteur d'un projet contraire, et contre l'auteur même elle décrétait la peine de mort. A ceux qui penseraient trouver ici une autre sorte de violence dont ils pourraient finalement charger Savonarole, il convient de rappeler de nouveau le jugement du froid et politique Guichardin : « Si l'on veut que dure le gouvernement libre, dit-il dans ses *Discorsi*[1], il faut que dure aussi cette loi contre les assemblées *à parlement*. Avec elles, il est par trop facile de dissoudre l'État populaire, car leur effet est d'obliger par la terreur le peuple à voter tout ce qu'on lui propose, afin de donner à croire ensuite que ce qui a été fait représente la volonté et l'œuvre de tous. »

On n'attend pas que nous donnions ici une analyse complète des différentes lois que Savonarole fit adopter. Ce serait un long et minutieux travail qui

---

1. *Œuvres inédites*, t. II, p. 299.

nous engagerait trop loin. Qu'il nous suffise de dire qu'en résumé Savonarole avait donné à Florence, par l'institution du grand conseil, le meilleur gouvernement qu'elle eût encore connu. Les Florentins enviaient la Constitution de Venise jusqu'à ce point qu'ils allaient par les rues, dans leurs jours d'agitations politiques, en criant : « La liberté comme à Venise! » curieux et irréfutable témoignage de la majesté de cette aristocratie vénitienne; mais les hommes réfléchis savaient bien que ce vœu n'était pas réalisable, qu'il devait être impossible d'importer dans un État démocratique tel que Florence, d'où la noblesse, comme classe privilégiée, avait disparu, et dans lequel, en un un mot, l'égalité triomphait, des institutions si contraires, et Savonarole, qui l'avait compris, avait trouvé sans doute le meilleur instrument de gouvernement pour un tel peuple dans un système qui paraissait appeler aux affaires toute une partie notable des citoyens, mais qui n'en admettait en réalité qu'un nombre assez restreint. Le gouvernement qu'il avait institué se maintint après sa mort et ne fut renversé que par la force ouverte, lorsque les Médicis furent rentrés, en 1512. Machiavel, qui n'aimait pas Savonarole, et qui, dans une de ses premières lettres, le traite de fourbe, reconnaît cependant plus tard, dans ses *Discorsi*, que d'un si grand homme (ce sont ses propres expressions) il ne faut parler qu'avec respect, et quand son sujet l'amène à l'examen des institutions dues au célèbre dominicain, il est obligé d'en confesser l'importance, comme dans son *Discorso* au pape Léon X, où il dit formellement qu'on ne pouvait rétablir l'État florentin que par ce grand conseil, qu'il n'y a jamais eu de république solide sans une satisfaction accordée au grand nombre des citoyens, et que le pape devait bien savoir que si quelqu'un parlait jamais de restaurer le grand conseil, celui-là était un factieux, dont le seul but était de renverser le gouvernement des Médicis. Guichardin, lui aussi, témoigne de son admiration pour le régime institué par le frère à chaque page de ses œuvres inédites, bien différentes sur ce point comme sur beaucoup d'autres de sa grande *Histoire d'Italie*. Il avait écrit ce dernier ouvrage pendant une époque fort hostile au souvenir de Savonarole, et il n'avait pas été assez hardi pour être sincère. Dans ses écrits inédits au contraire, — écrits non destinés peut-être à la publicité, — dans le silence du cabinet et sous la pression de la conscience, il ne dissimule pas sa secrète approbation. « Les Florentins, dit-il, ont pris si fort à cœur ce gouvernement libre de 1494, que les Médicis ne pourront ni par douceur ni par ruse le faire oublier. La liberté jadis n'appartenait qu'à un petit nombre, à qui on la ravissait aisément; depuis le grand conseil, elle est devenue la propriété de tous. » Et dans son livre sur le gouvernement de Florence : « Nous avons, dit-il, une grande obligation à ce frère, qui, sans verser une goutte de sang, a su accomplir ce qui, à son défaut, se serait fait au prix de beaucoup de sang et de désordre. Florence eût eu d'abord un gouvernement restreint d'*ottimati*, puis tous les excès d'un gouvernement populaire, qui aurait enfanté l'anarchie et la violence, et eût peut-être amené finalement une restauration de Pierre de Médicis. Lui seul a su, dès le principe, être libéral sans lâcher la bride. » De tels témoignages suffisent

assurément pour montrer que, si Savonarole est
resté l'homme du moyen âge quand il s'est laissé
asservir par la scolastique, il a du moins réussi,
grâce à une intelligence des nécessités pratiques
digne des temps modernes, à ne compromettre
qu'une moitié de la tâche qu'il s'était imposée, mais
précisément, il est vrai, celle dans laquelle il voulait
avant tout réussir. Il prétendit se servir de la politique pour affermir sa réforme morale et religieuse;
les Florentins au contraire parurent n'avoir adopté
pour un temps ses préceptes religieux et moraux
qu'en vue des changements politiques dont ils pres-
sentaient qu'il deviendrait l'instrument.

S'il est démontré que Savonarole, par tout un
aspect de son rôle historique, est l'homme des temps
modernes, il y a lieu d'examiner à nouveau un certain reproche qui lui a été longtemps adressé, et que
l'on répète aujourd'hui à tort sans nul examen. On
prétend que, partisan aveugle d'un passé qui ne pouvait plus renaître, il opposa au libre développement
des lettres et des arts toute l'énergie de son despotisme monacal et du fanatisme passagèrement inspiré
par lui aux Florentins. Cette accusation ne s'appuie
que sur un seul épisode de sa vie mal interprété, et
M. Villari a le mérite, ici encore, d'avoir rétabli la
vérité.

Le carnaval de 1497 venait de commencer; les
arrabbiati avaient fait revivre les anciennes orgies,
les scandales du temps des Médicis, et particulièrement ce célèbre jeu à coups de pierre, *giuoco dei
sassi*, auquel ils savaient le menu peuple plus attaché
qu'à tout autre plaisir. Rien ne pouvait affliger
davantage Savonarole, car ces jeux barbares, qui

mêlaient le sang à de vulgaires désordres, étaient la
ruine même de son œuvre morale. Il résolut de les
empêcher à tout prix. Toutefois il connaissait bien le
peuple auquel il avait affaire, et savait parfaitement
qu'il ne fallait pas laisser sans objet son imagination
active. Il inventa donc, de concert avec un frère
Dominique de Pescia, qui le remplaçait en chaire
pendant qu'il écrivait les opuscules destinés à répandre sa doctrine, une fête nouvelle à substituer
aux débauches habituelles du carnaval. Telle fut
l'origine du fameux *bruciamento delle vanità*[1]. Les
enfants étaient, suivant la coutume traditionnelle,
enrégimentés à l'avance pour aller mendier ou exiger
même dans les différents quartiers de la ville, jusque
dans l'intérieur des maisons, l'argent nécessaire aux
orgies qui suivaient leur fête ordinaire. Il ne fallait
pas songer à faire disparaître subitement des habitudes invétérées; Savonarole crut plus à propos de
tourner l'obstacle, et se servit de l'organisation qu'il
trouvait toute préparée en la faisant dévier de son
but accoutumé. Instruits par ses prédications, on vit
les enfants, non plus aller quêter dans les maisons
des deniers pour la débauche, mais y réclamer ce
que Savonarole, dans son langage énergique, appelait les *vanités* ou les *anathèmes*, c'est-à-dire les
objets d'une parure insensée ou quelquefois obscène ;
puis, au dernier jour du carnaval, une grande pyramide de bois fut dressée sur la place du Palais, au-
dessus d'un bûcher. Au sommet de la pyramide, on
voyait une figure monstrueuse représentant le personnage même de Carnaval ; à ses quatre côtés étaient

---

1. Brûlement des objets de vanité.

suspendues les innombrables *vanità*. C'étaient, dit un contemporain, des habits de déguisement et des masques, de fausses barbes, des grelots, des parfums, tous les attributs de la volupté ou des vulgaires plaisirs, puis des instruments de musique, des objets d'art et des livres. Une immense procession, composée d'abord des enfants, puis de tout le peuple, portant des croix rouges et des rameaux d'olivier, parcourut, après avoir entendu la messe et communié, les rues de la ville en chantant des cantiques. Cette foule se rangea sur la place, soit autour de la pyramide, soit sur la *ringhiera* ou balustrade qui régnait alors en avant du Palais de la seigneurie, soit enfin sous la *loggia*. Alors à un signal convenu, quatre hommes mirent le feu aux quatre coins du bûcher, et la flamme s'éleva dans les airs pendant que les fanfares des clairons de la seigneurie et le bruit des cloches se mêlaient aux cris de la multitude.

Nul auteur contemporain n'accuse Savonarole à propos de cet autodafé; l'époque de Marsile Ficin et d'Ange Politien ne saurait pourtant être taxée d'indifférence pour les arts, et l'éloquent dominicain, s'il subjuguait pour un temps le peuple de Florence, n'en comptait pas moins, dans Florence même, de nombreux ennemis. Ce fut plus tard seulement, lorsque, l'ardeur diminuant pour la création d'œuvres nouvelles, l'admiration s'accrut pour les œuvres antiques, ce fut alors que le *bruciamento delle vanità*, rappelé, commenté sous l'influence de traditions malveillantes pour Savonarole, fournit à quiconque était tenté de médire de l'histoire de Florence après l'expulsion des Médicis un argument facile à répéter. Savonarole devint un ennemi déclaré des lettres et des arts, un véritable iconoclaste. Un manuscrit s'était-il perdu, une édition de Boccace était-elle devenue rarissime, même une statue ou un fragment antique ne se retrouvait-il pas : c'était, à n'en point douter, le *bruciamento* qui les avait anéantis!

Pour répéter et soutenir encore aujourd'hui ces accusations erronées, il faut une grande ardeur de partialité rétrospective ou une connaissance fort imparfaite du caractère de Savonarole et de sa vie. On ne saurait d'abord lui reprocher justement la bizarrerie de la fête qu'il inventa. Les Médicis en imaginaient bien d'autres, et les Florentins étaient insatiables : chaque carnaval devait leur apporter son tribut; quelque représentation scénique, une allégorie, un cortège d'empereur romain, une apothéose païenne, un triomphe de la Mort, le char de la Mort tiré par des bœufs noirs et couverts de crânes d'or et de croix blanches, le squelette debout sur ce char, avec la faux et le sablier, autour de lui des tombeaux ouverts d'où se dressaient d'autres squelettes qui débitaient de sinistres présages :

> Fummo già come voi siete,
> Voi sarete come noi :
> Morti siam, come vedete;
> Cosi morti vedrem voi.

Il n'y a qu'à ouvrir Vasari pour rencontrer cent fêtes plus étranges encore, où s'étalaient en liberté les imaginations les plus fantasques. Quelque élément religieux s'y mêlait toujours, et Savonarole n'étonnait personne à Florence en organisant dans les rues de la ville un divertissement sacré.

Qu'on ait brûlé sur le bûcher des *vanités* un butin

d'une assez grande valeur, cela est possible; mais
une partie de ce butin fut consacré à fonder un utile
établissement dont l'idée appartenait au frère, un
mont-de-piété. Que des livres et des objets d'art,
même de prix, aient fait partie de l'holocauste, cela
est très probable; Savonarole voulait arrêter le
paganisme renaissant, et personne n'ignore jusqu'où
ce paganisme entraînait l'art prostitué. Il est bien
possible que des exemplaires du *Décaméron* aient été
brûlés à l'instigation du frère, car il avait souvent
protesté contre la licence de Boccace, qu'on lisait
jusque dans les couvents de religieuses; ce n'est pas
une raison pour admettre que les enfants-quêteurs
de Florence aient pu détruire toute une édition. Des
tableaux furent sacrifiés, dit-on. C'étaient d'abord
sans doute quelques-uns de ces portraits de trop
célèbres courtisanes que les peintres du temps avaient
effrontément prises pour modèles de la Vierge et des
saintes, si bien que la jeunesse de Florence s'en
allait aux églises reconnaître et nommer chacune
d'elles. C'étaient ensuite, assure Vasari, des nudités
que leurs auteurs mêmes apportèrent sur le bûcher.
Qu'il y ait eu à regretter, au milieu de cet élan
enthousiaste, la perte de quelque œuvre d'art digne
d'être conservée, assurément cela n'est pas impossible; mais ce n'est pas Vasari qu'il faut en croire,
car il est de beaucoup postérieur à ces temps, et il
est partial contre les anciens adversaires des Médicis.
Si quelque ouvrage d'une réelle importance avait
péri, les contemporains, qui n'étaient pas tous, nous
l'avons dit, favorables à Savonarole et qui se montraient fort épris des arts, auraient jeté un cri de
réprobation et d'alarme. Ce n'était pas un ennemi

des arts ni des lettres, ce Savonarole, qui conseillait la lecture de l'antiquité classique, qui conservait à l'Italie, au prix des deniers du couvent de Saint-Marc, l'inappréciable bibliothèque des Médicis, dont Commines négociait déjà pour nous l'acquisition, qui faisait publier un décret rappelant de l'exil le neveu de Dante Alighieri, qui introduisait des écoles de dessin et de peinture dans les divers couvents de son ordre, et qui professait enfin dans ses écrits et dans ses discours une esthétique toute platonicienne.

D'ailleurs pour combien ne faut-il pas compter l'inspiration généreuse et élevée que les artistes puisèrent dans la parole de l'éloquent dominicain ; Vasari nous affirme, il est vrai, que Baccio della Porta (plus tard fra Bartolomeo) vint, au premier appel de Savonarole, sacrifier lui-même sur le bûcher *delle vanità* ses dessins profanes, et qu'ayant pris l'habit de dominicain dans ce glorieux couvent de Saint-Marc, il resta quelques années après la mort du frère sans vouloir reprendre ses pinceaux, mais la vue des fresques de fra Angelico, les conseils mêmes des moines qui l'entouraient, et surtout assurément le souvenir de Savonarole, le ramenèrent enfin à la pratique de l'art. Et n'est-ce pas à la flamme vivante que la prédication du frère avait déposée dans l'âme de Baccio que nous devons ces peintures ardentes par lesquelles il occupe une place à part entre les artistes de son temps ? Aurions-nous, sans le religieux enthousiasme qui lui fut donné, le regard inspiré de *Saint Marc* et *la Mission des Évangélistes* à Pitti ? Comment, si Savonarole eût été l'aveugle ennemi des arts, eût-il groupé autour de sa chaire tant d'artistes célèbres, devenus ses disciples ardents et dévoués? On vit s'attacher profondément à lui les della Robbia, dont deux prirent l'habit par ses mains; Lorenzo di Credi, dont un contemporain raconte qu'il avait été saisi d'une telle admiration qu'il ne pouvait plus parler d'autre chose que de la prédication qu'il avait entendue; le Pollaiuolo, qui, dans un curieux tableau conservé aujourd'hui au palais Corsini de Florence, a retracé son supplice; Sandro Botticelli, qui a illustré par le burin quelques-unes de ses publications; delle Carniole, qui nous a laissé de lui un portrait célèbre sur une de ses belles pierres gravées conservées aux *Uffizi*. — Raphaël enfin, qui avait quinze ans lors de la mort de Savonarole, voulut, lui aussi, rendre hommage à son souvenir, et il plaça dans sa *Dispute du Saint-Sacrement*, au Vatican, le portrait de cet adversaire d'Alexandre VI; mais le plus grand hommage peut-être que nous puissions citer à la gloire de Savonarole, et en même temps la plus complète réfutation du jugement erroné que nous avons cité tout à l'heure n'est-ce pas l'amitié, — c'est peu dire, — la vénération que professa envers lui Michel-Ange? Michel-Ange avait été introduit tout jeune encore par Francesco Granacci, son ami, dans ce fameux jardin des Médicis où Laurent le Magnifique avait groupé d'admirables objets d'art, et où il réunissait les hommes de lettres et les artistes. L'éloquence de Savonarole, qui prêchait dans l'église d'un couvent tout voisin, ne tarda pas à l'attirer et à s'emparer de lui. Vasari et Condivi rapportent que l'impression qu'il en avait reçue ne s'effaça jamais : devenu vieux, disent-ils, il relisait avec ardeur ces *prediche* dont il avait été jadis l'auditeur ému; il croyait entendre encore l'accent de cette chaleureuse éloquence, et il croyait revoir le geste même qui la commentait.

Il est certain que ces deux âmes ardentes et austères, Michel-Ange et Savonarole, eurent en commun plus d'une noble passion ; tous deux ressentirent un même amour de la liberté et une même douleur des plaies de l'Italie. Michel-Ange se rangea de bonne heure parmi les partisans politiques du frère ; il fut au nombre des artistes, tous dévoués à Savonarole, qui travaillèrent à la construction et à l'achèvement de la fameuse salle du grand conseil, et on le vit enfin, sur les hauteurs de San-Miniato, devenu ingénieur et tacticien, soutenir au péril de sa vie contre les Médicis, qui voulaient rentrer dans Florence, la cause politique à laquelle Savonarole s'était voué. L'auteur allemand d'une nouvelle biographie de Michel-Ange, M. Hermann Grimm, remarque que le grand artiste travaillait à Rome à sa célèbre *Pietà* dans l'année même où eut lieu le supplice de Savonarole, et il croit retrouver dans l'expression profonde de cet ouvrage l'abîme de douleur où il pense que ces sinistres événements plongèrent l'âme de l'artiste. Ce qui paraît plus authentique, c'est, dans *le Jugement dernier* de la chapelle Sixtine, le reflet brûlant de l'imagination biblique et dantesque où l'éloquent dominicain puisait le redoutable enthousiasme de ses anathèmes, et dont, pendant les années de sa jeunesse, Michel-Ange s'était inspiré : « Les fossoyeurs iront par les rues, criant : Qui a des morts ? N'y a-t-il plus de morts ?... » Ne reconnaît-on pas dans les accents de cette voix terrible que le grand artiste avait entendue, et qui, nous le savons, le hanta toute sa vie, la même impression de religieuse terreur et aussi la même audace d'expression qui nous étonnent et nous troublent aujourd'hui dans la fresque du Vatican?

Si cela est vrai, c'en est assez assurément pour la réfutation de ceux qui ont cru pouvoir représenter Savonarole comme un ennemi des lettres et des arts; ceux-là ont commis la faute de ne pas mesurer à sa vraie grandeur une âme peu commune. D'autres juges ont pensé que Savonarole eût ramené l'art dans les voies exclusivement religieuses où il était resté enveloppé pendant le XIIIᵉ et le XIVᵉ siècle, à l'époque des Cimabué et des Giotto. Comment admettre cette étroitesse de vues attribuée au même homme qui, dans un temps aussi éclairé que celui de la Renaissance, a exercé sur tous les principaux artistes ses contemporains, et particulièrement sur le grand Michel-Ange, une influence si décisive et si profonde? Ces hommes qu'on nous représente si souvent, et non sans raison, comme les précurseurs privilégiés de l'esprit nouveau, fussent-ils tombés dans cette grossière confusion d'adopter comme un des leurs, bien plus de vénérer comme un père et comme un maître, *tu maestro, tu duca, tu signore*, un étroit et aveugle partisan du passé? Comment celui qui réclamait dans l'éducation de son temps, à côté d'une profonde et sérieuse étude des livres saints, une large place pour la lecture et la fréquentation des grandes œuvres de l'antiquité, comment un tel homme n'eût-il pas été capable de pressentir l'essor de l'art italien au XVIᵉ siècle, et, une fois pressenti, de l'accueillir avec orgueil et joie?

Les hommages décernés à Savonarole ne se sont pas

bornés à son temps. Après sa mort, son souvenir fut
honoré d'un culte à la fois religieux et politique, et ses
sectateurs (on peut leur appliquer ce nom) furent poursuivis ou respectés eux-mêmes selon les vicissitudes
par lesquelles Florence dut passer. Dès le pontificat
qui suivit celui d'Alexandre VI, la persécution sous
laquelle avaient péri Savonarole et ses deux compagnons s'apaisa, car le nouveau pape Jules II n'était
autre que ce fougueux cardinal de Saint-Pierre-aux-
Liens qui, légat en France, s'était mis à la tête du
même parti politique dont Savonarole avait été le
chef dans Florence. Au milieu du siècle, sous le règne
de Paul IV, une commission de la congrégation de
l'Index fut chargée d'examiner les écrits de Savonarole et de décider s'ils méritaient le reproche d'hérésie.
Cette commission se réunit à Rome, dans le couvent
des dominicains de la Minerve, et l'on vit, pendant
ses délibérations, le peuple s'agenouiller et prier
naïvement dans l'église contiguë, afin que le ciel
dictât aux pères, en les inspirant, un arrêt favorable.
Leur décision vint autoriser à nouveau la dévotion,
devenue publique, à Savonarole. Peu de temps après
cependant, les Médicis ayant repris le pouvoir, on
trouve deux lettres d'un archevêque de Florence, en
date de 1583, qui poursuit au nom de ses maîtres ce
culte redevenu factieux. Le comte Charles Capponi a
publié l'*office* latin de Savonarole [1], composé à l'instar
des offices des saints, et qu'on a récité dans certaines
églises de Toscane jusqu'à la fin du XVIe siècle au
moins. Il est curieux d'y lire, mêlés aux psaumes et

1. L'*officio proprio per fra Girolamo Savonarola e suoi compagni*, scritto nel secolo XVI, con un proemio Prato, Guasti,
MDCCCLXIII, edizione non venale di cento esemplari numerati.

aux formules accoutumées des prières, des récits épisodiques formant par leur contexte toute une biographie légendaire du célèbre dominicain. Rien de plus italien à coup sûr, mais aussi rien de plus propre à faire mesurer la trace lumineuse que Savonarole avait laissée derrière lui :

Lectio vi[a]. — Quand l'œuvre de la prédication lui fut confiée, instruit par des révélations divines, il annonça les calamités qui menaçaient l'Italie et la future rénovation de l'Église. Au moment où le roi de France menaçait les Florentins, l'homme de Dieu fut envoyé vers lui pour l'apaiser par sa prudence et sa sainteté. Il se rendit à Pise et persuada Charles VIII. De retour à Florence, il commença de publier les volontés divines avec une telle éloquence (avantage dont il était dépourvu auparavant) et au milieu d'un tel concours, que cela parut l'effet d'un miracle...

Deo gratias.

Jérôme s'est levé comme la flamme; il n'a pas, dans ses jours, tremblé devant le roi. Et la parole divine a flamboyé sur ses lèvres comme une torche ardente.

Sa parole était vivante et elle était efficace.

Gloria Patri, etc.

Lectio vii[a]. — Son âme était souvent ravie, et s'unissait de telle sorte à la divine lumière, que son corps, devenu étranger aux sensations de la matière, était comme mort, et qu'il en était arrivé, pendant les dix dernières années de sa vie, à ne rien préparer de ses sermons avant que les oracles divins l'eussent instruit de ce dont il devait parler. Qui dira la rapidité de sa parole, la sublimité de son éloquence, la majesté de son expression? Sa voix était claire, son geste animé, son visage non pas ardent, mais en réalité plein de flamme. Par son œuvre, la paix fut faite entre les citoyens; les mœurs de chacun d'eux se transformèrent de telle sorte qu'on eût dit d'autres hommes. Les enfants, instruits à la simplicité chrétienne, s'abstinrent des choses déshonnêtes; ils allèrent, dans leur pieuse ardeur, éveiller les indolents, pénétrer dans leurs maisons, enlever leurs instruments de vices, et les brûler en présence de la multitude.

Deo gratias.

. . . .

Divinum auxilium maneat semper nobiscum. — Amen.

Lectio VIII^a. — A mesure que grandissait sa gloire s'accroissaient aussi le nombre et l'ardeur de ses ennemis... Finalement, ils entraînent une grande foule vers le couvent de Saint-Marc, qu'ils assiègent. Ils veulent que Jérôme leur soit livré. Les portes sont fermées par la troupe armée qui entoure le frère. L'attaque commence. Jérôme, agenouillé au pied des autels, prie pour ses amis et ses ennemis. L'incendie ouvre un chemin aux assiégeants, qui pénètrent dans le couvent en brisant tout sur leur passage. La Seigneurie, instruite de cet excès, réclame les frères Jérôme, Dominique et Sylvestre. Jérôme est emprisonné; il subit deux fois la question, mais refuse de désavouer ses prophéties. Enfin les hommes d'iniquité lui font subir, à lui et à ses deux compagnons, le double supplice de la potence et du bûcher; ils jettent ensuite ses cendres dans l'Arno, mais son âme a pris place dans les cieux.

Deo gratias.
Gloria Patri et Filio...

L'*office* se termine par quelques oraisons pour none, les secondes vêpres, etc., à travers lesquelles revient toujours le principal motif. Si ces prières ne sont plus régulièrement récitées, ce n'est pas que la dévotion à Savonarole soit complètement éteinte en Italie; il y a une soixantaine d'années à peine qu'a cessé le pieux usage suivant lequel des mains inconnues, malgré la jalousie du pouvoir, couvraient de fleurs à chaque anniversaire la place où avait été dressé son bûcher; il y a encore aujourd'hui en Toscane des *piagnoni*, pénétrés de vénération pour le lointain souvenir d'une prédication à la fois politique et religieuse dont ils n'ont cessé d'appliquer les bienfaisants principes. Ils comptent parmi les meilleurs citoyens et les meilleurs chrétiens de l'Italie, pour qui les aspirations libérales de nos jours dans ce qu'elles ont de plus élevé sont les bienvenues. Or, si l'Italie a reconnu de la sorte dans l'éloquent dominicain du xve siècle un dévoué patriote et un généreux réformateur catholique, nous n'avons pas autorité à nous montrer plus sévères qu'elle. Nous devons reconnaître, en même temps que la faiblesse par où il a péri, et qui fut toute de son époque, la grandeur de la mission remplie par Savonarole. A coup sûr, sa tentative de réforme morale et religieuse n'a pas été complètement perdue, car elle a commencé à relever les âmes. Quant à son influence politique, il faut se rappeler qu'il a rendu à Florence une ère de liberté d'où est sortie la grande école des publicistes italiens du xvie siècle. L'Italie ne s'est pas trompée en protestant contre ceux qui ont triomphé à la fois d'elle-même et de lui, et en exaltant son noble souvenir.

1864.

GUICHARDIN

D'APRÈS SES ŒUVRES INÉDITES

Je me propose d'étudier dans la vie de Guichardin, avec le secours des dix volumes de ses œuvres inédites récemment publiées [1], non pas toute la peinture intellectuelle et morale, mais certains traits de la Renaissance. Cette brillante époque, si originale au sein de la tradition, si puissante par l'action et par les idées, si mêlée de bien et de mal, d'éclatant prestige et de défaillance, occupe une trop large place dans l'histoire pour être embrassée d'un seul regard. Il semble que les monuments des arts et du savoir antique n'avaient si longtemps dormi dans l'ombre, et que le moyen âge n'avait poursuivi en des voies nouvelles un si patient travail que pour préparer cette vive éclosion du xve siècle et du commencement

1. *Opere inedite di Francesco Guicciardini,* illustrate da Giuseppe Canestrini e publicate per cura dei conti Piero e Luigi Guicciardini, 10 vol. in-8°, 1857-1867, Firenze, Barbera Bianchi, etc.

du XVIe. La prodigieuse rencontre de tant de sources vives, c'est-à-dire de la tradition classique, de la passion ardente et sincère des siècles immédiatement précédents et des premiers et éclatants rayons de la lumière moderne, fait de cette incomparable période un vaste sujet d'étude, s'étendant dans tous les domaines du beau et ne pouvant être resserré dans un cadre étroit. Mais il est certains aspects qu'une vie telle que celle de Guichardin, homme d'État, administrateur, moraliste, semble reproduire et permet d'étudier sous des formes particulières et concrètes.

Ce sont peut-être les traits originaux et permanents du génie italien, ceux qu'il a hérités du génie antique, ceux qui ne s'étaient pas effacés et dont une longue décadence n'a pas empêché quelques-uns, sans doute, de reparaître de notre temps.

Plus on étudie les Italiens modernes, plus on se persuade que revivent chez eux plusieurs traits du génie classique. La Grèce poétique respire encore dans l'imagination païenne comme dans la nature prestigieuse de Naples ; tandis que la Grèce politique, comme la Grèce des lettres et des arts, semble revivre dans Florence. Athènes a certainement émis quelques-unes des maximes fondamentales de la démocratie, mais sa période de saine constitution a été courte, elle s'est vue déchirée et vaincue par l'étranger, à la suite des divisions incessantes d'un peuple jaloux, ingrat et inquiet. Florence a eu des destinées analogues : par son génie intelligent et sensé, elle a contribué assurément à la science du gouvernement moderne, sans jamais jouir longtemps elle-même d'une liberté solide. L'Italien toscan du moyen âge, comme l'ancien

Grec, s'est enfermé dans l'idée étroite de la cité, bien plus dans les limites resserrées d'un parti, d'une corporation, d'une famille, mais pour y aiguiser, pour ainsi dire, la finesse native de ses facultés et y mettre en activité incessante sa vive passion. D'autre part, ce n'est pas seulement un brillant réveil qui, au temps de la Renaissance, ressuscite parmi les Italiens modernes le génie de l'ancienne Rome : ils paraissent, à certains traits de caractère et d'esprit, en être les héritiers immédiats et directs. Comme les anciens Romains, ils ont eu plus d'intelligence encore que d'imagination, plus de vues pratiques que de hautes pensées, plus de froide raison que de générosité de sentiment. Ils ont eu l'égale entente des affaires, l'aptitude au grand commerce, à la finance, à la politique. Dans la république romaine, banquiers et publicains avaient fini par former presque un nouvel ordre de l'État : ils y occupaient les hautes charges. Les principaux citoyens, un Cicéron, un Brutus, avant de se montrer censeurs austères, consuls courageux et dévoués, ennemis irréconciliables des tyrans, savaient fort bien gérer leur fortune et placer leurs fonds. Il en a été de même des Italiens modernes, fins diplomates, commerçants expérimentés, financiers habiles. Romains et Italiens devaient tenir avec une égale exactitude leurs registres de comptes et leurs livres d'annales, les souvenirs de leurs gains et pertes en affaires publiques et privées : les deux genres se confondaient. Salluste et Tite-Live sont précédés par une série considérable de vieux annalistes, dont quelques-uns étaient sans doute d'exacts négociants, tout au moins de sévères agriculteurs, et l'on a des registres italiens de la Renaissance qui mêlent aux écritures de commerce les indications chronologiques intéressant les familles ou concernant les affaires de la cité, de sorte que l'histoire proprement dite naît de très bonne heure et comme d'elle-même de ces habitudes correctes et précises. Les anciens Romains inscrivaient partout et sous toutes les formes les souvenirs de leurs actions, et l'on peut s'étonner aussi de l'incroyable quantité de documents que les archives de l'Italie contiennent, rien que sur les XIVe, XVe et XVIe siècles.

Au premier rang, parmi les publications qu'un zèle intelligent en a su tirer, il convient de compter les dix précieux volumes des œuvres inédites de François Guichardin. Il est permis de dire qu'on n'avait pas, et qu'on ne pouvait pas avoir, avant la connaissance de ces papiers de famille et d'État, l'appréciation juste et complète d'un personnage qui représente si fidèlement une partie au moins de cette grande époque, et dont la vie peut donner en outre l'occasion de constater le moment précis où la physionomie de la Renaissance s'altère, se flétrit, et laisse apparaître l'inévitable décadence. Le patriotisme local, après avoir produit des merveilles, a étouffé l'esprit public et s'est éteint lui-même dans les discussions des partis, et au milieu de l'invasion étrangère ; l'esprit pratique, après avoir été un mobile de prospérité et de richesses, s'est enfermé dans l'unique souci des intérêts privés ; la liberté de la pensée est devenue scepticisme pur, la passion du beau a fait place à la volupté et au sensualisme. Guichardin a été le contemporain, le témoin et, à certains égards, l'un des acteurs de cette transformation. Il a été si bien l'homme de son temps que nous verrons

sa vie politique et morale se partager aussi en deux
périodes très distinctes : exalté d'abord sans doute,
élevé au-dessus de lui-même par la féconde agitation
dont il recevait les dernières influences, il n'a pas eu
assez de force morale pour réagir ensuite contre la
corruption et l'avilissement. Né avec assez de hauteur
d'esprit pour prendre en main, quand il s'offrait à
lui, un rôle généreux, il s'est fait, non sans de certains scrupules, le pur élève de Machiavel, et il n'est
pas mort assez tôt pour éviter de mettre en pratique
quelques-unes des plus fâcheuses maximes ensei-
gnées par son maître.

I

On rencontre tout d'abord au tome X des *OEuvres
inédites*, si l'on veut entendre Guichardin exposant
lui-même son origine et sa jeunesse, une de ces intéressantes autobiographies dont l'usage, traditionnel
en Italie, se retrouve et s'est perpétué dans le midi de
la France. Tout père de famille tenait, comme on sait,
à honneur d'inscrire exactememt sur un registre à
part les chiffres qui rendaient compte de l'état de sa
fortune, de ses acquisitions, de ses gains et de ses
pertes. Tel était le primitif objet de ces livres, qu'on
appelait à cause de cela *de raison*, c'est-à-dire de
finance [1]. De tels documents, précieux assurément
pour l'historien, ne fournissent toutefois de sûres

1. Voir, dans la *Revue des Deux Mondes* du 1ᵉʳ septembre 1873,
notre étude sur les *livres de raison* dans l'ancienne France.

données au moraliste qu'à la condition d'être marqués au coin d'une sincérité insouciante, à moins de l'être au coin d'une austère vertu. Le premier de ces deux cas était celui de Guichardin. Sa franchise au sujet de ses parents ou de lui-même paraît entière, grâce probablement à une certaine indifférence qui lui rend les aveux faciles. Nous y gagnons de voir se dérouler des caractères vrais, éclairant toute leur époque.

C'était en somme le bon sens pratique rehaussé d'intelligence et de finesse qui faisait le fond de l'esprit florentin et l'attribut nécessaire de ces familles patiemment enrichies par un heureux négoce. Guichardin fait remonter la sienne au xive siècle. Pendant quatre-vingts ans, ses premiers ancêtres ont été comptés parmi les *buoni popolani*, c'est-à-dire dans les rangs de ce qu'on appelait le *popolo grasso*, les citoyens d'ancienne origine, les bourgeois inscrits dans les divers *arts* ou corporations, condition nécessaire pour jouir des droits civiques et être appelé aux magistratures. Après cette première période, la famille a grandi en richesse par le commerce des soieries, et par suite en importance politique. Elle est devenue noble; quinze de ses membres, avant la fin du xve siècle, ont été gonfaloniers de justice. Il en est ainsi de presque toutes les grandes familles florentines au xve siècle; elles s'emploient en même temps au commerce ou à la finance et aux affaires de l'État. Niccolo Capponi, contemporain de Guichardin, travaille à Lyon dans la maison de banque de son oncle Neri; quand son père devient ambassadeur en France, il va auprès de lui l'assister, retourne aux affaires de banque, d'où il est appelé pour accompagner un autre ambassadeur à Venise et passer ensuite, en qualité de commissaire général, dans le camp des Florentins devant Pise. Encore plus éclatant est l'exemple des Médicis. Chargés de la direction des affaires publiques, ces hommes d'esprit y apportent l'exactitude et la prudence dont ils ont fait preuve en dirigeant avec succès leurs affaires privées.

François Guichardin, lui, ne devait s'avancer vers les hautes fonctions que par les études libérales; pendant qu'un de ses frères restait, du moins en nom, à la tête de la maison paternelle, la *bottega di seta*, dans laquelle une partie de la fortune de François et la dot de sa femme, quand il se fut marié en 1508, étaient placées. Le droit occupe dans son éducation la première place. Il est curieux de suivre dans ses *Ricordi autobiografici*, quels travaux exigeaient et quelles ressources offrait tout d'abord la carrière d'avocat et de juriste. Dès l'âge de dix-huit ans il va suivre en diverses villes du nord de l'Italie les principaux cours de droit civil et de droit canon; il nous dit quels professeurs célèbres l'attiraient, la dépense qu'il fallait faire en chacune de ces écoles. Lui-même de très bonne heure profite de ses enseignements pour enseigner à son tour et pour plaider, comme avocat de nombreuses corporations. Il l'est de celle des tisserands, et de celle de Sainte-Marie-Nouvelle, etc., avec pour salaire une oie à la Toussaint, un chevreau à Pâques, une pesée de cire à la Chandeleur, un morceau de génisse à la Saint-Corneille, etc.

A vingt et un ans, en 1503, il eut une tentation mauvaise, celle d'entrer par pure ambition dans la cléricature. Son oncle Rinieri étant mort, il voulait succéder aux nombreux bénéfices que ce mauvais prêtre, vicieux et débauché, avait acquis. « Ce n'était pas, dit-il, pour vivre lâchement, comme la plupart de nos clercs, c'était que, jeune encore et déjà pourvu de quelque instruction, je me voyais en passe de grandir dans l'Église et de devenir cardinal. Malheureusement mon père, que je respectais beaucoup, s'y refusa. Il déclara qu'il ne voulait pas qu'aucun de ses fils (il en avait cinq) entrât par ambition dans l'Église, dont les affaires lui paraissaient aller déjà assez mal. Ce fut là toute sa raison : je dus m'en contenter, et je me résignais du mieux que je pus, *io ne fui contento il meglio che io potetti.* »

De cet oncle et de son père il trace de curieux portraits. Messire Rinieri était bâtard, sa mère était une esclave. On le fit prêtre et docteur en droit canon dès l'enfance, en revanche on ne l'envoya qu'à l'âge de vingt ans étudier à l'université de Pavie, puis à celle de Pise; mais c'était peine perdue, il ne voulait rien apprendre et prétendait toutefois être évêque, et comme sa naissance, tout au moins, s'y opposait, il fallut que, grâce au crédit de sa famille, il accaparât le plus grand nombre possible de bénéfices et de canonicats afin de réunir les sommes considérables nécessaires pour acheter les dispenses du pape Alexandre VI. « C'était un homme d'intelligence et d'esprit, mais extrême, fantasque, ses mœurs étaient mauvaises... Il aimait les vêtements magnifiques, il tenait cour brillante, donnait à dîner souvent et bien; mais il était avare envers ses parents à qui il ne fut jamais d'aucune aide, ni pendant sa vie, ni par sa mort... Sa vie fut heureuse puisque, bâtard et dénué de toute instruction et de toute vertu, il acquit un si grand nombre de bénéfices et de dignités par le seul crédit de son père et de son oncle et sans débourser un seul *quattrino*; il n'y eut que son évêché qu'il acheta par simonie, à son grand dommage spirituel et même temporel, car il n'en put jouir plus d'une année; encore fut-il pendant tout ce temps-là malade et chagrin. Il était de belle figure, de taille élevée, de grand air, d'une vigueur remarquable. Il reçut en mourant tous les sacrements de l'Église, je ne sais trop dans quelles dispositions intérieures, mais en tout cas avec grande peur et grand désespoir de mourir [1]. »

Tout autre était le père de François Guichardin, Pierre Guichardin. « Il se faisait remarquer par une grande sagesse, nul ne le surpassait en jugement. Fort de sa bonne conscience, il aimait à procurer le bien de la cité et celui des pauvres. Ses vertus morales non moins que la qualité de sa maison et de ses ancêtres lui valurent dès sa jeunesse une réputation qui ne fit que grandir jusqu'à sa mort, si bien que pour la capacité et la prudence on estimait qu'il y avait dans Florence à peine un seul homme qui l'égalât... Comme il n'était à la tête d'aucun parti et ne s'ingérait d'aucune nouveauté, son nom n'était pas comme d'autres dans toutes les bouches, et sa réputation perdait en éclat, mais aussi, parmi tant d'agitations et de désordres qui troublèrent de son temps la cité, il ne fut atteint ni même sérieusement menacé par aucun péril... Tout entier à des œuvres de justice et de miséricorde, on savait qu'il n'y avait que du bien à attendre de lui. Sa mort causa une

1. T. X, p. 57 et sq.

émotion plus profonde qu'aucune autre depuis longtemps. Il avait reçu les sacrements de l'Église avec
un si grand sentiment de dévotion qu'on peut bien
espérer que Dieu lui a ouvert le séjour du salut. Je le
regrettai plus que je ne puis dire. Je l'aimais plus
ardemment qu'il n'est peut-être habituel aux fils
d'aimer leur père [1]. » Entre cet oncle et ce père, Guichardin se trouvait placé, comme Hercule au carre-
refour de la vie, entre la Volupté et la Vertu. Laquelle
des deux suivra-t-il? Ni l'une ni l'autre, car son ambition est froidement calculée. S'il avait succédé aux
bénéfices de Rinieri, il n'eût pas imité sa honteuse
conduite, inconciliable avec le dessein d'une vie
ambitieuse et active; mais la vertu modeste de son
père n'était pas non plus son fait : il retiendra seulement de son exemple une hauteur de caractère qui le
mettra au-dessus des vulgaires séductions comme
celle de l'argent.

La profession d'avocat et de juriste à laquelle ses
études de droit l'avaient conduit ne lui plaisait pas,
aussi le voit-on y échapper pour se livrer aux études
historiques vers lesquelles l'attirait sa véritable vocation, et écrire une Histoire de Florence (*Storia fioren-
tina*), œuvre de jeunesse inconnue jusqu'à la publication des œuvres inédites. Elle offre avec la grande
Histoire d'Italie, qui a rangé son auteur parmi les
historiens classiques, une comparaison intéressante.
L'*Histoire florentine* commence au milieu du XVᵉ siècle,
au temps de Côme de Médicis, et se borne à peu près
exclusivement aux révolutions intérieures de ce petit
monde de quelques lieues à peine que Florence

---

1. T. X, p. 89.

composait avec sa banlieue et ses villes sujettes. L'*Histoire d'Italie*, qui embrasse les destinées de la péninsule tout entière, ne commence qu'à la première invasion des Français sous Charles VIII; achevée pendant la vieillesse de l'auteur, elle se poursuit au delà de l'*Histoire florentine*.

Outre le choix du sujet, la forme extérieure diffère. On sait combien le style de la grande histoire de Guichardin est régulier et classique; il n'en est pas de même de celui de l'*Histoire florentine*. La phrase est ici peu travaillée, assez abrupte, semée de mots latins qui sentent le jeune littérateur à peine sorti des écoles cicéroniennes de la Renaissance. L'expression y est moins soignée, mais aussi plus franche, plus naïve et plus abondante. On ne trouve ici aucune de ces harangues par lesquelles Guichardin se fit plus tard l'émule de Thucydide et de Tite-Live. Ce n'est pas que l'auteur s'y abstienne des réflexions que suscite à son esprit le rôle politique des personnages qu'il voit agir; mais il se préoccupe peu de mettre habilement ces figures en scène, et ne songe pas ici à donner du relief à ses pensées en les plaçant dans la bouche de quelque orateur. Cela donne à cet ouvrage un caractère de sincérité et de naturel qui met le lecteur en présence d'une réalité vive, soit qu'il veuille pénétrer l'auteur de cette sorte de *mémoires*, soit qu'il se propose d'étudier l'époque au milieu de laquelle il a vécu.

La seconde moitié de l'*Histoire florentine* concorde pour les dates avec la première moitié de l'*Histoire d'Italie*. Cette concordance nous permet de comparer dans les deux ouvrages quelques récits communs revêtus d'expressions fort diverses. Il y a par exemple un épisode dont l'auteur a été témoin dans ses premières années, et qui a vivement ému son patriotisme : c'est l'invasion de l'Italie par les Français. Son étonnement a égalé sa colère, car lui aussi, comme tous les grands esprits de son temps, il veut les barbares, c'est-à-dire les étrangers, hors de l'Italie; il veut l'indépendance de sa patrie garantie par une fédération avec un chef. Pour lui d'ailleurs, l'Italie était l'asile unique et inviolable de la civilisation; par quelles fautes avait-elle mérité ce terrible fléau de voir sur les rives de l'Arno et du Tibre les grossiers compagnons de Charles VIII? Pour résoudre ce problème, — car déjà l'auteur mêlait à ses émotions de patriote le sang-froid du calculateur politique, — il fallait d'abord s'en rendre compte par une patiente analyse, en séparer les divers éléments, en signaler un à un les effets, d'où l'on remonterait ensuite vers les causes. La courte narration de la grande histoire nous montrait à peine cette patiente recherche et cette secrète curiosité de l'auteur : quelques lignes, formant un résumé concis et habile, y cachaient le dépit du politique sous la calme sévérité de l'historien. Le nouveau récit nous fait beaucoup mieux juger du procédé de son esprit et nous révèle même des émotions dont la trace disparaîtra entièrement plus tard :

Déjà une partie des troupes du roi Charles VIII avait passé les Alpes. Lui-même entra bientôt en Italie avec le reste de l'armée, composée d'un très grand nombre d'hommes d'armes, d'infanterie et d'artillerie. Je n'en sais pas au juste le nombre, mais je sais qu'avec eux entrèrent en Italie un incendie et une peste qui changèrent non seulement les conditions des États, mais encore toutes les habitudes du gouvernement et de la guerre. L'Italie étant jusque-là divisée en cinq États principaux, le pape, Naples, Venise, Milan et Florence, l'étude de chacun d'eux était de veiller à ce que l'un ne dépassât point l'autre et ne vînt point à s'accroître d'une manière dangereuse pour tous, et pour cela on tenait compte du plus petit changement, on faisait grand bruit de l'acquisition de la moindre citadelle. S'il fallait enfin en venir au combat, les secours étaient si bien balancés, les troupes si lentes à se former, l'artillerie si molle à agir, que dans le siège d'un seul château se consumait un été, et que tous les faits d'armes se terminaient avec peu ou point de sang répandu. Mais par cette arrivée des Français, comme par une subite tempête, toutes choses furent bouleversées (*rivoltatasi sottosopra ogni cosa*), l'équilibre de l'Italie fut rompu et mis en lambeaux, et avec lui disparurent tout soin et tout souci des intérêts communs. Cités, duchés et royaumes furent envahis et livrés au désordre; chacun ne s'occupa plus que de ses propres affaires, ne s'inquiétant pas même si cet incendie qui éclatait à droite, si cet écroulement qui retentissait à gauche pouvait enflammer ou ébranler son propre état. Alors naquirent les guerres subites et violentes; alors on vit les royaumes gagnés ou livrés en moins de temps qu'il n'en fallait jadis pour s'emparer d'une maison de campagne; on vit les assauts rapides, les villes prises non pas en quelques mois, mais en un jour, en une heure; on vit les coups de main les plus hardis et les plus sanglants. Et depuis lors, en réalité, les états furent conservés ou ruinés, donnés ou enlevés non plus par de lentes négociations et avec la plume, comme par le passé, mais en campagne et les armes à la main (*alla campagna e colle arme in mano*) [1].

Qu'on pardonne à la traduction si elle ne peut rendre tantôt l'ampleur, tantôt la concision elliptique de ce style. L'*Histoire florentine* offre sous ce rapport

---

1. T. III, p. 105

des difficultés particulières, parce que l'écrivain y a déposé souvent, en des traits à peine achevés, ses impressions et ses remarques. Ce qu'on y perd en bonne ordonnance et en pureté d'expression, on le regagne à coup sûr en franchise et en variété. Si le récit des mêmes faits dans l'*Histoire d'Italie* offre un tableau sévère, d'une énergique concision, et que de justes proportions unissent heureusement à ce qui l'entoure, la première esquisse en était précieuse à connaître, comme ces dessins qui ont précédé les œuvres des maîtres, et dans lesquels on aime à saisir, avec quelques-uns des secrets de leur talent, la spontanéité des intentions et la richesse des aperçus que le travail émondera et coordonnera plus tard. Poursuivons la comparaison des deux ouvrages. Ne nous arrêtons plus à la surface, c'est-à-dire à la différence de l'exposition et du style. La manière de juger diffère aussi quelquefois : entre les deux histoires, il y a toute la distance du jeune homme à l'homme fait, du jeune homme imparfaitement brisé à la dure école de la vie pratique et des affaires, et accessible encore aux impressions morales, à l'homme endurci par une froide expérience, devenu insensible aux manifestations de la nature humaine, et curieux seulement des combinaisons et des résultats politiques. L'unité de caractère se montre à la vérité, et l'auteur paraît bien, dans l'une et l'autre occasion, panégyriste du succès et admirateur à peu près exclusif de l'habileté; mais enfin l'*Histoire florentine* nous le montre un peu déconcerté, par exemple, de l'héroïque vertu de Savonarole, et ce n'est pas certainement au même âge ni avec le même esprit qu'il a écrit les deux jugements qu'on va lire sur le moine réforma-

teur. Voici d'abord le morceau inédit. Guichardin n'a
pas trente ans [1] :

Les commissaires du pape étant arrivés et ayant de
nouveau examiné l'affaire, frère Jérôme et les deux autres
furent condamnés au feu. Le vingt-troisième jour de mai,
ils furent amenés sur la place des Seigneurs, dépouillés
des habits de leur ordre, puis pendus et brûlés au milieu
d'un concours de peuple plus grand encore que celui qui
se rendait à leurs prédications. Et ce fut jugé une chose
admirable que pas un d'eux, même le frère Jérôme, n'ait
dit publiquement un seul mot ni pour s'accuser ni pour
se défendre.

Ainsi mourut d'une mort ignominieuse frère Jérôme
Savanarole, duquel il ne sera point hors de propos de
parler plus longuement ici, puisque ni dans notre temps,
ni dans celui de nos pères et de nos aïeux, on ne vit
jamais un religieux réunissant tant de vertus et obtenant
tant d'autorité et de crédit. Ses adversaires mêmes conve-
naient qu'il était très docte en beaucoup de sciences, particulièrement dans la philosophie qu'il possédait et appelait
à son aide en toutes ses propositions comme s'il l'avait
faite, mais par-dessus tout dans la connaissance des saintes
Écritures, où l'on peut dire qu'il n'y avait pas eu depuis
bien des siècles un homme pareil à lui.... Son éloquence
dépassa par ces mérites celle de tous ses contemporains;
en outre elle n'était point artificielle et forcée, mais simple
et naturelle; l'autorité et le crédit de cette parole étaient
admirables, puisqu'on le vit prêcher continûment avec
succès pendant tant d'années, non seulement les carêmes,
mais la plupart des jours de fête, dans une ville pleine d'esprits très difficiles et dédaigneux (*sottilissimi e fastidiosi*),
et où jusqu'à lui les prédicateurs les plus excellents, au
bout d'un carême ou deux, ne faisaient plus qu'ennuyer.
Son triomphe fut manifeste; tous le reconnurent, ses adversaires aussi bien que ses partisans et ses disciples.

Mais la grande question est de juger sa vie. Il faut
remarquer à ce propos que s'il y eut quelque vice en lui,

1. T. III, p. 178.

il n'y eut donc qu'une feinte conseillée par l'orgueil et par l'ambition ; car, en observant attentivement sa vie et ses mœurs, on n'y trouve pas le plus petit vestige d'avarice, de luxure ni de quelque autre faiblesse ou passion, mais au contraire l'exemple d'une vie très religieuse, pleine de charité, de prière et d'observance, non l'écorce, mais la moelle même de la piété ; on ne put, dans son procès, noter le moindre défaut de ce côté, malgré les efforts de ses adversaires. Il accomplit, en poursuivant la réforme des mœurs, des œuvres saintes et admirables : il n'y eut jamais dans Florence tant de religion et de vertu que de son temps, et cela décrut de telle sorte après sa mort qu'on vit clairement que ce qui s'était fait de bien de son temps n'avait été créé et soutenu que par lui. On ne jouait plus en public, dans les maisons rien qu'avec retenue. Les tavernes, refuge ordinaire de la jeunesse corrompue et de tous les vices, s'étaient fermées ; les femmes avaient quitté en grande partie les vêtements déshonnêtes et lascifs ; les enfants, élevés pour la plupart dans l'habitude du vice, avaient été amenés à une vie modeste et sainte ; sous la conduite du frère Dominique, ils avaient été partagés en compagnies, fréquentaient les églises, portaient les cheveux courts, poursuivaient de pierres et d'injures les hommes joueurs et débauchés et les femmes vêtues avec inconvenance. Ils allaient, pendant le carnaval, saisissant les dés, les cartes, le fard, les livres et tableaux impurs, qu'ils brûlaient publiquement sur la place des Seigneurs, et ces jours qui d'ordinaire voyaient mille iniquités, ils les commençaient par une procession avec beaucoup de sainteté et de dévotion...

S'il fit œuvre si utile pour les choses spirituelles, il ne fit pas une œuvre moins grande pour le gouvernement de la ville et pour le bien public. Après la chute de Pierre de Médicis le pays restait de toute part divisé, les partisans de l'ancien état se voyaient en grande haine et en grand péril...

Frère Jérôme, lui seul, empêcha les violences et les désordres : par l'institution du grand conseil, il mit un frein aux ambitions ; par l'appel à la seigneurie, il opposa une digue aux excès populaires ; il fit enfin la *paix universelle*, qui, coupant court à toute recherche du passé, détourna les vengeances dont les partisans de Médicis étaient menacés.

Ces mesures firent sans aucun doute le salut de la cité, et, comme il le disait avec vraisemblance, le profit des nouveaux gouvernants aussi bien que des vaincus. Véritablement les œuvres de cet homme furent excellentes, et de plus quelques-unes de ses prédictions s'étant réalisées, bien des gens n'ont point cessé de croire qu'il avait été vraiment envoyé de Dieu et prophète nonobstant son excommunication, son procès, et sa mort. Je ne sais qu'en croire et n'ai pas sur ce point d'opinion arrêtée en aucune façon, m'en rapportant, si je vis, au temps qui éclaircira tout; mais je conclus volontiers à ceci, que, s'il fut sincère, nous avons vu de nos jours un grand prophète, et, si ce fut un fourbe, un très grand homme. En effet, indépendamment des lumières de son esprit, s'il fut capable de dissimuler si publiquement pendant tant d'années, on doit confesser qu'il eut une intelligence, une adresse et une habileté d'une profondeur extraordinaire.

Tel est en substance le récit de l'*Histoire florentine*. Ouvrons maintenant l'*Histoire d'Italie*. Guichardin n'y est plus qu'un froid témoin. Prenant acte du mauvais succès des tentatives de Savonarole, il recherche et énumère les fautes qui doivent expliquer son échec. Il lui reproche sérieusement d'avoir indisposé le pape dans un moment où il fallait le ménager pour reprendre Pise par son aide. Négligeant enfin l'histoire intérieure de Florence, passant entièrement cette fois sous silence l'influence exercée par Savonarole sur le gouvernement de la cité et sa réforme passagère des mœurs, prenant une vue plus large, Guichardin s'étend sur le rôle que Savonarole aurait voulu jouer comme réformateur de l'Église au moyen d'un concile général. Il termine enfin son récit de la mort de l'illustre dominicain par ces lignes équivoques et glacées : « Il mourut avec constance, mais sans rien dire qui pût faire juger s'il était innocent ou coupable, et sa mort ne fixa point les jugements passionnés des hommes. Beaucoup demeurèrent persuadés que c'était un imposteur; d'autres restèrent convaincus que l'interrogatoire rendu public était une pièce fabriquée, ou que la force des tourments plutôt que celle de la vérité avait vaincu sa complexion, qui était faible et délicate; même ils excusaient cette faiblesse par celle du prince des apôtres, qui, sans être emprisonné, ni torturé, ni violenté d'aucune manière, mais sur de simples paroles de serviteurs et de servantes, renia le maître dont il avait entendu les divins préceptes et vu de ses yeux tant de miracles. »

Peut-être faut-il du moins savoir gré à Guichardin de ces dernières lignes. Peut-être y a-t-il de sa part quelque reste de sympathie à se faire également l'écho de ceux qui ont condamné et de ceux qui ont excusé Savonarole, et à rapporter même l'excuse dont ses persévérants admirateurs couvraient ses derniers aveux. Peut-être est-ce le souvenir de ce qu'il a vu et entendu pendant son enfance qui suspend encore son jugement en présence de cette question : Savonarole fut-il fourbe ou sincère? Mais, chose remarquable, la pensée de l'insuccès final semble maintenant non seulement l'empêcher de reconnaître la grandeur du prophète, mais encore lui faire révoquer en doute cette habileté de l'homme pour laquelle tout à l'heure il réservait dans tous les cas son admiration. Tout à l'heure il pouvait, en suspendant sa réponse, ne pas dissimuler quelques évidentes et sincères émotions; maintenant l'avenir avait parlé, l'œuvre de

Savonarole avait péri, son échec était incontestable ; adieu donc au sympathique et inutile souvenir d'une entreprise éphémère !

Cependant l'ambition parlait trop haut au cœur de Guichardin pour qu'il se bornât longtemps au rôle d'observateur. Il avait sans doute déjà acquis quelque renom parmi ses concitoyens puisque nous le voyons envoyé, dès février 1512, avec une dispense d'âge (il n'avait pas atteint sa trentième année), en qualité d'ambassadeur en Espagne. Florence n'avait pas eu jusqu'alors de représentant dans ce royaume dont l'essor tout récent n'était dû qu'à Ferdinand le Catholique ; mais en présence de la *sainte ligue* formée en 1511 contre la France par le pape Jules II, Henri VIII, Venise, les Suisses et l'Espagne, la république florentine méditait de sauvegarder ses liens à la fois avec les Espagnols et les Français et de revendiquer sa neutralité. Le jeune ambassadeur était chargé d'agir en ce sens ; on lui recommandait en outre de profiter de son séjour dans la péninsule pour se rendre utile aux intérêts du commerce national. Le champ d'observation était des plus riches et des mieux choisis. La monarchie espagnole venait de révéler au dehors son importance nouvelle par les guerres d'Italie, tandis qu'à l'intérieur sa puissance s'était constituée avec de telles apparences de durée qu'il devenait à la fois très intéressant et très urgent pour les hommes d'État de rechercher d'où provenait cette grandeur, s'il était à croire qu'elle dût se continuer et s'augmenter dans l'avenir. François Guichardin, à défaut d'expérience, avait une finesse et une sûreté de jugement à la hauteur d'une telle tâche. Il réussit à se faire très bien venir du roi Ferdinand, puis à empêcher que, pendant cette période de trouble général, Florence fût tout d'abord inquiétée. Ce n'est pas tout ; il avait à cœur d'étudier, aux termes des instructions qui lui avaient été remises, les ressources du pays, son agriculture, son commerce, ses revenus, ses forces morales et le génie de ceux qui le gouvernaient. Il fit avec soin cette multiple enquête ; nous en jugeons par ses dépêches adressées à la Balie de Florence, par ses lettres de famille, mais surtout par un important mémoire résumant ses observations[1]. Il la fait en politique qui mesure exactement de quelle portée est le progrès d'un État, en économiste qui recherche les sources naturelles de la prospérité, en moraliste qui dans le caractère d'un peuple, dans les qualités de son chef voit les causes du succès ; mais on y sent le fataliste et le sceptique qui fait grande la part de la fortune et ne médit d'aucun moyen propre à triompher. Il ne dédaigne pas le trait précis et satirique. « L'Espagnol, dit-il, vit à l'étroit, s'il fait quelque dépense c'est pour avoir un beau vêtement ou bien acheter une mule, étalant plus de richesse au dehors qu'il n'en laisse au logis. Sachant vivre de peu il n'est pas moins cupide d'acquérir et d'amasser. C'est un dicton que mieux vaut seigneur français qu'espagnol : tous deux pillent le pays, mais le Français dépense tout aussitôt, tandis que l'Espagnol accumule ; outre que, si je ne me trompe, l'Espagnol étant plus rusé doit savoir mieux voler... », et il termine ainsi : « La dissimulation est propre à tout ce peuple, particulièrement à la province d'Andalousie et dans cette

1. *Opere inedite*, t. VI.

province particulièrement aux habitants de Cordoue, qui est la patrie de Gonzalve, le *grand capitaine*. » Enfin, en homme pratique, chemin faisant, il recueille certaines informations utiles à ses intérêts particuliers en même temps qu'à ceux de l'État ; il mande à son frère quels avantages certains marchands savent tirer du négoce avec Calicut ; il y met une insistance qui fait penser que la maison des Guichardin, la *bottega di seta*, ne devait pas être indifférente à ces détails.

Il trace ainsi le portrait de la reine Isabelle, morte depuis huit ans, mais qui vit dans le souvenir de ses sujets : « On dit qu'elle aima beaucoup la justice, qu'elle fut de mœurs parfaitement honnêtes, aimée et crainte de ses sujets, généreuse de cœur, amie de la gloire, digne en tout d'être comparée aux femmes les plus illustres de tous les temps. Par respect pour elle, le roi, enclin au jeu, modérait sa passion, sous le joug de laquelle il est retombé depuis. »

Il s'étendra plus longuement sur Ferdinand le Catholique qui est, de sa part, l'objet d'une admiration toute spéciale. Parmi les motifs de cette admiration figurent bien des viriles qualités, la rectitude du jugement, la possession de soi-même, l'esprit d'ordre, d'épargne, de travail, de secret ; mais évidemment le principal mérite de Ferdinand est, aux yeux de Guichardin, son incomparable succès. La fortune lui est demeurée constamment propice ; elle lui a ménagé l'intégrité et l'accroissement même de son héritage ; tout lui a réussi. « Comme disent entre eux les Mauresques, le roi dicte comme il lui plaît ses lettres de change, et le bon Dieu les souscrit. » Voilà ce qui enchante le jeune politique ; il s'ensuit, à

l'entendre, que les moyens employés par ce favori de
la fortune sont les bons, et qu'on doit, pour réussir,
se régler sur ce modèle. Il devient pour lui une sorte
de type idéal : le roi, le souverain par excellence;
dans la série de ses *Maximes*, rédigées pendant tout
le cours de sa vie, ce nom reviendra sans cesse.
On voit non moins clairement quels traits de ce
caractère l'avaient principalement séduit, grâce sans
nul doute à certaines pentes analogues de son propre
génie. Guichardin, libre de toute hésitation, appartient désormais à ce groupe des sceptiques instruits,
expérimentés, modérés, qu'enfantent en grand nombre
les temps de civilisation brillante. Son scepticisme
raisonné sait bien quelle puissance conservent par
eux-mêmes le sentiment du devoir et celui de
l'honnête, et il s'estimera heureux tous les fois que,
sans être obligé de faire à des considérations de cette
nature de trop grands sacrifices, il pourra paraître
soucieux d'y conformer sa conduite : il le fera en réalité d'autant plus volontiers qu'il croira se placer ainsi
dans la voie la plus assurée du succès, sauf à prendre
le chemin de traverse dès que la grande route offrira
trop d'obstacles. Une des plus insignes faveurs, suivant lui, que la fortune ait accordées au roi Ferdinand
a été de lui offrir des guerres utiles dont les motifs
ont été « presque toujours » justes, de nobles
entreprises d'accord avec ses plus pressants intérêts,
de sorte que, sans s'écarter de ce dernier point de
vue, il paraissait n'avoir d'autre mobile que le
dévouement au bien général et l'amour de la gloire.

Telle a été l'éducation politique de Guichardin. Il
a grandi au milieu d'une famille exercée depuis longtemps aux grandes affaires, soit dans le gouverne-

ment intérieur, soit dans le négoce. Il a eu pour nourriture de son esprit ce qu'on appelait alors les bonnes lettres et le droit, le pur héritage de l'antiquité classique, la meilleure préparation de ceux qui veulent apprendre à se gouverner eux-mêmes et à gouverner les hommes. La vocation historique s'est mêlée comme naturellement à cette forte préparation intellectuelle; mais l'école vraiment pratique a été cette ambassade d'Espagne en présence d'un modèle et d'un maître tel que le roi Ferdinand le Catholique. A son retour, Guichardin allait entrer dans la haute administration, qui devait l'élever de plain-pied aux plus grandes affaires. Quelle autre voie, intellectuelle, suivrait le jeune politicien anglais d'aujourd'hui? Les Anglais professent de notre temps, comme les Italiens de la Renaissance, qu'il y a une science de la politique inabordable au premier venu, qu'il y faut une longue et spéciale éducation, rendue plus facile et plus sûre par des traditions de famille d'accord avec la confiance publique et avec la mémoire accumulée des services rendus. Des analogies évidentes de génie sérieux et pratique relient aux exemples de l'ancienne Rome ceux de la finesse italienne et de la prudence britannique.

II

On ne saurait qu'estimer très honorable le double rôle de Guichardin comme administrateur de plusieurs provinces pontificales, puis comme lieutenant

général des armées de la ligue italienne contre les
Impériaux, de 1516 à 1527. Envoyé par la république
de Florence en décembre 1515 pour complimenter le
pape Léon X, qui passait à Cortone, il fut remarqué par
le pontife et nommé au gouvernement de Modène et de
Reggio, bientôt à celui de Parme et, plus tard, à celui de
la Romagne. C'est ce qui nous vaut dans sa correspondance officielle ou privée[1] les plus curieux tableaux
des désordres dont souffrait l'Italie, en contraste
violent avec sa culture intellectuelle et artistique.
Au milieu des haines de familles et de partis, l'autorité du gouverneur était sans cesse éludée, soit par
l'évocation des procès en cour de Rome, soit par le
double abus des sauf-conduits et des droits d'asile.
Les coupables promettaient de « composer », c'est-
à-dire d'acquitter une amende discutée et convenue,
mais s'enfuyaient presque aussitôt au delà de quelque
frontière prochaine. La guerre civile était à l'ordre
du jour, entretenue par de petits seigneurs féodaux,
qui entraînaient dans leurs querelles héréditaires non
seulement la connivence intéressée des souverai-
netés voisines, mais la complicité redoutable des
brigands de l'Apennin. Il est un de ces brigands,
Domenico Morotto, dont nous pouvons avec la chronique de Vedriani (*Storia di Modena*) et les rapports
de Guichardin suivre toute l'histoire ; il s'était fait
donner par bref du pape, sans doute dans quelque
moment de trêve ou de négociation forcée, une petite
forteresse de l'Apennin. De cette forteresse de Car-
pinette, il descendait à chaque instant menacer ou
piller Reggio, puis remontait dans son refuge inatta-

1. T. IV et VII des *Œuvres inédites*.

quable ou se retirait, près de là, sur quelque territoire, au milieu de bandes alliées.

Il multipliait le nombre de ses partisans à la fois
par la crainte et la reconnaissance, faisant à ses
heures le chevaleresque, le compatissant et le généreux, puis frappant à l'improviste quelque coup sanglant qui terrifiait sur son passage. Il y ajoutait la
ruse : Vedriani rapporte qu'un jour, à la faveur d'un
déguisement, il pénétra dans Reggio, ne craignit pas
de se présenter à Guichardin, qui, pendant tout l'entretien, ne le reconnut pas, mais resta charmé de la
noblesse de ses discours et de ses manières.

Il suffit de parcourir les dépêches de Guichardin
pour recueillir les principaux traits de cette anarchie
qui faisait alors, en plus d'une province, le fond ordinaire de la vie italienne.

« J'ai usé dans Reggio, écrit-il, de tous les genres de
répression ; j'ai confisqué les biens, coupé les têtes, rasé
les maisons, et n'ai pu encore triompher du mal. La nuit
passée (30 octobre 1518), des bannis, *fuorusciti*, sont venus
attaquer la propriété des Zoboli, à 2 milles des portes de la
ville. Ils ont emmené les bestiaux et emporté un grand
butin. Ils ont passé dans le Parmesan, puis traversé le Pô,
et se sont réfugiés soit dans le Crémonais, soit sur les terres
du seigneur Frederico da Bozzole, avec qui ils s'entendent. »

Et plus tard.

« Hier matin dimanche (6 février 1519), un des Zoboli,
avec quelques compagnons de bas étage, assassina en pleine
église pendant la messe, à coups de poignard, un des Fon-
tanelli et un des Malaguzzi. Les assassins avaient des chevaux tout sellés ; les cavaliers de la garde les ont poursuivis,
mais ils avaient assez d'avance pour gagner le territoire de
Correggio, dont les frontières ne sont qu'à 5 ou 6 milles.
J'ai grand soupçon que quelques-uns des vieux Zoboli, dans

Reggio même, ont eu la main dans cette affaire ; j'userai de toute diligence pour trouver la vérité et punir. »

En Romagne c'est pis encore peut-être. On est là, comme aux siècles les plus cruels du moyen âge, en pleine guerre des Guelfes et des Gibelins. La scène n'en est pas plus politique : elle n'est pas moins violente et sauvage. La superstition populaire y occupe une large place. — Un moine a séduit une femme et empoisonné le mari, Guichardin le fait condamner à mort, il est pendu ; mais voilà que, pendant la nuit après le supplice, la terre tremble, les eaux de la montagne se gonflent et inondent la plaine : le peuple effrayé s'écrie que ce moine était magicien, et qu'en mourant il a jeté un sort sur la contrée. L'embarras de Guichardin est curieux à suivre : il explique, il se justifie : il a ordonné une soigneuse enquête dans le château isolé que ce moine habitait : ce pouvait bien être un sorcier, dit-il, mais du dernier ordre et fort peu redoutable. — Guichardin, dans ses dépêches d'Espagne, avait parlé sans réprobation aucune de l'inquisition d'Espagne et des auto-da-fé ordonnés par Ferdinand le Catholique, nous le voyons ici hésitant en présence de ces ridicules soupçons de magie et de sorcellerie. Il se montrera en d'autres occasions esprit très libre ; mais la vérité est qu'il a été de son époque, dont il réunissait seulement en lui les divers aspects.

Cette anarchie intérieure, à peu près générale, n'étouffait pas la merveilleuse fécondité des arts : c'était encore le temps de Raphaël et de Michel-Ange ; Benvenuto Cellini maniait également le ciseau et l'escopette ; Luini exécutait ses grandes fresques dans le Milanais ravagé par la guerre ; et le Corrège peignait à Parme pendant l'administration de Guichardin, entre 1520 et 1524, la coupole de Saint-Jean. Guichardin lui-même faisait jouer les pièces de Machiavel à Ravenne par des acteurs florentins, et pour une représentation de la trop fameuse *Mandragora* demandait par lettre à l'auteur l'explication de mots du terroir, que depuis quelques années absent de Florence il ne comprenait déjà plus. — On n'en devait pas moins lutter pied à pied contre les plus violents désordres. Guichardin s'acquitta de ce pressant devoir en administrateur habile et en justicier sévère. Trop souvent désarmé par l'absence de toute ferme institution, il recourait, quand il pouvait frapper, à des mesures d'autant plus rigoureuses. N'ayant guère à compter sur le concours du gouvernement pontifical, tenait-il un coupable, surtout de grande famille, il s'empressait d'obtenir de ses juges une condamnation, de préférence capitale, qu'il faisait aussitôt exécuter. « Hier soir, écrit-il le 21 février 1517, j'ai reçu de Rome la lettre ordonnant de surseoir à l'exécution du comte Alexandro da Sessa, si je croyais que cela dût apaiser les esprits. On a déjà usé de ce moyen à plusieurs reprises et sans nul fruit, c'est pourquoi j'avais commandé dès samedi l'exécution. » Désespérant d'atteindre la plupart de ceux qu'il devait poursuivre, il ordonnait qu'on rasât leurs maisons, et qu'on détruisît leurs récoltes. La répression employait ainsi les mêmes moyens que l'offense ; cependant, plus nous voyons Guichardin énergique et ferme, plus nous sommes avec lui pour applaudir à ses efforts et souhaiter son succès, car il représente, au fond de ces provinces, l'esprit de la discipline moderne, s'indignant contre les plus aveugles abus du moyen âge. Il ne devait pas toutefois y consumer obscurément ses forces, les suprêmes dangers de l'Italie allaient l'appeler sur une scène plus retentissante.

C'était le temps où la puissance de Charles-Quint, vainqueur à Pavie, devenait très redoutable. Les Italiens surtout avaient lieu de craindre les incessants progrès de l'empereur allemand. Fortement établi dans le royaume des Deux-Siciles, il dominait militairement dans le Milanais, disposait de Gênes, étendait ses exigences sur Florence et sur Rome, devenait inquiétant pour les États de terre ferme de Venise. On voyait en lui dans le présent un oppresseur, et dans l'avenir le maître redouté de toute la péninsule italienne où il projetait de passer à la tête d'une armée pour prendre la couronne impériale. Le dessein qu'on lui prêtait d'aspirer à la monarchie universelle excitait la jalousie soupçonneuse du roi d'Angleterre, l'inimitié intéressée du roi de France, et provoquait la coalition des divers princes de l'Italie. Guichardin fut un de ceux qui mesurèrent promptement le péril et se mirent des premiers à l'œuvre pour essayer de le conjurer. Il était encore gouverneur de la Romagne quand le coup de la bataille de Pavie retentit. Fatigué de sa pénible administration, préoccupé de la santé de sa femme, il songeait à revenir à Florence et à rentrer dans la vie privée. Les offres du pape, qui souhaitait de l'employer auprès de lui, ne le fléchissaient pas ; mais, quand la pensée du danger suprême de l'Italie lui apparut, il s'offrit au contraire, et, mettant de côté toutes les considérations privées, il voulut accepter, avec le titre de lieutenant général de l'armée de Clément VII, la mission difficile de réunir contre l'empereur les

diverses puissances de l'Italie et d'attirer dans cette
ligue la France, fort intéressée à rencontrer une aide
contre son puissant vainqueur. On le voit, dès la fin
de 1525, pousser activement les multiples négociations. Le moment est favorable, dit-il; les Milanais se
sont insurgés contre les Impériaux et les tiennent en
échec; les Suisses, rentrés chez eux, seront facilement
engagés; la France ne sera pas liée par les négociations de Madrid; elle donnera de l'argent pour payer
les Suisses, et fera une utile diversion du côté des
Pyrénées. Une autre heureuse circonstance est, au
lendemain du traité de Madrid, le mariage de Charles-
Quint avec cette jeune et charmante Isabelle de Portugal dont il est tendrement épris. Au comble du
triomphe et du bonheur, César, comme l'appelle Guichardin, paraît oublier ses récents projets; il veut,
dit-on, rentrer en Allemagne pour arrêter les progrès
des luthériens et châtier les agressions des Turcs. Que
la ligue italienne hâte ses préparatifs, et peut-être
lui sera-t-il donné de surprendre les Impériaux dans
un instant de relâchement ou de faiblesse. « Méditer
une guerre, si le succès en était évidemment impossible, s'appellerait folie, écrit-il; mais, pour peu qu'il
y ait ici quelque espérance raisonnable, ce parti est
moins périlleux que d'accepter sans résistance la
servitude. Il me paraît nécessaire, en tout cas, de se
résoudre tout de suite. Doit-on s'en remettre à la discrétion de César, il est inutile de l'irriter par des délais;
mais, si l'on veut en venir aux armes, tous retards
sont funestes : il y en aura bien assez d'inévitables
quand il faudra réunir tant de parties intéressées. »
Les excitations et les efforts de Guichardin furent
pour beaucoup dans la formation de la Sainte Ligue,

qui fut conclue à Cognac le 22 mai 1526 entre le pape, le roi de France, la république de Venise, la république de Florence et le duc de Milan François Sforza ; son activité est inouïe pendant toute cette année 1526, et nous pouvons la suivre soit dans la série de ses rapports à la cour de Rome, soit dans ses correspondances avec les divers ambassadeurs du Saint-Siège au dehors, ou bien encore dans ses lettres écrites aux gouverneurs des villes italiennes pour réclamer d'eux des subsides, ou à ses frères qu'il charge de missions privées. Les premières mesures et bientôt les résultats suprêmes ne répondent cependant pas à ses sages conseils. François Ier, au lieu de se hâter, écoute les négociations dont l'occupe habilement Charles-Quint, très vite rendu à la plus active vigilance ; l'argent manque pour lever les troupes suisses ; on ne sait pas obtenir des Grisons qu'ils ferment aux bandes allemandes leurs passages. En Italie on met à la tête des armées de la ligue le duc d'Urbin, représentant égoïste et incapable des intérêts particuliers de Venise : son incurie l'empêche de pousser activement l'entreprise qui devrait délivrer Milan. Bientôt le connétable de Bourbon vient s'enfermer dans cette ville pendant que les terribles lansquenets approchent. Il faudrait, en allant se placer entre eux et les Impériaux, empêcher leur jonction. Les chefs allemands n'ont pas l'argent nécessaire pour payer leurs troupes : il faudrait profiter contre eux de l'indiscipline de ces reîtres au lieu de la laisser grandir en un danger nouveau pour l'Italie. Rien de tout cela n'est fait. Guichardin presse inutilement, luttant seul d'activité avec l'empereur, et montrant à tous le péril. A Robert Acciainoli, le représentant du pape en France, il écrit : « Nous ne voyons paraître ici ni Suisses ni Français. Les bonnes paroles ne suffisent pas, il faut des effets, autrement cette entreprise est, je ne dis pas menacée, mais ruinée ; pour avoir voulu nous opposer au triomphe de César, nous l'aurons porté à son comble, nous aurons de nos mains édifié la monarchie universelle. Ne vous contentez pas d'insister et d'importuner, mais criez au ciel pour que les secours nous arrivent, sinon c'est fait de nous, *actum est de nobis*, et le roi de France se repentira trop tard à son grand détriment et déshonneur de nous avoir laissés succomber. » Aux Vénitiens il mande : « Je ne suis point homme de guerre, et peut-être la forte volonté de délivrer l'Italie de cette intolérable servitude étrangère me rend-elle plus ardent qu'il ne convient ; je vois cependant beaucoup de nos capitaines penser comme moi et croire que, si les Suisses doivent tarder encore, il faut attaquer sans eux, et qu'à délivrer Milan nos forces pourront suffire ». Au pape que les premiers revers semblent abattre il affirme qu'il n'y a pas lieu de désespérer encore du roi de France ; si le duc d'Urbin s'est mal conduit jusqu'à ce jour, il faut corriger sa marche en se plaignant aux Vénitiens qui ont après tout les mêmes intérêts que les autres membres de la ligue dans cette guerre. « Votre Sainteté a grand'raison d'être mécontente, dit-il ; mais ce n'est pas office d'homme que de s'épouvanter et de jeter la face contre terre pour quelques insuccès au commencement d'une si grande entreprise. Quelle paix pourrait-on obtenir en ce moment qui ne dût être déplorable ? On aurait une courte trêve pour tomber ensuite dans un tel abîme qu'en face de ces prochaines misères celles de la guerre présente deviendraient bientôt regrettables. » Machiavel, chargé de missions auprès de lui pour sauvegarder les intérêts et diriger la coopération de Florence, témoigne dans chaque rapport de son zèle infatigable : « Il rétablit tout, dit-il, et remédie à tout; il impose seul aux condottieri, seul il obtient de l'argent; trop heureuse l'Italie, si cet homme pouvait tout ce qu'il veut! » — Le bruit de l'invasion étouffait déjà ses exhortations suppliantes. L'armée des lansquenets, après avoir opéré sa jonction avec les troupes espagnoles du connétable, s'avançait en faisant la terreur sur son passage. La correspondance de Guichardin suit pas à pas le fléau qu'il voudrait encore détourner; il écrit lettres sur lettres aux gouverneurs des villes, aux chefs militaires, en même temps qu'aux divers négociateurs. Il presse les envois d'argent, les mouvements militaires, les moyens de résistance; il envoie de toutes parts les avis qu'il a reçus, les indices qu'il a recueillis : les lansquenets sont arrivés tel jour en tel lieu; on croit qu'ils vont prendre telle direction; telle ville est menacée. Florence est-elle le but où ils aspirent, ou bien serait-ce Rome qu'ils convoiteraient de piller?

Ils allaient, comme on sait, à Rome. Nous n'avons pas à raconter les grands événements qu'amena la fin de cette guerre; ils appartiennent à l'histoire générale, et Guichardin lui-même les a exposés dans son *Histoire d'Italie*; mais il convient d'ajouter à son récit tout impersonnel le souvenir du grand rôle qu'il a joué. Le connétable de Bourbon était arrivé le 5 mai 1527 devant la ville; le 6, il est tué, pendant que son armée entre sans résistance, et que com-

mence ce terrible sac de Rome dont l'horreur retentit
dans toute la chrétienté. C'est pour Guichardin l'occasion d'un redoublement de zèle. Il insiste de nouveau auprès des Italiens et des Français pour qu'on
vienne délivrer le pape, prisonnier dans le château
Saint-Ange. « Ses prières doivent, dit-il (18 mai),
émouvoir les pierres mêmes; des Turcs seuls pourraient y être insensibles. Il ne s'agit pas uniquement
du pape, il s'agit de la papauté. Que Dieu ne lui soit
plus jamais en aide, s'il n'est pas vrai qu'il aimerait
mieux être mort que voir un tel malheur!... (28 mai.)
Pourquoi, à la première nouvelle du sac de Rome,
les armées alliées n'ont-elles pas marché avec toute
la célérité possible au secours de la forteresse? Non
seulement elles eussent délivré le pape et les cardinaux, mais peut-être eussent-elles accablé l'ennemi,
enivré de pillage et de débauche. Pendant dix jours
les Allemands n'ont fait aucune tranchée, placé
aucunes gardes, observé aucune discipline. Ne pouvait-on les surprendre? C'est plus difficile à présent,
mais non pas impossible. »

Guichardin refusa de désespérer jusqu'à ce que
l'accord forcé entre l'empereur et le pape, au commencement de juin, lui eût ravi tout prétexte d'autorité. A partir de ce moment il n'est plus rien; il
quitte la cour pontificale, désavoué et renié comme
le principal auteur de la guerre qui vient d'attirer
de si grands malheurs sur l'Italie. Chaque état italien
l'accuse parce qu'il n'a songé qu'à l'intérêt général.
Méconnu et déçu, il entre dans la retraite. En même
temps succombent les dernières espérances de la
patrie commune; la prise de Rome a consommé la
ruine de l'indépendance italienne et marque aussi

pour la brillante époque de la Renaissance le moment précis d'une décadence irrémédiable. Si la carrière active de Guichardin se fût terminée là, il aurait laissé un nom respecté, et l'histoire morale n'aurait le droit de relever ses précédentes hésitations, ses admirations et ses semblants de doctrines équivoques qu'à la condition d'ajouter qu'un généreux patriotisme, s'inspirant d'idées politiques supérieures à celles du commun des esprits de son temps, l'avait fait triompher de ses faiblesses et l'avait absous.

III

Les Florentins, à la nouvelle de la prise de Rome, avaient chassé le cardinal de Cortone, représentant des Médicis et du pape Clément VII. A la suite de cette insurrection, le parti modéré, celui des *Ottimati*, avait pris en main les affaires ; et, sous le gouvernement de Pierre Capponi, gonfalonier, la république allait jouir pendant deux années d'une tranquillité relative au milieu de l'effervescence générale. Guichardin en profita pour rentrer dans la ville ou habiter la campagne voisine, et c'est pendant ses loisirs qu'il composa une grande partie de son histoire d'Italie. Ce qui règne dans cet ouvrage de détachement et de sérénité littéraire ne doit pas nous faire illusion sur les vrais sentiments de l'auteur qui nous sont révélés par une pièce infiniment curieuse retrouvée dans ses papiers. Guichardin, abandonné du pape, suspect à ses compatriotes qui lui reprochent d'avoir délaissé ou trahi leurs intérêts pour ceux de la cour de Rome, s'adresse à lui-même une

Consolation [1] qui est une des pages les plus instructives de son histoire intellectuelle et morale.

Reconnaissons d'abord ici un de ces retours vers les habitudes littéraires de l'antiquité qui s'étaient continuées, disions-nous, dans la Renaissance italienne. On sait quelle place occupait dans l'ancienne rhétorique le genre « consolatoire ». Le rôle de la rhétorique avait été de servir à la diffusion des lieux communs, c'est-à-dire de ces maximes qui traduisent à chaque génération les progrès de l'esprit humain. Elle avait été l'organe de cette propagande des idées générales par laquelle la Grèce et Rome et, après elles, l'Italie de la Renaissance et la France moderne ont servi avec une singulière puissance la cause de la civilisation. Dans Guichardin en particulier la tradition de cette rhétorique est facilement visible. Il semble qu'à ses yeux la chaîne des temps n'ait pas été rompue : homme du XVIe siècle, plongé dans la vie politique et pratique, il vit familièrement avec les souvenirs et presque avec la langue de Tite-Live dont il applique les sentences à l'interprétation des vicissitudes contemporaines. La forme littéraire des *Consolations* lui est aussi un héritage antique : les anciens rhéteurs n'avaient pas oublié, parmi les circonstances de la vie humaine de nature à troubler le plus profondément les âmes, les déceptions politiques, ils en avaient étudié les motifs divers : quelquefois uniquement l'ambition trompée, souvent aussi de nobles regrets, de généreuses préoccupations de patriotisme. L'écrit de Guichardin a sur la plupart de leurs œuvres, toujours un peu factices, le double avantage de nous faire connaître ses idées en signa-

1. T. X, p. 103.

13.

lant des traits tout particuliers à sa propre douleur et de nous peindre une situation générale, qui a pu se reproduire assez pareillement depuis pour prêter à de singuliers rapprochements [1].

Par la ruine de ton maitre, dit l'auteur de la *Consolation* s'adressant à lui-même, tu as perdu la charge que tu occupais, charge si haute qu'un homme de la première naissance et du premier rang eût été honoré de l'avoir, charge honorable qui te plaisait infiniment et te mettait en réputation auprès de tous les princes chrétiens et dans toute l'Italie d'une façon que tu n'aurais jamais osé espérer ni souhaiter... Le regret d'avoir perdu tout cela est d'autant plus cuisant par le souvenir d'avoir conseillé une guerre si malheureuse; mais sois assuré que ceux qui ont pris part à cette résolution doivent être affranchis de tous remords. Qui considérera les torts dont le pape avait à se plaindre, les progrès de l'empereur d'Allemagne vers la domination de l'Italie, la faiblesse des impériaux dans la péninsule, l'opportunité du concours des Français et des Vénitiens, conviendra que rarement on a commencé une entreprise si juste et si nécessaire avec de meilleures espérances de succès. Tu n'es donc coupable ni pour le conseil, que tu as donné raisonnable, ni à cause des résultats, puisque rien n'a manqué de ce qui était en ton pouvoir. Étant sans faute, tu dois être sans déplaisir. Les accusations qui s'élèvent contre toi tomberont d'elles-mêmes avec le temps. Dans l'émotion de malheurs extrêmes, nos concitoyens, peu habitués aux revers, entraînés par la passion, disent tout ce qui leur vient à l'esprit; les uns sont entraînés par la douleur, les autres par l'envie, et leurs paroles rencontrent dans la multitude un crédit facile; mais le peuple est changeant et les gens sages retiennent leur opinion; la calomnie disparaîtra.

1. Nous aurions pu citer l'écrit de Guichardin dans une traduction littérale, attribuée à M. Émile Ollivier, et qu'on a prise à tort pour une composition apocryphe.

Il reconnaît cependant que la retraite est pénible;
il énumère les raisons qui attachent aux affaires
publiques celui qui les a une fois pratiquées; il
décrit enfin les joies et les ardeurs de l'ambition, et
l'on sent qu'il trahit le secret de son âme.

Ce qui, plus que toute autre chose, touche les cœurs
généreux et les nobles esprits, c'est le désir d'être estimé
et admiré des autres hommes, de maintenir vivante sa
renommée, d'être montré au doigt comme Démosthène,
qui se réjouissait lorsque, passant par la ville, il entendait
la vieille femme revenant de la fontaine dire tout bas à sa
voisine : « Celui-ci est Démosthène ». Le ménagement des
affaires publiques et la grandeur qui s'y attache attirent
les suprêmes hommages des hommes; peut-être est-elle
excusable, cette ambition qui semble nous égaler aux dieux.

En vain l'auteur de la *Consolation* reviendra-t-il après
cela aux lieux communs sur les avantages de la retraite,
il ne plaidera plus qu'une thèse convenue. Il ajoutera
bien que, pour qui a goûté les avantages de la fortune, savoir s'en passer est grandir encore; il citera
l'exemple de Scipion, de Dioclétien; mais ce ne sera
plus là que de la vaine rhétorique : son vrai sentiment
lui a échappé, il est de ceux qui ne se consolent pas.
Guichardin lui-même a dit ailleurs qu'il ne faut
pas ajouter foi au langage de ceux qui prétendent
avoir quitté les affaires publiques par amour du
repos et par fatigue des soucis de l'ambition. La
passion toute contraire, assure-t-il, est le plus souvent au fond de leurs cœurs. « Que, par la moindre
fissure, ils voient briller une lueur nouvelle, rien ne
les arrête; laissant là le repos si vanté, ils y courent,
comme la flamme sur une matière sèche ou imbibée
d'huile; *subito che si rappresenta qualche spiraglio di*

*grandezza, vi si gettano con quello impeto che fa il
fuoco a una cosa secca o unta* [1]. » C'était écrire sa
propre histoire. Il se trouvait au sommet d'une de
ces voies glissantes qui manquent rarement de s'offrir
à l'ardeur des politiques, et au seuil desquelles une
grande force de volonté et de modération, un viril
sentiment de l'honnête peuvent seuls les retenir.
L'Italie prospère ou combattant pour son indépendance lui avait offert le vaste champ d'une action
légitime et louable; l'Italie, asservie aux étrangers
qu'il avait combattus, n'aurait dû attendre de lui
que la protestation de sa retraite et de son silence.

Au gouvernement modéré des *ottimati* avait bientôt
succédé dans Florence celui des *arrabbiati* ou des
ultra-libéraux. Ce changement ne s'était pas accompli
sans violences; le précédent gonfalonier, Pierre
Capponi, avait échappé à la mort par la fuite,
d'autres avaient été moins heureux. Guichardin
s'était trouvé en présence d'une démocratie turbu-
lente, exaltée par le péril commun, et dont les témé-
rités dangereuses lui répugnaient jusqu'à le rendre
aveugle pour ce qu'elle entraînait avec elle de généreuse ardeur et de patriotisme local. Depuis longtemps suspect, il s'était bientôt vu accusé formellement de trahison et d'exactions. Cité à comparaître,
ainsi que beaucoup de citoyens de Florence également menacés, il avait préféré le risque de la confiscation de ses biens à celui d'une condamnation à mort
sans doute résolue d'avance. C'est en de telles circonstances qu'il ne fit pas difficulté d'aller reprendre du
service auprès du pape Clément VII. Sa pensée n'était

1. Ricordi, CCLXXIX, t. I, p. 182.

pas de renouveler contre les impériaux la guerre à outrance, comme le voulaient imprudemment sans doute les exaltés florentins; il savait au contraire que depuis la prise de Rome la cour pontificale ne songeait plus qu'à régler avec l'empereur le sort de la péninsule. Ce fut l'objet de la paix de Barcelone et des conférences de Bologne en 1529. Charles-Quint s'étant rendu dans cette ville pour y être couronné, on y traita de la paix définitive. Il fut décidé que le gouvernement populaire serait aboli dans Florence et qu'on rétablirait les Médicis. Des arrangements de famille venaient cimenter ces résolutions : le jeune duc Alexandre, qu'on allait proclamer sur les ruines de la république, épouserait Marguerite d'Autriche, la fille naturelle de Charles-Quint. L'humiliation était complète ; mais, si les Florentins n'étaient plus animés d'un puissant esprit politique, ils avaient conservé du moins un patriotisme exalté; ils refusèrent de se soumettre et on en vint à cette extrémité qui marque bien le degré de misère où, presque subitement, l'Italie était tombée, de faire assiéger Florence par le prince d'Orange placé à la tête d'une armée composée des Pontificaux et des Impériaux (octobre 1529-août 1530). L'indignation soutenait les Florentins, qui furent héroïques. Deux moines du couvent de Saint-Marc, Benoît de Foiano et Zacharie, renouvelant l'ardente prédication de Savonarole, proclamaient de nouveau le Christ roi de la cité, et inspiraient au peuple un mystique enthousiasme. Les villas voisines des remparts avaient été rasées; les orangers et les oliviers réduits en fascines servaient au travail des fortifications que dirigeait Michel-Ange. Mais si les querelles intérieures des partis avaient

semblé d'abord apaisées devant le péril suprême,
avec les difficultés croissantes et le découragement
les intrigues des Médicis réunissaient dans l'ombre
leurs anciens partisans. La trahison l'emporta, il
fallut capituler. En vain on stipula que les personnes
et la liberté seraient sauves; une *balia* composée des
amis de la restauration s'empara des affaires et mul-
tiplia les violences. La cloche qui avait convoqué le
peuple aux combats de l'indépendance fut brisée en
morceaux, les principaux patriotes eurent la tête
tranchée; les tortures et les procès, la confiscation
et l'exil répandirent la terreur. A ce prix eut lieu la
restauration des Médicis : il est clair qu'ils ne pouvaient plus être aux yeux de leurs nouveaux sujets
que les représentants de l'étranger; ils venaient
régner sur des ennemis vaincus.

Or, non seulement Guichardin, engagé de nouveau
au service du pape, prit part aux négociations de
Bologne où les destinées de Florence furent sacrifiées
de la sorte; mais, bien plus, il accepta de rentrer dans
sa patrie pour y servir le gouvernement nouveau. Se
faisait-il quelque illusion? Espérait-il être utile encore
à l'Italie ou bien à Florence, en coupant court par la
force à des projets obstinés de lutte impossible, ou
d'insurrections désastreuses? Il répond lui-même à
ces questions en plusieurs endroits de ses œuvres
inédites, notamment dans quatre discours[1] où se
trouve un complet programme de la politique par lui
conseillée à Alexandre de Médicis.

Il serait puéril au nouveau gouvernement, suivant
lui, de se dissimuler qu'il est détesté et qu'il n'aura

---

1. T. II des *Œuvres inédites.*

jamais beaucoup de partisans ni d'amis : d'une part, en effet, son origine est odieuse à l'ensemble des citoyens; d'autre part, il n'a pas à disposer d'assez de grâces pour se faire un grand nombre de créatures; « le pâturage n'est pas assez gras pour nourrir un abondant bétail ». Il faut donc se faire craindre. Il faut conserver la forme républicaine, comme l'ont fait généralement ceux qui se sont emparés du pouvoir suprême en des états libres, un Sylla, un César, un Auguste, et puis, à leur exemple, Laurent de Médicis, Pétrucci, Bentivoglio dans Bologne et dans Sienne. Avec cette apparence républicaine, les Médicis devront avoir en main le pouvoir absolu. On doit désarmer tout le monde, même les amis. On doit bannir les citoyens trop engagés pour revenir jamais vers d'autres opinions, et puis les jeunes gens trop ardents qui ont marqué dans les luttes précédentes comme chefs de la milice. Si l'on ne fait pas de tout point comme Laurent de Médicis, qui, après la conjuration des Pazzi, après avoir tué tous les jeunes gens de cette famille ennemie, en a enfermé les jeunes filles, afin qu'elles ne donnassent pas d'héritiers redoutables, il y a lieu du moins de surveiller les mariages dans Florence, et de ne pas permettre que les jeunes citoyens cherchent femme dans les rangs ennemis. D'ailleurs, ajoute Guichardin, le champ n'est pas trop vaste pour marier nos filles (il en avait cinq). — Le prince aura près de lui un conseil de vingt à vingt-cinq membres, mais surtout un conseil occulte de quatre ou cinq personnes, les premières en fidélité et en prudence et qui décideront des plus graves affaires. Qu'on puisse compter dans tout l'état sur deux cents citoyens des mieux qualifiés, ce sera un bon fondement. Bien traités du prince et d'autant plus odieux au peuple, ils seront obligés de demeurer fermes avec nous.

Est-ce bien de Florence qu'il s'agit? La Florence de la Renaissance, la Florence de Savonarole et de Michel-Ange; cette ville hier encore tout esprit, toute intelligence et lumière? En est-elle réduite à ce programme de gouvernement étroit et violent, digne des plus basses époques et des plus aveugles réactions? Est-ce Guichardin qui a écrit ces lignes, lui que nous avons vu fin diplomate, administrateur énergique, dévoué patriote, déployer dans ces voies diverses une haute raison, une action sage et forte?

Le double malheur de la guerre civile et de la domination étrangère a-t-il à ce point déjà fait déchoir l'ascendant d'un caractère jusque-là honorable? Guichardin n'avait aucune excuse, et ne pouvait se faire aucune illusion quand il se donnait définitivement, comme il le fit après la mort du pape Clément VII, en janvier 1535, au service des nouveaux Médicis. Le 28 janvier 1536, raconte Varchi, lorsque Charles-Quint, arrivant de Naples, fit son entrée triomphale au milieu des fêtes par lesquelles la Florence des Médicis voulait faire amende honorable à César pour la Florence libre qui, assiégée, avait tenu dix mois son armée en échec, Guichardin, vêtu d'une robe magnifique de velours violet, marchait à gauche du cheval blanc de l'empereur. Ce fut d'ailleurs une odieuse et flétrissante tyrannie que celle des ducs Alexandre et Côme. Alexandre, âgé de vingt-deux ans, ne voulut aucun frein à ses viles débauches; il prenait à tâche d'insulter, et, s'il pouvait, de déshonorer ceux-là surtout qui avaient mérité l'estime publique

en luttant pour la cause de l'indépendance. Entouré
de délateurs et d'assassins, ennemi sottement déclaré
des arts et des lettres, il fut la vivante insulte contre
tout ce que Florence avait aimé et respecté. On sait
quel drame, dont un de nos poètes s'est emparé, mit
un terme à cette infamie. Un jour que Benvenuto
Cellini montrait un projet de médaille devant offrir à
la face l'effigie du duc Alexandre, mais pour le revers
de laquelle il se disait encore incertain, Lorenzino, le parent, le favori du prince, lui dit : « Prends
patience; d'ici à peu je t'aurai préparé un beau sujet
de gravure ». Nul ne faisait grande attention aux
paroles ni aux actes de Lorenzino, qui passait pour
n'avoir pas toute sa raison, et qui, récemment, à
Rome, s'était plu à briser les têtes des statues qui
décoraient l'arc de triomphe de Constantin. Ce fut
lui cependant, hanté du souvenir de l'ancien Brutus,
qui attira chez lui le tyran, sous prétexte de lui
livrer une des plus vertueuses dames de Florence, et
le fit égorger par un assassin à ses gages (6 janvier 1537). Au milieu du trouble causé par cette mort
imprévue, les *Piagnoni* et le parti populaire songèrent
bien à rétablir le gouvernement républicain ; déjà les
moines de Saint-Marc parcouraient les rues en disant
que les prophéties de Savonarole se réalisaient et
qu'on allait recouvrer la liberté ; mais on n'avait pas
d'armes, et Guichardin, à la tête des principaux
Palleschi, se hâta de faire proclamer un autre Médicis,
le jeune Côme, fils de ce Jean des bandes noires
resté populaire pour sa fidélité envers Florence pendant la guerre précédente. Côme avait dix-sept ans :
les habiles qui travaillaient à son élévation croyaient
lui imposer des conditions et régner sous son nom ;

quelques-uns convoitaient des avantages tout personnels. Guichardin, en particulier, prenant les devants,
lui avait fiancé l'une de ses filles. Son espoir égoïste
fut déçu; sa fille fut renvoyée, et lui-même passa
tristement ses dernières années, jusqu'à sa mort, en
1540, non pas dans la retraite, mais dans la disgrâce,
punition méritée de son volontaire abaissement.

Il serait bien injuste d'en rester sur l'impression
de cette triste fin d'une carrière qui n'a pas été celle
d'un vulgaire ambitieux. Pour reprendre les éléments
d'une appréciation plus générale et par là plus équi-
table, il nous faut revenir en arrière aux années de
jeunesse. Les nouveaux volumes des œuvres inédites
nous permettent d'étudier, à côté de l'homme d'état,
enveloppé dans les vicissitudes de son temps, le philosophe, le théoricien politique, le fin moraliste, dans
deux œuvres en particulier : l'une qui fut comme la
préparation à son rôle actif par un vrai traité de la
science du gouvernement, c'est le *Dialogue sur le
gouvernement de Florence*; l'autre, qui fut l'œuvre de
sa vie, résumant ce que l'expérience au service d'une
grande intelligence, pénétrante et sceptique, a pu
fournir pour la conduite de la vie : c'est le recueil des
Maximes (*Ricordi*).

IV

Le *Dialogue sur le gouvernement de Florence*[1] a été
écrit après l'*Histoire florentine*. Nous le savons d'abord

---

1. *Opere inédite*, t. II, Del Regimento di Firenze.

par Guichardin lui-même : il l'a composé, dit-il
expressément aux premières pages, sous le pontificat
de Clément VII (1523-1534), et au moment où ce pontife lui montrait une entière confiance, c'est-à-dire
sans aucun doute lorsque, comme lieutenant général
du saint-siège, il commandait les troupes du pape,
ligué avec la France. Quand nous n'aurions pas ce
témoignage non équivoque de l'auteur, la lecture du
Dialogue suffirait à nous démontrer que Guichardin
l'a rédigé dans son âge mûr (il avait en 1525 quarante-
trois ans). Ce n'est plus ici la simple narration des
faits auxquels il a assisté ou qu'il a entendu raconter
par des témoins oculaires. S'élevant à un point de
vue plus général, il demande à l'expérience un moyen
de juger les théories politiques dont il a considéré
les effets et une lumière pour la conduite de son
esprit. Montant même plus haut encore et dans une
région plus abstraite, il veut sonder les principes
avec le secours d'une discussion paisible, sans doute
marquée de bel esprit, mais inquiète et sincère :

C'est, dit-il dans son *proemio*, une chose si belle, si
honorable et si magnifique de considérer le gouvernement
de la chose publique, d'où dépendent le bien-être, la sécurité et la vie même des hommes, et toutes les grandes
actions qui s'accomplissent dans ce monde inférieur,
qu'on ne peut refuser sa louange à celui qui applique son
esprit à la contemplation d'un si grand et si digne objet,
encore qu'il n'en puisse pas toujours tirer des enseignements appropriés à la pratique de son temps, et qu'il n'ait
aucune espérance de voir jamais ses pensées et ses desseins réalisés. Quand Platon méditait et écrivait sur la
république, assurément ce n'était pas dans l'attente que
son gouvernement idéal pût être adopté et suivi par les
Athéniens, devenus dès lors si indisciplinés et si insolents,
que, désespérant, comme il l'écrit dans une de ses lettres,

de les voir jamais se bien gouverner, il ne voulut jamais
se mêler de leurs affaires.

Il ne sera donc en aucune manière répréhensible de
penser et d'écrire sur le gouvernement de notre cité, d'autant moins que si, par l'autorité des Médicis à Florence et
du souverain pontife à Rome, la liberté y semble perdue,
cependant, par un de ces accidents ordinaires aux choses
humaines et qui peuvent renaître à toute heure, comme
en un instant Florence a passé du gouvernement populaire
au gouvernement d'un seul, elle pourrait avec la même
facilité retourner du gouvernement d'un seul à sa première
liberté. S'il en devait arriver ainsi, il se pourrait que ces
pensées et ce discours ne fussent pas tout à fait inutiles.
L'exemple encore récent du temps où Pierre Soderini fut
gonfalonier, et pendant lequel cette cité semblait avoir
accepté la forme d'un bon et louable gouvernement,
permet de croire que ce peuple n'est pas encore corrompu
à ce point qu'il faille le regarder comme incapable de la
liberté.

Ce n'est pas en son propre nom que Guichardin
veut instituer la discussion et adresser à ses concitoyens ses méditations et ses conseils ; il ne s'attribue
pas tout le crédit qu'il faudrait pour cette grande
tâche, mais il se souvient des entretiens graves et
animés au milieu desquels s'est formée son enfance.
Dans ces temps si troublés, son père et ses oncles ont
pris part aux affaires, et ils ont eu pour amis ou pour
adversaires les hommes les plus distingués de la
république. Par la pensée, il ressuscite ces témoins
respectés ; il leur rend la parole suivant leurs caractères, il écoute leurs réflexions et les transcrit sous
leur dictée. Le moment qu'il choisit pour y placer ce
dialogue est l'année 1494, quelques mois après l'invasion de Charles VIII et l'expulsion de Pierre de
Médicis, et quand l'influence de Savonarole commence
à fonder le gouvernement populaire. Les quatre

interlocuteurs sont des personnages historiques. —
Piero Capponi est assez connu : éloquent, spirituel,
ambitieux, son crédit dans Florence l'avait fait déjà
redouter de Laurent; il contribua pour beaucoup à
la révolution qui renversa Pierre et chassa les Médicis.
Lorsque les Français furent entrés dans la ville, c'est
lui, avec Francesco Valori et quelques autres, qui
alla présenter à Charles VIII les conditions que prétendait imposer Florence. Le jeune roi, à qui elles ne
plaisaient point, avait fait rédiger un autre projet de
traité, mais qui contenait, dit Guichardin lui-même,
« des choses déshonorantes ». On sait l'anecdote
célèbre; l'*Histoire florentine* la raconte : « Capponi prit
le papier des mains du roi, le déchira avec colère,
disant que, puisqu'on ne voulait pas s'accorder, les
choses se termineraient d'autre manière : que le roi
fît sonner ses trompettes, la république ferait sonner
ses cloches (*che lui sonerebbe le trombe, e noi le cam-
pane*). » Le second interlocuteur, Pagol-Antonio, ou
Paul-Antoine Soderini (qu'il ne faut pas confondre avec
Pierre Soderini, gonfalonier après la mort de Savonarole), quoique allié aux Médicis, avait blâmé les excès
de Pierre de Médicis et tenté d'arrêter sa tyrannie.
Envoyé comme ambassadeur à Venise, il revenait de
ce poste élevé très admirateur de la puissance et de
la stabilité de l'aristocratique rivale de Florence. —
Le troisième, Pierre Guichardin, le père de l'auteur,
est l'ami des deux précédents; fidèle à son caractère
modéré, il se borne le plus souvent à donner la
réplique. En face de ces trois interlocuteurs, jeunes,
ardents, enivrés de la récente révolution qui est en
partie leur œuvre et qu'ils vantent sans cesse, l'auteur
a placé un vieillard, Bernardo del Nero, qui ne par-

tage pas leur triomphe ni leurs espérances. Bernardo regrette les Médicis sous lesquels il a occupé dans l'état des charges importantes. Il les regrette d'abord pour l'affection qu'il portait à cette famille, et ensuite parce qu'il sait bien que les changements sont le plus souvent nuisibles.

Habile contraste entre ces jeunes gens aimables, tout épris de l'avenir, et ce prudent vieillard, content du passé; contraste que rend plus touchant encore la confidence où est le lecteur du sort qui attend les deux principaux interlocuteurs! Comme Capponi, Bernardo paiera de sa vie le malheur des guerres civiles; pour n'avoir pas révélé un complot en faveur de Pierre, il sera décapité. Les souvenirs et les regrets que Guichardin met sur ses lèvres pendant tout le cours du dialogue empruntent à la pensée de cette vertu et de cette prochaine infortune un nouveau caractère de noblesse et de loyauté.

A cette scène ingénieuse, l'auteur a su dessiner un cadre d'une rare élégance, qui fait revivre à nos yeux toutes les grâces de la renaissance florentine. On se rappelle l'admirable exposition du *Phèdre* de Platon. Phèdre a conduit Socrate au delà des portes d'Athènes, jusque sur les bords de l'Ilissus, au pied d'arbres qui semblent être là en fleur seulement pour embaumer l'air : « Par Jupiter! dit Socrate charmé, quel beau lieu de repos! Comme ce platane est large et élevé! Quoi de plus gracieux que cette source dont nos pieds attestent la fraîcheur! Ce lieu pourrait bien être consacré à quelque nymphe et au fleuve Achéloüs, à en juger par ces figures et ces statues. Goûte un peu l'air qu'on y respire : est-il rien de si suave et de si délicieux? Le chant des cigales a quelque chose d'animé et qui sent l'été. J'aime surtout cette herbe touffue qui nous permet de nous étendre et de reposer mollement notre tête sur ce terrain légèrement incliné. Mon cher Phèdre, tu ne pouvais mieux me conduire... » Telle est la peinture empruntée par le philosophe grec au doux climat de l'Attique et qui s'accordera si justement avec la sérénité de l'entretien. Il s'attache un peu du même charme à l'exposition du dialogue sur le gouvernement de Florence. L'élévation du sujet annoncé est presque la même ; la politesse florentine prendra la place de l'urbanité grecque ; les bords de l'Arno rappelleront les bords de l'Ilissus, les hauteurs de Fiesole celles du Pentélique et de l'Hymette, le ciel de Florence celui d'Athènes. — Les trois jeunes hommes, Capponi, Soderini et Guicciardini, revenant d'un pèlerinage à l'église de Santa-Maria-Impruneta, s'arrêtent chez Bernardo del Nero, qui, dans la solitude et la paix de la campagne et au milieu des soins de l'agriculture, se repose des honneurs qu'il a perdus. Le vieillard, qui les accueille avec bonté, se défend d'abord de reprendre avec eux les souvenirs et les discussions de la vie politique : « Allons plutôt, s'il vous plaît, leur dit-il, visiter l'habitation ; je vous montrerai beaucoup de belles cultures que je veux entreprendre, non plus pour moi, mais pour ceux qui viendront après moi. Je vous montrerai le projet d'une belle construction qui se pourrait faire, non par moi, car, après un si long temps employé aux affaires de l'État, je ne suis pas assez riche pour me passer de telles fantaisies ; mais vous verrez quel plaisir je prends à l'agriculture, et comme on peut honnêtement profiter du repos... » Il dit, mais les jeunes gens ne connaissent pas le repos; ils sont venus pour s'entretenir avec un ami expérimenté des affaires de la république, pour interroger sa prudence comme des fils qui consultent un père *(non diro fra amici, ma piu tosto fra padre e figliuoli).* « C'est un si grand plaisir d'entendre parler de ces grandes choses par un homme qui les a apprises, non dans les livres des philosophes, mais avec le temps, par l'expérience et l'action... Laissons, s'il vous plaît, laissons à un autre moment l'agriculture, les jardins et les bâtiments, et dites-nous, nous vous en prions, votre avis sur notre dernier changement. » Bernardo se laisse persuader; il prend bientôt plaisir à sentir renaître ses anciennes pensées; il les livre tout entières, écoute et réfute les objections; le soir venu il fait souper ses hôtes et les retient dans sa demeure, et consacre encore la matinée du lendemain à l'entretien que tout à l'heure il redoutait. « Les nuits sont longues, dit-il en les abordant de nouveau, et d'ordinaire les vieillards dorment peu; j'ai donc eu plusieurs heures pour réfléchir à notre conversation d'hier soir : plus j'y ai songé, plus m'ont semblé vraies les choses que je vous ai dites. Toutefois, comme je puis facilement me tromper, j'entendrai avec plaisir ce que vous avez encore à me répondre, non pour disputer (ce ne serait que gagner de l'ennui), mais pour nous instruire mutuellement et éclaircir cette matière. De toute façon vous ne me quitterez point sans avoir dîné ici : nous ne sommes pas pressés; ne soyez pas plus avares de vos pensées que je l'ai été moi-même hier, car je serai heureux de vous entendre. » Telle est l'urbanité, tel est le ton d'exquise politesse qui règne dans tout le dialogue, et grâce auquel chaque opinion se produit à l'aise.

Les deux journées forment deux livres : dans le premier chacun s'efforce de montrer l'excellence de la forme de gouvernement qu'il soutient et les défauts de celle que vante son interlocuteur; dans le second, l'état actuel de Florence étant accepté de part et d'autre, on se réunit à chercher ensemble comment on pourra mener à bien la dernière révolution et la conduire vers les meilleurs résultats. A vrai dire, deux opinions seulement sont en présence, celle de Bernardo et celle de ses trois visiteurs.

« Il n'y a, dit Bernardo, que trois formes imaginables de gouvernement : celui d'un seul, celui de quelques-uns, celui de tous. Le premier peut seul être bon. » Pour le démontrer, Bernardo n'aura pas recours à des théories qu'il croit vaines : c'est l'expérience qui doit, à l'entendre, décider en pareille matière. « Voyons donc quels ont été les résultats du gouvernement des Médicis, et nous chercherons ensuite quelles seront les conséquences naturelles des deux autres gouvernements. Ne sera-ce pas la meilleure route? — Non, disent les jeunes gens. Ce n'est pas par expérience, ou du moins ce n'est pas par elle uniquement qu'il faut se déterminer en politique. Il y a ici, comme en morale, des principes dont il ne faut pas se départir et qui dominent tout. Du reste, si ces principes sont fondés sur la raison et la vérité, l'expérience les vérifiera nécessairement. » Cela dit, on accepte la discussion sur le terrain où Bernardo l'a placée, et elle s'engage d'abord à propos des mérites et des vices du gouvernement des Médicis.

Capponi surtout les charge avec l'ardeur d'une conviction généreuse. Dans un état comme celui de Florence, il faut considérer, pense-t-il, trois choses :

l'administration de la justice, la distribution des honneurs et la politique du dehors. Pour ce dernier point, qu'arrive-t-il sous le gouvernement d'un seul? Ce n'est plus l'intérêt de la république, mais celui d'un individu ou d'une famille qui devient la règle des alliances et des traités. Le peuple, qui s'aperçoit bien qu'on ne traite pas ses propres affaires, ne supporte plus si volontiers les charges de la guerre. Enfin la gloire ou la honte de l'état dépend des talents ou des fautes d'un seul homme qui peut tout compromettre, témoin la perte de Pise, qu'il faut reprocher éternellement à la mémoire de Pierre de Médicis. — Au dedans, comment sont distribués les honneurs et les grâces auxquels tout citoyen participant aux charges de la république doit avoir, s'il les mérite, un facile accès? S'il s'agit des Médicis, qu'on se rappelle leur favoritisme exclusif, l'oubli de la naissance et de la vertu, les grâces prodiguées aux flatteurs, aux femmes et au plus bas domestique, toute une partie des citoyens, par exemple les Strozzi et leurs partisans, exclus à jamais, eux, leurs familles et leurs descendants, de tous les emplois publics, les plus grands honneurs au contraire confiés à des gens de la plèbe ou à des familles déshonorées. Quant à l'administration de la justice, si les Médicis évitaient de peser eux-mêmes sur les juges, leurs ministres et leurs favoris le faisaient sous leur nom sans aucun scrupule, et l'iniquité se produisait finalement « par ce vice naturel attaché à l'autorité des tyrans, dont les désirs sont tenus en telle adoration que ce qu'ils ne disent point, on cherche à le deviner autour d'eux (*le voluntà de quali sono avute in tanto rispetto, che eziando tacendo loro, gli uómini cercano di indovinarle*). » Ne les vit-on pas enfin, ces Médicis, refuser absolument d'établir des lois fixes pour la perception des impôts, afin d'accabler à leur gré les familles qui leur étaient hostiles et d'étendre aussi leur joug sur les citoyens qui leur eussent échappé par leur éloignement des affaires publiques ou leur indifférence?

Voilà ce que démontre l'expérience; mais encore une fois certaines questions de principes la dominent : « ceux qui ont l'âme grande et l'esprit généreux ne peuvent ni ne doivent vivre contents sous la servitude »; ils ne peuvent ni ne doivent préférer la soumission sous le bon plaisir d'un maître à la responsabilité envers la patrie et eux-mêmes. « Au tyran déplaisent tous les esprits élevés, tous les mérites éminents, surtout quand leur crédit vient de la vertu, qui se peut le moins abattre... Je ne veux appliquer ces paroles à personne en particulier, mais vous savez tous que je ne les dis pas au hasard... Si le premier objet de tous ceux qui ont gouverné avec justice, si le premier soin des philosophes qui ont écrit de la politique a été de favoriser la vertu et le perfectionnement des intelligences, combien doit-on blâmer un gouvernement qui met tous ses soins à éteindre la générosité dans les âmes! Quelle honte ce fut pour notre patrie (*che vituperio! che vergogna!*) le jour où la nouvelle se répandit dans toute l'Italie et dans le monde entier que Florence, jusqu'alors une si noble ville, si généreuse, si respectée, qui passait pour être la plus ingénieuse des cités, était devenue esclave contre sa volonté, étouffée par ses richesses mêmes et par le poignard des *bravi* et des partisans, devenue esclave, lâche et pusillanime

jusqu'à être gardée en cet état, non par des armées
ni par quelques bataillons, mais par vingt-cinq esta-
fiers ! Je ne sais pas de malheur plus grand pour une
république, à moins d'être mise à sac par le fer et le
feu, que de perdre son honneur et sa bonne renommée, de se laisser enlever timidement cette dignité
et cette splendeur qui lui avaient coûté tant d'argent
et tant de nobles vies ! »

Tels sont les arguments des adversaires de Bernardo. L'un, Soderini, a surtout invoqué les principes ; l'autre, Capponi, s'est chargé de condamner les
Médicis par les témoignages de l'expérience. La
parole est maintenant à Bernardo ; les jeunes gens
se pressent autour de lui et l'écoutent avec déférence.
Suivons-le nous-mêmes, et n'allons pas imaginer, à
entendre ses maxines, qu'il puisse s'agir ici d'une
autre époque que le XVIe siècle italien.

Vous venez de parler, dit-il, en si bon ordre et avec de
si fermes souvenirs sur les défauts du gouvernement des
Médicis, qu'il est facile de voir que vous y avez réfléchi
bien souvent. Ces défauts, je ne veux pas les nier ou les
atténuer outre mesure, car nous raisonnons ici pour
trouver la vérité et non pour disputer ; mais je crois bien
qu'il me sera facile de vous montrer que ce gouvernement
nouveau dont vous attendez un âge d'or ne manquera pas
d'offrir un bon nombre de ces mêmes défauts et quelques
autres encore, si bien qu'en balançant soigneusement l'un
et l'autre, vous trouverez peut-être les choses fort différentes réellement de ce que vous imaginez. Mais voilà
Soderini qui me veut sans cesse barrer le chemin avec le
mot de liberté, disant que c'est un si grand bien qu'il faut
l'acheter même au prix de quelques malheurs... J'en parlerai donc d'abord, afin de ne pas laisser entre nous
d'équivoque.

J'ai considéré souvent que ce nom de liberté sert plutôt

à ceux qui veulent en faire un prétexte et un voile pour
leur ambitieuse passion qu'il n'exprime un désir vraiment
naturel aux hommes... Ce qui est naturel aux hommes, si
je ne me trompe, c'est le désir de la supériorité et de la
domination sur leurs semblables, si bien qu'il en est fort
peu qui, trouvant occasion de se faire les maitres, ne le
fassent volontiers. Au fond de ces discordes civiles susci-
tées au nom de la liberté dont on éblouit les simples, que
trouverait-on le plus souvent, si ce n'est des ambitions
personnelles? N'a-t-on pas vu presque toujours celui qui
renverse le tyran au nom de l'égalité et de la liberté se
mettre ensuite à sa place?... Et quels sont d'ordinaire les
ennemis du tyran? Ceux à qui il refuse des honneurs dont
ils se croient dignes, ceux qu'a irrités quelque injure personnelle, ceux enfin qui comptent profiter du désordre qui
suivra sa chute. Pour ceux qui ne détestent le tyran que
par amour de la liberté et de la patrie, certes je consens à
ce qu'on leur accorde une suprême louange, d'autant plus
méritée qu'ils sont plus rares : en vérité, il y en a si peu
qu'on n'en peut pas tirer une conséquence générale ; comme
dit le proverbe, une hirondelle ne fait pas le printemps
(*una rondine non fa primavera*)... Notre temps est corrompu, c'est pourquoi je dis que la plupart de ceux qui
prêchent la liberté, s'ils croyaient rencontrer pour eux-
mêmes sous un gouvernement despotique une meilleure
condition, y courraient, et par la poste, — et ces grandes
âmes, ces esprits généreux dont Soderini a tant parlé, n'y
arriveraient peut-être pas des derniers...

Laissons donc les théories (continue Bernardo), et reve-
nons à l'expérience : un gouvernement se juge à ses résultats. Quels qu'aient été les défauts de celui des Médicis,
ceux du gouvernement du grand nombre doivent être plus
grands encore ; l'élection populaire aura de pires effets
que le choix d'un maître. Le peuple n'a pas de discernement, il va à la grosse (*va alla grossa*). Si un homme lui
plaît, il le croit propre à tout. Point de contrôle pour
l'administration de la justice sous le gouvernement populaire ; bien plus, le magistrat craignant de mécontenter le
peuple, les corruptions sont plus multipliées, principalement s'il s'agit de juger des personnes appartenant à
d'importantes familles. Sous les Médicis au contraire, par

exemple sous Laurent, le magistrat se sentait soutenu, et cet appui lui permettait de résister. — Vous accusez la répartition des impôts. Craignez que, sous le gouvernement populaire, les pauvres, facilement envieux, ne frappent les riches jusqu'à les réduire outre mesure, au grand détriment de la cité, car leurs richesses font l'honneur de la patrie et tournent finalement à l'avantage du pauvre. Comment d'ailleurs pourrez-vous établir l'assiette fixe de l'impôt? L'impôt foncier est de peu d'importance dans un pays où la fortune territoriale fait défaut, et quant aux propriétés mobilières, il est en partie impossible de les atteindre : l'argent se dissimule de mille manières. Tiendrez-vous compte aisément de tous les contrats et de toutes les transactions particulières? Irez-vous, quand ce serait possible, publier l'état réel des affaires d'un négociant dont toute la fortune repose sur le crédit? Vous accusez la mauvaise distribution des emplois, comme s'il était possible que le maître ne sentît pas le besoin de s'appuyer sur des hommes de mérite et de talent, et comme si les mauvais choix n'étaient pas encore plus funestes sous un gouvernement populaire, où le fonctionnaire supporte seul tout le poids de sa charge, que dans l'état despotique, où il se sent dirigé et corrigé. S'il s'agit enfin de la politique étrangère, combien plus d'unité, combien plus de secret dans les vues, combien plus de rapidité dans les entreprises sous le gouvernement d'un seul!

— Souhaitez-vous donc le retour de Pierre de Médicis?

Je parlerai librement et sans passion. Je voudrais que Pierre n'eût pas été renversé, parce que je ne vois pas ce que nous aurons gagné à ce changement;... mais, comme je l'ai dit aussi, je ne crois pas que les changements fassent du bien à notre cité. Puisque Pierre est chassé, je ne désire pas qu'il revienne. D'ailleurs il ne pourrait rentrer maintenant que ramené par les armes étrangères, pour le malheur et la honte de notre patrie, ou bien par suite des divisions qui pourraient naître parmi nous, rappelé par un parti au milieu de nos déchirements civils. Que rapporterait-il enfin, sinon de toute nécessité certains désirs de vengeance et la volonté d'assurer désormais son pouvoir par la force et de réparer sa fortune détruite?... Non, je ne désire pas une restauration, je ne demande pas le retour des Médicis ; je vous supplie au contraire de faire en sorte qu'il devienne impossible, c'est-à-dire de maintenir l'union dans la république. Cette union dépend de vous ; il faut vous contenter de ce que les circonstances vous apporteront de succès réels, sans prétendre à la satisfaction de vos derniers désirs. Il faut aussi que les principaux citoyens oublient leur propre ambition, afin d'éviter les divisions intestines qui préparent l'élévation d'un nouveau tyran ou livrent carrière à la dissolution et à l'anarchie... Mais comment me laissé-je entraîner à vous donner des conseils, à vous qui savez tout cela mieux que moi ? L'affection, non la présomption, m'a emporté ; mais vous m'excuserez. Voici l'heure du repas : s'il vous plaît ainsi, nous en resterons là pour aujourd'hui ; puisque de toute façon vous ne me quitterez pas demain matin sans avoir déjeuné, nous aurons le temps d'ajouter ce qui resterait à dire. *Andiamo dunque a cena. — Andiamo.*

Ainsi se termine le premier livre. Dans le second [1], nous l'avons dit, le champ de la discussion se restreint : il ne s'agit plus du passé ; on examine quelles sont les conditions qu'a faites à Florence la dernière révolution, et quels sont les moyens de faire réussir le mieux possible le nouveau gouvernement. Malgré son loyal désir d'y contribuer par ses conseils. Bernardo retrouve sans cesse des objections. « Vous voulez imiter Venise, dit-il, et vous avez tort ; Venise a des institutions séculaires que la tradition consacre aujourd'hui à ses propres yeux et qu'elle respecte par une longue habitude ; Florence au contraire va de changement en changement. Venise a une noblesse à la fois puissante et habile, qui laisse parvenir aux honneurs et aux principaux emplois de la république tous ceux qui s'en montrent dignes :

1. T. II, p. 113.

Florence au contraire a perdu son aristocratie, et elle est éprise d'un sentiment d'égalité qui n'exclut pas l'envie. Venise a un vaste empire au dehors, qu'elle gouverne par sa marine et par sa diplomatie; Florence a un territoire continental relativement peu étendu et compacte, mais qui lui crée des relations constantes avec beaucoup d'états voisins. Pour Venise, un immense commerce et une incomparable richesse comptent parmi les secrets de sa grandeur, tandis que pour Florence la prospérité matérielle est devenue, dès avant le règne des Médicis, une source d'affaiblissement moral... »

Joignons à ces lignes le souvenir de la curieuse page de l'*Histoire florentine* où nous avons vu décrite en un style d'une admirable ampleur cette prospérité italienne que l'arrivée des Français grossiers et barbares était venue subitement interrompre : quels magnifiques témoignages n'avons-nous pas de ce que fut au commencement du xvi° siècle l'Italie de la renaissance, et quel précieux tableau d'ensemble à côté des minutieuses descriptions qu'on trouvera dans le second livre du dialogue! Quant à la comparaison de Florence avec Venise, qu'on mette à la place de ces deux noms de villes ceux de deux nations puissantes de notre temps : ne croirait-on pas entendre les mêmes arguments qu'invoquent pour expliquer une rivalité et une diversité contemporaines les politiques d'aujourd'hui? Que d'enseignements dans ce dialogue du xvi° siècle, qui agite les mêmes problèmes si ardemment discutés au xix°! Renvoyons au plaidoyer de Capponi ceux qui traitent de paradoxes inventés par quelques beaux esprits de nos jours ces principes que la liberté et

l'égalité ne sont pas une même chose, que la liberté
est bonne en soi, qu'il faut s'obliger à l'aimer, mais
qu'on en doit remplir les devoirs avant d'en réclamer
les droits, qu'elle mérite enfin d'être achetée même
au prix de quelques maux, que le souverain bien
d'un peuple n'est pas la prospérité matérielle, mais
la dignité et l'honneur. Non, toutes ces croyances ne
sont pas inventées d'hier; loin de là, elles sont déjà
vivantes dans les ouvrages de l'antiquité, dans Cicéron, Tite-Live et Tacite. Héritière de ces grands
esprits, la renaissance italienne a remis ces croyances
en honneur, sinon en pratique; c'est du moins un
mérite de Guichardin de s'en être fait çà et là l'intelligent interprète.

L'interprète a-t-il été convaincu? Pour les avoir
exprimées, ne fût-ce qu'en passant, avec tant de fermeté, il faut bien qu'il les ait embrassées avec
quelque ferveur. Quand il fait parler Capponi et Soderini si chaleureusement en faveur de la liberté, c'est
sans doute qu'il l'aime au fond du cœur, qu'il la croit
désirable et qu'il honore ceux qui s'y dévouent; mais
Bernardo vient ensuite avec ses désillusions, avec
Bernardo parle la triste expérience. Pour avoir mêlé
à son langage cette douce, mais profonde ironie, il
faut bien que l'auteur l'ait ressentie lui-même. A
tout prendre, Guichardin a déposé dans le discours
de Bernardo le dernier mot de sa pensée, il est de
ceux qui inclinent leurs principes devant ce qu'ils
appellent la nécessité pratique, et qui prennent le
succès pour règle de leurs jugements. Or le succès
appartient également au mal comme au bien sur la
terre; mais il est vrai que Bernardo peut nous apparaître ici comme le vulgaire honnête homme des

temps fort éclairés et à la fois fort troublés, qui voit du bien et du mal dans toutes les opinions, qui, après s'être indigné peut-être, prend en pitié son indignation, se raffermit et redevient calme, non par la sérénité pure d'un ardente conscience pleinement satisfaite, mais par une contemplation désormais indifférente des affaires humaines et d'une agitation regardée comme stérile.

Est-ce là cependant tout Guichardin, et le double jugement que nous en avons déjà porté rend-il compte de tout son caractère? L'indifférence ou au moins l'indécision prolongée en matière d'intérêts publics, fort précieuse à qui place en première ligne le souci de son repos, aurait-elle encore le privilège d'être saine pour le cœur et l'esprit? Ce seraient, en échange de peu de mérites, trop de récompenses à la fois. Poursuivons notre étude; grâce au volume de *Maximes* ou *Ricordi*[1] que Guichardin a laissé, observons la troisième phase de sa pensée et le dernier résultat de sa méditation. On l'a vu observateur et historien ou s'exerçant à le devenir; on l'a vu théoricien politique, demandant à une critique générale de l'histoire un enseignement et une règle, et n'y trouvant, quant à lui, que l'indifférence: il va s'élever à une vue plus abstraite encore des choses humaines et de leurs vicissitudes, et c'est là que nous l'attendons. Nous apprendrons une fois de plus quels liens intimes rapprochent la politique et la morale, ce qu'on risque à les dédaigner, et quelle distance sépare l'indifférent citoyen ou ce qu'on nomme quelquefois l'homme pratique du véritable honnête homme.

1. *Opere inédite*, t. I, Ricardi politici e civili.

Les *Ricordi*, souvenirs ou *Maximes* [1], paraissent reproduire, sauf peut-être un dernier travail de rédaction, des notes, des observations, des opinions, des règles de conduite inspirées par la vue des événements et des luttes humains et écrites au jour le jour.

On pourrait se proposer de suivre dans le miroir offert par lui-même, chacune des phases successives de sa carrière. On l'y voit, dans une période de jeunesse sans doute et sous l'influence de récents souvenirs, interpréter, mais déjà dans le sens de ses

1. Ces quatre cents maximes étaient naguère à peu près inconnues, bien qu'il en eût transpiré quelque chose. En 1576, un Italien qui vivait à la cour de France, Jacques Corbinelli, imprima un recueil de *Conseils et avertissemens* sous le nom de Guichardin, dédié à Catherine de Médicis, et contenant environ cent cinquante de ces maximes dans la langue originale. Le fond du volume reposait évidemment sur des communications authentiques ; mais le texte primitif s'y trouvait singulièrement modifié selon le goût et les habitudes du jour : beaucoup de pensées y étaient transformées à ce point que d'affirmatives elles devenaient négatives, ou réciproquement. Ce n'est pas là, ni dans quelques autres recueils, italiens ou français, qui parurent ensuite, écourtés, remaniés, mêlés de sentences apocryphes, que l'on peut reconnaître ni juger l'auteur,

L'édition que nous en possédons aujourd'hui est de tout point excellente en ce sens qu'elle reproduit enfin le texte original : il suffirait, même sans l'affirmation de l'éditeur italien, M. Canestrini, d'une lecture superficielle pour en reconnaître la saveur. L'ordre dans lequel ces fragments se succèdent est celui des manuscrits, mais il semble tout arbitraire. En effet le premier *ricordo* est écrit en 1530, puisqu'il y est dit que le siège de Florence dure depuis sept mois ; cependant une note de Guichardin, au milieu d'un second cahier manuscrit qui paraît postérieur, nous apprend qu'il a fait en 1527 et 1528 une revision des *ricordi* redigés précédemment, et cette seconde édition répète plusieurs morceaux de la première avec une rédaction différente, plus concise, et donnant de moins, par exemple, les cas particuliers cités d'abord comme occasions ou comme preuves.

vues ultérieures, les conseils et les règles de conduite qu'il a recueillis de son père respecté. Son père lui a-t-il recommandé de préférer aux apparences de l'honnête la réalité, il en conclut, lui, à l'utilité dont il peut être de se montrer avec ces apparences, sauf à reconnaître ensuite que le plus sûr est encore de se mettre en possession de la réalité.

Son père lui a-t-il répété ce proverbe que, par un ordre de la Providence, les biens mal acquis ne profitent pas au delà de la troisième génération, il conteste et commente. En bonne justice, suivant lui, la punition devrait tomber sur le premier acquéreur; mais, habile à gagner, il se trouve d'ordinaire habile à conserver : pour ce qui est des héritiers, une période de temps prolongée amène nécessairement des chances de perte [1]. On voit que Guichardin veut bien accepter l'héritage de la sagesse paternelle, mais sous bénéfice d'inventaire.

Ses dernières études d'université ont fait de lui, avons-nous dit, un avocat et un légiste : il en a conservé un respect raisonné de ce que devrait être le magistrat, mais un profonde dégoût de l'état de la justice en Italie : « Je n'accuserai plus, dit-il, la justice des Turcs. Ils jugent les yeux fermés et vite; or, il est vraisemblable que, pour la moitié des cas, ils tombent bien, et du même coup ils affranchissent les parties du double fléau des frais et de la perte de temps , tandis qu'on procède chez nous de telle sorte qu'à gagner son procès au prix de tant de retards et de peines, on aimerait mieux l'avoir perdu le premier jour [2]. »

1. XXXIII.
2. CCLXXXIX.

Nous avons cité précédemment plusieurs de ses *Ricordi* attestant les impressions durables de son ambassade en Espagne, et l'on retrouverait également ici les traces de son énergique période d'administrateur en Émilie et en Romagne, avec des témoignages très véridiques sans doute en l'honneur de son intégrité ou bien contre les abus de son temps.

J'ai été onze ans au service du gouvernement de l'Église et avec tant de faveur des supérieurs et des peuples que j'y serais demeuré encore sans les événements de 1527. J'ai trouvé qu'aucune chose ne m'y avait rendu plus stable, que d'avoir toujours montré que je ne tenais point à y rester. Parce que sur ce fondement, je faisais, sans égard à aucune soumission ni influence, ce que je considérais comme plus juste et utile dans ma charge, ce qui me donna plus de réputation et d'autorité que n'auraient pu le faire toutes les complaisances, bassesses et faveurs [1].

La partie politique du rôle de Guichardin aurait ensuite pour écho un bon nombre de *ricordi* sur les devoirs du négociateur ou du général d'armée. Il se demande par exemple si le prince qui veut tromper celui avec lequel il négocie ne fera pas bien de tromper d'abord son propre ambassadeur qui sera ainsi plus naturellement persuasif [2].

Il n'y a point d'affaire ou de conduite au monde où il faille plus de vertu que pour un chef d'armée, non seulement par l'importance de l'action, mais parce qu'il faut mettre ordre à une quantité de choses les plus diverses : savoir tout prévoir longuement à l'avance et tout réparer subitement [3].

1. CLXXXI.
2. II.
3. LXVII.

Il serait permis enfin d'interpréter quelques-uns de ses souvenirs, même à défaut d'allusions expresses et directes, comme se rapportant à la dernière et fâcheuse période de sa vie. Au moment où il démentait un noble rôle en se donnant à d'indignes princes restaurés par l'étranger, voulait-il se faire illusion à lui-même comme tant d'autres ambitieux par ce raisonnement plus d'une fois exprimé dans les *Ricordi* que si les honnêtes gens s'éloignent du despote, ils le laissent en proie aux vicieux et aux incapables et négligent le moyen de le contenir.

Quelles que puissent être en de telles lignes les allusions plus ou moins directes aux divers accidents de sa vie, elles ne nous permettent pas de saisir chez lui, selon l'ordre des temps, des transformations intimes, un progrès intérieur et moral, des doctrines ou des croyances sérieusement adoptées ou reniées. Sans doute l'expérience, l'âge, la connaissance des hommes, ont ajouté sans cesse à la vigueur de cet esprit; mais ce caractère s'est toujours ressemblé à lui-même. Ébloui par le seul attrait du succès pratique, il n'a connu que la doctrine de l'intérêt, qu'il a pratiquée toutefois en homme d'une rare intelligence et d'une incontestable hauteur d'esprit. Nous n'avons pas affaire à un sceptique vulgaire, mais à un de ces génies florentins de la renaissance, froids, polis et fins comme les bronzes de leurs artistes.

La preuve en est à chaque page des *Ricordi*, Guichardin y est observateur bien plutôt que vrai moraliste. Il donne beaucoup moins des préceptes que des recettes et des procédés. Né singulièrement clairvoyant dans un siècle où abondait la lumière, il lui arrive, comme à plusieurs de ses contemporains infiniment spirituels et déliés, d'apercevoir tous les aspects des idées et des choses, et satisfait, jouissant pour lui-même de son pénétrant regard, il s'abstient de faire un choix. Il suit de là que c'est l'infinie variété des observations particulières qui frappe tout d'abord à la lecture de ses maximes.

Pas de généralités vagues sous une forme proverbiale.

C'est une grande erreur de parler des choses humaines d'une manière générale et absolue, car pour presque toutes, à cause de la diversité multiple des circonstances, il faut introduire des distinctions et des exceptions qui ne se règlent pas d'après une même mesure, et que vous ne trouverez pas dans vos livres : il faut que le discernement vous les enseigne [1].

Le vulgaire reproche aux jurisconsultes, aux médecins, aux philosophes, aux hommes d'État, la variété de leurs opinions. Elle provient moins de leur insuffisance que de la nature même des choses ; les règles générales ne peuvent suffire aux cas particuliers [2].

Mettez six ou huit sages ensemble, vous aurez six ou huit fous : ils ne pourront se mettre d'accord ; au lieu d'une décision, vous aurez une dispute [3].

Il offre souvent de suite deux ou trois faces contraires de l'idée : c'est au lecteur à choisir, dirait-il, selon sa disposition d'esprit ou bien selon les circonstances :

Il n'y a pas de satisfaction plus durable ni plus flatteuse sur cette terre, que de voir son ennemi abattu et demandant merci : mais vous pouvez doubler votre victoire en sachant vous en servir, c'est-à-dire en usant de clémence et en vous contentant d'avoir vaincu [4].

1. VI.
2. CXI.
3. CXII.
4. LXXII.

Alexandre, César et tous les grands hommes chez qui on vante cette vertu n'ont jamais employé la clémence quand elle pouvait diminuer ou compromettre le fruit d'une victoire, c'eût été de la démence. Ils savaient choisir les occasions où, sans rien leur ravir de leurs avantages, elle augmenterait leur gloire [1].

La vengeance ne vient pas toujours de la haine ou de la cruauté : elle est parfois nécessaire pour imposer le respect. Il peut donc très bien se faire qu'on se venge sans aucune animosité personnelle [2].

Observateur si attentif des cas d'expérience, Guichardin diffère du moraliste religieux, qui tourne tout vers l'unique idée du salut, et du moraliste philosophe, qui se préoccupe des vérités abstraites, en ce que chacune de ses remarques est une réponse de plus aux innombrables incertitudes de quiconque, livré aux soins de la vie pratique, ne songe qu'à éviter les échecs et à conquérir le succès. Il y mêle çà et là ce qu'il a pu noter au passage, en considérant le plus grand nombre des cas, la marche commune des choses, la conduite ordinaire des hommes.

Avoir beaucoup d'esprit est un don fait à quelques-uns pour leur tourment et leur malheur : il ne sert qu'à leur causer plus de soucis qu'aux gens doués d'une plus courte vue [3].

Les caractères sont bien divers : chez les uns, l'espérance est telle qu'ils tiennent pour certain ce qu'ils n'ont pas encore; d'autres sont si craintifs qu'ils n'espèrent jamais tant qu'ils ne tiennent pas. Je m'accommode mieux de ces derniers, parce qu'ils se trompent moins souvent; mais ils vivent très inquiets [4].

Quelque certaine que vous paraisse une chose, si vous

1. LXXIII.
2. LXXIV.
3. LX.
4. LXI.

pouvez sans gâter votre jeu vous réserver quelque chance pour l'événement contraire, faites-le, car les résultats les plus inattendus se réalisent parfois, et l'expérience a prouvé que cette précaution est bonne [1].

Que cette préoccupation constante du succès qui lui inspire ce souhait : « Priez Dieu de vous trouver toujours du côté du vainqueur », ait rendu Guichardin peu scrupuleux sur l'emploi des moyens, cela va de soi, et l'on s'attend bien à ce que sur l'utilité de la dissimulation, du mensonge même et de la perfidie jusque dans l'usage de la vie privée les *Ricordi* offrent plus d'un précepte.

Nie effrontément ce que tu veux tenir caché, affirme ce que tu veux qu'on croie, car, encore que le contraire se montre, et même avec évidence, affirmer ou nier gaillardement mettra quelque trouble dans la cervelle de celui qui t'écoute [2].

C'est toutefois vers la sphère des idées politiques que gravite surtout la pensée de Guichardin, la politique étant l'arène où se mêlent et se débattent les plus ardents intérêts de la vie pratique. Sa curiosité trouve une abondante matière à observer soit les différentes combinaisons auxquelles la science du gouvernement peut donner lieu, soit le jeu infatigable et les ressources infinies de l'ambition humaine. Il semble prendre plaisir en pur théoricien et en artiste, à examiner les différents systèmes, à en signaler les avantages et les dangers, à aider également de son expérience ceux qui veulent édifier et ceux qui veulent détruire. On croirait volontiers que la forme du gou-

1. XXXVII.
2. LXXXI.

vernement qui lui agrée est celle des *ottimati* ou des classes supérieures, à voir ses attaques soit contre la démocratie, soit contre les tyrans; mais il a l'air de désespérer en définitive qu'un système raisonnable puisse être jamais supporté par les Florentins, et on le voit donner des conseils aux tyrannies elles-mêmes pour déjouer toutes les attaques.

Qui dit un peuple dit vraiment un animal fou, plein d'erreurs, de confusion, sans jugement, sans stabilité, sans intelligence [1].

Il ne s'étonnera pas de la servilité d'âme de nos concitoyens, celui qui lira dans Tacite comment Rome, habituée à dominer le monde, se courba si honteusement sous les empereurs, que Tibère avait la nausée de tant de bassesse [2].

Le ciment avec lequel se construit l'édifice de la tyrannie est le sang des citoyens. Que chacun s'efforce donc de ne point laisser jeter les fondements de telles murailles.

On ne fonde pas les États en coupant des têtes, on ne fait que multiplier par là ses ennemis : c'est l'histoire de l'hydre. Cependant il y a des cas où le vrai ciment des États est le sang, comme la chaux est celui des édifices. La distinction des cas ne se peut indiquer par règles précises : c'est de la prudence qu'il faut prendre conseil [3].

Guichardin descend ici à l'un des derniers degrés de son scepticisme pratique : il admet les moyens les plus atroces pour peu qu'ils paraissent nécessaires à qui veut parvenir au but. Le scepticisme, voilà le dernier mot de sa doctrine politique. Sera-ce aussi celui de ses croyances religieuses? Les limites entre le doute, la superstition et la foi sont difficiles à tracer chez les hommes de ce temps. Guichardin est trop

1. CXXXX.
2. CCCXXIII.
3. CCCLXXII.

éclairé pour ne pas échapper aux excès par certains côtés, mais nous le voyons, en quelques-uns de ses *ricordi*, fort répugnant, il est vrai, à des pratiques, à des croyances, à des abus de son temps, et tout près de la révolte :

Je crois que les hommes, à toutes les époques, ont tenu pour miraculeux des faits qui n'avaient rien de tel; mais ce qui est certain, c'est que toutes les religions ont eu leurs miracles, de sorte que le miracle est une faible preuve de la vérité de telle croyance plutôt que de telle autre. Les miracles révèlent peut-être la puissance de Dieu, mais pas plus du Dieu des gentils que de celui des chrétiens. Il ne serait donc peut-être pas mal de dire que ce sont, comme les prédictions, des secrets de la nature au-dessus de l'intelligence humaine [1].

J'ai remarqué que, chez tous les peuples et dans toutes les villes, il y a des dévotions qui produisent de semblables effets. A Florence, Santa-Maria Impruneta fait la pluie et le beau temps; en d'autres endroits, j'ai vu la vierge Marie ou les saints opérer de même; signe manifeste que la grâce de Dieu vient au secours de tout le monde, et peut-être aussi que ce sont des choses qui existent plutôt dans l'esprit des hommes que dans la réalité [2].

Ce que disent les personnes pieuses que celui qui a la foi fait de grandes choses, ou que, selon la parole de l'Évangile, la foi commande aux montagnes, ne signifie rien autre chose sinon que la foi crée l'obstination. Avoir la foi, c'est croire avec fermeté et presque avec certitude des choses qui ne sont point selon la raison, ou, si elles sont selon la raison, d'y croire avec une résolution plus grande que celle que donnerait la raison seule. Celui qui a la foi devient donc obstiné dans ce qu'il croit; il marche dans sa voie intrépide et résolu, surmontant les difficultés et les périls [3].

1. CXXIII.
2. CXXIV.
3. I.

Il a été dit avec vérité que le trop de religion gâte le monde, parce qu'il efémine les âmes, abaisse les esprits vers mille erreurs, éloigne des entreprises généreuses et viriles. Je ne veux point pour cela déroger à la foi chrétienne, ni au culte qui est dû à Dieu, mais les confirmer et les augmenter au contraire en distinguant le trop du suffisant [1].

A nul plus qu'à moi ne sauraient déplaire l'ambition, l'avarice ou la mollesse des prêtres, soit parce que chacun de ces vices est en soi-même haïssable, soit parce qu'ils s'accordent si peu avec une vie consacrée à Dieu, soit enfin parce que, réunis, ils me paraissent dénoncer une corruption d'âme singulière. Néanmoins, la place que j'ai occupée auprès de plusieurs pontifes m'a forcé d'aimer leur grandeur. N'était ce sentiment personnel j'aurais, quant à moi, aimé Martin Luther, non pour secouer les règles prescrites par la religion chrétienne, telle qu'elle est interprétée et comprise généralement, mais pour voir réduite cette bande de scélérats à de justes termes : je veux dire à vivre sans vices ou sans autorité [2].

J'ai désiré voir trois choses avant ma mort, dont je désespère de voir une seule : un état de république bien ordonnée dans notre cité, l'Italie délivrée des barbares, et le monde délivré de la tyrannie de ces prêtres scélérats [3].

Ces attaques sont trop entièrement d'accord avec le célèbre passage de l'*Histoire d'Italie* contre la cour de Rome, au chapitre v du livre IV, pour ne pas nous révéler l'intime pensée de Guichardin. Évidemment le spectacle de l'église de son temps a soulevé chez lui de l'indignation et de la haine; son scepticisme paraît même avoir dépassé cette limite. Toutefois il demeure enveloppé, sans trop de résistance dans les habitudes religieuses de son siècle. Ce n'est ni la

1. CCLIV.
2. XXVIII.
3. CCXXXVI

religion sévère de Michel-Ange, ni la superstition peu
gênante de Benvenuto Cellini, avec ses évocations et
ses visions; mais il s'en va en pèlerinage accomplir
des vœux à Lorette, il paraît croire aux esprits et aux
prédictions de l'avenir, nous l'avons vu mal affermi
contre les magiciens et les sorciers. Du moins, s'il
dispute pied à pied à la Providence le champ d'action
que d'autres lui font très large, il croit cependant à
cette action bienfaisante et juste, et cherche plus
d'une fois un refuge dans l'idée de Dieu.

Le magistrat, dans ses arrêts, ne doit pas subir le contrôle des hommes; mais il reste soumis à celui de Dieu,
qui connaît s'il a bien jugé ou prévariqué.
Ne dites pas : Dieu a aidé celui-ci parce qu'il était bon;
il est arrivé malheur à celui-là parce qu'il était méchant.
C'est souvent en effet le contraire qui se vérifie, et néanmoins on ne doit pas accuser la justice de Dieu, ses desseins étant si profonds qu'il nous reste seulement à dire :
Abyssus multa [1].

Ces hautes pensées ont été la source persistante
où il a puisé malgré tout plus d'une généreuse
maxime, de nature à tempérer la trop commune
aridité de son œuvre. Il savait voir les bons comme
les mauvais côtés des choses, et la doctrine même
de l'intérêt bien entendu l'invitait à préférer les
moyens honnêtes. Sa hauteur d'intelligence le rendait
d'ailleurs accessible aux honorables inspirations.
Aussi pouvons-nous, à côté des expressions les plus
détestables que nous ayons dû citer, placer des
expressions différentes, qui nous remettront en
mémoire le beau rôle auquel Guichardin a consacré
une partie de sa carrière. Il s'y ajoutera ce qu'un

____
1. xcii.

célèbre historien de nos jours a pu appeler « la tristesse de l'honnête homme ». On sent qu'il lutte en
effet; obsédé par la vue du réel, par l'abus du sens
pratique, il voudrait, ce semble, se dégager; il y parvient quelquefois, et nous en avertit par un accent
subit d'émotion sincère.

A qui estime la gloire tout doit réussir, parce qu'il ne
regarde ni aux fatigues ni aux périls, ni à l'argent. Je l'ai
éprouvé par moi-même; elles sont vaines et mortes, les
actions humaines qui manquent de ce puissant levain [1].

Je ne veux pas vous dégoûter de répandre des bienfaits.
Outre que c'est une chose généreuse et qui procède d'une
belle âme, un bienfait est quelquefois largement reconnu.
Il est de plus permis de penser que cette puissance qui est
au-dessus des hommes se plaît aux actions nobles, et ne
permet pas qu'elles restent toujours sans récompense.

Si vous rencontrez un homme qui soit naturellement porté
vers le mal plutôt que vers le bien, dites hardiment que
c'est non pas un homme, mais un monstre ou une brute,
car il fait exception [2].

Les États et les cités sont mortels, puisque, par épuise-
ment ou par accident, toute chose doit périr. Celui qui
assiste à la mort de sa patrie ne doit accuser que son
propre malheur. La patrie subit ce qui est sa destinée;
mais bien à plaindre est celui qui est né dans le temps
marqué pour une telle infortune [3].

O Dieu! combien sont plus nombreux pour notre république les symptômes de chute que les causes de durée [4]!

Je ne saurais croire que Dieu permette aux fils de
Ludovic Sforza de jouir en paix de l'état de Milan. Ce
n'est pas seulement que son usurpation a été scélérate,
c'est, bien plus, qu'elle a été la cause de la ruine et de
l'asservissement de l'Italie [5].

1. CXVIII.
2. CXXXV.
3. CLXXXIX.
4. CCXXXI.
5. CCCXXIX.

Voilà, de la part de Guichardin, de très nobles
accents, dus à la générosité de l'âme, au cri de la
conscience, au plus pur patriotisme. Le voilà invoquant la justice céleste contre Ludovic le More, qui
a appelé les barbares, les Français, sur le sol de la
patrie.

La lecture des *Ricordi* met donc en vive lueur deux
aspects principaux de son génie, comme sa carrière
a eu deux moitiés fort différentes entre elles. Il n'a
pas plus apporté de vues systématiques dans sa conduite de citoyen et d'homme d'État que dans sa direction intellectuelle et morale. On doit se rappeler,
pour le juger équitablement, que sa famille était
depuis longtemps dévouée aux Médicis. Il ne faut pas
oublier non plus que Léon X et Clément VII étaient
deux Médicis; aux yeux des partisans florentins des
Médicis il ne trahissait donc pas sa patrie en entrant
au service de ces papes. Ce n'était pas, nous l'avons
vu, qu'il aimât la cour de Rome; on ne rencontre
pourtant pas dans ses écrits, comme dans ceux de
Machiavel, de vrais plaidoyers contre le pouvoir
temporel. Il est évident qu'il acceptait la carte politique de l'Italie telle que l'époque de la Renaissance
l'avait faite, et qu'il voulait seulement ne pas la laisser
déchirer par l'étranger. Lui attribuer des vues d'unité
italienne comme à un précurseur est une complète
erreur : il se contentait de réclamer l'indépendance.
Quand le danger de l'invasion devint tout à fait
imminent, il fut d'avis que la puissance dont les papes
disposaient et le souvenir du grand exemple donné
par Jules II désignaient naturellement les pontifes
pour diriger les efforts des princes italiens réunis. La
pensée qui le retint alors auprès de Clément VII

n'avait rien que d'honorable ; ce n'était pas trahir Florence, c'était bien plutôt servir ses intérêts en même temps que ceux de l'Italie. Son rôle de citoyen et d'homme public paraît irréprochable, quant à l'action extérieure, jusqu'au moment où, l'Italie étant vaincue, il s'est adjoint à ses vainqueurs.

Il paraît malheureusement certain que des considérations d'intérêt particulier ont entraîné Guichardin vers cette indigne conduite. La guerre avait ravagé ses domaines voisins de Florence ; il avait dû renoncer pendant quelques années à tout traitement ; sa famille était nombreuse, et on le voit dans sa correspondance préoccupé à cet égard de vives sollicitudes. Ce n'est pas là cependant de quoi excuser ni expliquer, de la part d'un tel homme et après un si grand rôle, une conduite d'autant plus choquante que ni l'idée du devoir envers l'Italie, ni l'intelligence de ses malheurs, ne s'étaient effacées de son esprit pendant toute cette dernière période : la preuve incontestable en est que de ces années-là date la composition de sa grande *Histoire d'Italie*. Ce grand ouvrage, écrit avec tant de dignité, de calme apparent et d'art, est le monument consacré aux derniers souvenirs de l'indépendance et de la prospérité italiennes. Il commence par une belle peinture de l'heureux état de la péninsule avant l'arrivée des barbares ; puis vient le sinistre appel de Ludovic Sforza, et, dès ce moment, le fléau croît et s'étend jusqu'à ce que la prise de Rome livre à la domination ou à l'influence du vainqueur étranger toute l'Italie. Si Guichardin poursuit son histoire, fort en résumé, depuis ce triomphe des impériaux jusqu'à la mort du pape Clément VII, le drame n'en est pas moins terminé à la première des deux dates, et ce drame a sa cruelle unité. La conduite extérieure de Guichardin a paru affranchie des pensées et des regrets qui semblent avoir présidé à la composition de son livre. La raison de cette inconséquence ne peut être que celle que nous avons déjà soupçonnée. Pour s'être voué en sceptique à l'étroite et incomplète doctrine de l'intérêt, il a perdu la force morale qui l'eût fait résister aux disgrâces de la fortune et aux vicissitudes de son temps. Aussi disions-nous en commençant cette étude qu'on retrouve dans le tableau de sa vie plusieurs traits caractéristiques de l'époque pendant laquelle il a vécu. Sa chute a accompagné la décadence de son pays et de son temps. Montaigne, qui s'y entendait, a bien signalé (*Essais*, II, 10), en appréciant son *Histoire*, le défaut principal de son caractère et de son esprit :

De tant d'âmes et effects qu'il juge, de tant de mouvemens et conseils, il n'en rapporte jamais un seul à la vertu, religion et conscience, comme si ces parties-là estoient du tout esteinctes au monde; et de toutes les actions, pour belles par apparence qu'elles soient d'elles-mesmes, il en rejecte la cause à quelque occasion vicieuse ou à quelque proufit. Il est impossible d'imaginer que parmy cet infiny nombre d'actions de quoy il juge, il n'y en ayt eu quelqu'une produicte par la voye de la raison : nulle corruption peult avoir saisi les hommes si universellement, que quelqu'un n'eschappe de la contagion. Cela me faict craindre qu'il y aye un peu du vice de son goust; et peult estre advenu qu'il y ayt estimé d'aultruy selon soy.

Ces lignes de Montaigne nous seront un excellent résumé, si nous y joignons la double et diverse impression qui doit résulter de la lecture des *Ricordi* de Guichardin. Rappelons-nous les protestations de

son propre cœur. Il a aimé la gloire, il a aimé sa
patrie. Il a de plus cruellement expié par les amer-
tumes et les déceptions de sa fin un scepticisme
contre lequel, au milieu de sa carrière, il avait déjà
noblement réagi.

ROME MONUMENTALE

PENDANT LE MOYEN AGE
ET LA RENAISSANCE

Les monuments de l'ancienne Rome ont vraiment une histoire, aussi bien que le grand peuple qui les a construits. Ces édifices témoins de si nombreuses vicissitudes, ils ont attesté la force des antiques générations, ils ont abrité la faiblesse d'une Rome abâtardie, ils ont lutté contre le temps et contre les barbares, contre les guerres civiles et contre l'oubli; ceux d'entre eux qui ont pu résister à tant de causes de désastre ont enfin, dans les temps meilleurs, rencontré le respect. C'est cette histoire dont nous voudrions signaler les principaux traits. Nul ne marche impunément sous les palmiers, dit le proverbe oriental, et nul ne saurait non plus être spectateur indifférent des grandes ruines de Rome. Quand et comment se sont-elles accomplies? quel âge a été à ce sujet principalement coupable? quels pontifes ont essayé d'y porter remède? quelles restaurations ou quelles constructions nouvelles, quel développement

nouveau des arts auxiliaires ont changé une fois
encore la physionomie de la ville éternelle, avant que
la renaissance du XVI° siècle vînt transformer entièrement l'aspect de Rome par des destructions sacrilèges que n'ont pas fait oublier plusieurs triomphantes
subtitutions [1]?

1. Je me suis servi principalement dans cette étude des travaux de M. de Rossi, l'illustre archéologue romain, et de ceux
de M. Eugène Muntz, ancien membre de notre École française
de Rome, aujourd'hui bibliothécaire de notre École des Beaux-
Arts. — M. J. B. de Rossi est connu de tous comme le fondateur de la science de l'archéologie chrétienne. Sa *Rome souter-
raine* (*Roma sotterranea*), son *Bulletin périodique*, son *Recueil
d'inscriptions chrétiennes*, son grand ouvrage sur les *Mosaïques
chrétiennes des églises de Rome avant le XV° siècle* forment une
encyclopédie qui semble dépasser les forces d'un seul homme,
et qui cependant ne doit pas faire oublier ses autres travaux :
un grand nombre d'excellents mémoires sur l'archéologie classique; la grande part qu'il a prise à la publication française
des œuvres de Borghesi, et au *Corpus* de Berlin. Et ce n'est
pas seulement par ses écrits que M. de Rossi professe, c'est
aussi par la parole, lorsque, aussi remarquable orateur qu'écrivain, devant un auditoire venu de partout, et sans cesse
renouvelé, et aussi pour des élèves assidus, il multiplie ses
visites et ses conférences dans les catacombes, dans les galeries du Vatican et du Latran. — Une dernière publication, un
recueil des plans de Rome antérieurs au XVI° siècle avec un
volume de texte in-4° interprétant les plans figurés offre des
éléments inappréciables pour qui veut étudier l'histoire monumentale de Rome.
Sous ce titre : *Histoire des arts à la cour des papes pendant le
XV° et le XVI° siècles*, M. Eugène Muntz a entrepris une enquête
érudite avec le secours des archives romaines, dont les dossiers
manuscrits, si riches, et si peu connus parce qu'ils sont difficiles à explorer, lui ont offert d'admirables ressources. Les
registres de comptes de la curie pontificale tenus avec une
ponctuelle exactitude et un grand détail lui ont fourni d'innombrables renseignements; il n'a pas mis seulement à contri-
bution les dépôts de Rome, mais aussi ceux de Florence, de
Naples, de Paris, etc. [1]. L'un et l'autre ouvrage apportent de

1. Depuis que ceci a été écrit, bien d'autres ouvrages du même auteur
sont venus s'ajouter à celui-ci : *Les Précurseurs de la Renaissance* —

I

Les grands monuments de l'ancienne Rome qui ont
subsisté pendant le moyen âge dataient presque tous
de l'empire, ayant été élevés ou complètement réparés
alors. Il en est peu qu'il ait conservés à peu près
intacts après les avoir hérités de la république,
comme le Panthéon ; il en est peu qu'il n'ait agrandis
ou restitués plutôt que de les détruire, car les institutions romaines les protégeaient. Chez un peuple
au génie à la fois religieux et pratique, qui savait
donner au principe de la propriété des racines si profondes, les édifices même d'un caractère purement
civil suivant nous avaient quelque chose de sacré,
et une surveillance attentive devait prévenir des
désordres qui auraient en même temps causé un
dommage matériel et constitué une sorte d'injure à
la religion. L'édile républicain en avait la charge, la
procuratio, et une série de textes législatifs pendant
toute la période de l'empire montrerait quelles pré-
cautions étaient prises pour que l'aspect de Rome ne
fût pas déformé par des ruines, *ne urbs ruinis defor-
metur*. On connaît le sénatus-consulte hosidien,

nouvelles et intéressantes lumières sur le sujet que nous voulons traiter.

*Raphaël, sa vie et son œuvre — Histoire de la tapisserie — Les Arts à
Avignon au XIV⁰ siècle — Le Palais de Venise*, etc., etc. Les ouvrages
de M. E. Muntz feront époque dans l'étude de l'histoire de l'art ; rarement on a vu apporter à un aussi intéressant sujet, avec autant d'intelligence et de talent, une telle abondance des documents les plus variés,
les plus précis, les plus authentiques. — Voir aussi dans le volume le
Vatican, etc., Didot, 1895, les chapitres Histoire de la papauté, par
G. Goyau ; les Papes et les Arts, par André Pératé ; la Bibliothèque du
Vatican, par Paul Fabre. (Note de l'éditeur.)

renouvelé depuis Claude par Vespasien et Alexandre Sévère. Libanius cite un inspecteur des bronzes publics, et la *Notitia dignitatum* connaît un gardien des objets de prix, *custos nitentium rerum*. Cependant le grand nombre des dispositions législatives que nous a laissées à ce sujet la période impériale ferait soupçonner qu'il y avait sujet de craindre pour ces monuments, qu'il y fallait une tutelle et une sauvegarde. Et en effet Rome a subi de cruels moments de désordre et d'anarchie dès les premiers temps de l'empire; vers la fin, elle commençait d'être singulièrement abandonnée. Même quand elle était florissante, des bandes noires se livraient à de singulières spéculations, achetant les riches demeures pour les démolir, et vendant en détail les matériaux, les sculptures, les peintures et les marbres. Bientôt le luxe de Rome, devenu excessif, préparait le désastre et la ruine. Les jardins de Salluste couvraient une partie du Quirinal; Mécène convertissait en une villa somptueuse presque tout l'Esquilin; on multipliait et on étendait après eux ces grandes propriétés, brillantes et improductives, qui chassèrent la population, et commencèrent de créer le désert.

Si le séjour des empereurs devint, par l'extension du luxe, funeste à Rome, on peut penser que leur abandon de l'ancienne capitale, par des raisons contraires, ne le fut pas moins. C'était bien une rivale que Constantin prétendait lui opposer. Il appela en Orient tout ce qui restait d'artistes ou d'ouvriers habiles. Il voulut que sa nouvelle ville possédât jusqu'aux objets sacrés, gages mystiques de grandeur, que les dieux avaient jadis accordés à la cité de Romulus. On croyait encore au vi^e siècle qu'il avait enlevé le précieux Palladium romain, pour le cacher sous la colonne de porphyre que surmontait sa propre image dans son nouveau forum. Constantinople eut son Capitole, son milliaire doré, sa Fortune urbaine, ses jeux du cirque, avec des fêtes solennelles pour célébrer l'anniversaire de sa fondation, sa grande curie, ses thermes, ses basiliques, ses quatorze régions. Il y fallut l'incomparable parure des œuvres de l'art grec, qu'on enleva pour elle soit de Rome, soit des provinces orientales. Beaucoup de statues ornaient déjà l'ancienne Byzance, puisque Septime Sévère y avait institué tout un musée que le feu détruisit en 532; mais Constantin en voulut bien davantage. Dans son seul hippodrome il en érigea soixante. Il pilla le hiéron des Muses à l'Hélicon. Après lui, Théodose Ier fit apporter le Jupiter Olympien de Phidias; — une tradition fort peu authentique voudrait qu'on pût le retrouver aujourd'hui sous le sol de Constantinople; mais un incendie de l'année 475 paraît l'avoir détruit, avec bien d'autres chefs-d'œuvre, tels que la Vénus de Cnide de Praxitèle, la Junon de Samos attribuée à Bupalos, et l'Occasion de Lysippe. Rome avait dû contribuer pour une grande part à ces embellissements : elle rendit en cette occasion une partie des objets qu'elle avait jadis ravis à la Grèce. Encore au XIIIe siècle on voyait à Constantinople l'Hercule colossal en airain de Lysippe, enlevé par Fabius Maximus en 209 aux Tarentins, et que Strabon admirait au Capitole. Les quatre célèbres chevaux de bronze doré conservés à Venise depuis la quatrième croisade, et qui datent peut-être du temps de Néron, ou bien qu'Auguste enleva d'Alexandrie après sa victoire sur Marc-Antoine, décoraient l'hippodrome dès le IVe siècle, ainsi qu'une statue de la Fortune enlevée au Palatin.

Ainsi la fondation de Constantinople, en contribuant à dépouiller les édifices romains des chefs-d'œuvre qui faisaient leur majesté et leur méritaient le respect, avait été pour eux comme un présage de ruine. Il semblait qu'elle leur eût annoncé la longue période d'abandon et de mépris qui les attendait.

La décadence inaugurée de la sorte se continua par les invasions. Tandis que la capitale orientale échappait aux dangers, par sa situation, par quelque adresse et quelque fermeté politique, par une moindre renommée, les chefs barbares, au contraire, entendaient des voix qui les poussaient contre Rome; leurs armées en réclamaient le pillage : c'était là l'antique ennemie, déjà presque abattue, la vraie proie qui promettait un inépuisable butin. — Nous savons qu'il faut se garder d'admettre à ce sujet certaines exagérations des historiens ultérieurs ou des pères de l'Église, qui ont fait loi pendant longtemps et donné naissance à des terreurs légendaires. Il est facile par exemple de juger, d'après le curieux journal de fouilles que nous a laissé Flaminio Vacca, en quelle superstitieuse horreur le XVIe siècle tenait à Rome le seul nom des Goths. Il n'était pas de crime dont on ne chargeât leur mémoire; eux seuls avaient commis tous les ravages à la suite desquels les antiques monuments semblaient devoir périr. C'étaient les traces de leurs lances qu'on voyait encore aux thermes de Caracalla, où l'on remarque en effet que les revêtements de marbre ont été enlevés, — par d'autres moins pressés et en d'autres temps, — à coups de marteaux pointus et acérés : ces farouches

cavaliers avaient voulu, disait-on, après avoir mas-
sacré les Romains, détruire leurs orgueilleux édifices.
Flaminio Vacca raconte qu'il a vu trouver en terre
des haches formant marteau d'un côté et glaive de
l'autre : c'étaient, à ne pas douter, les armes dont se
servaient ces Goths, pour démolir après avoir tué.
Les Goths n'avaient pas seulement une première fois
pillé Rome, ils avaient en outre caché en divers
endroits de la ville de riches trésors que leurs descendants reviendraient chercher, et notre chroni-
queur raconte mainte histoire de perquisitions noc-
turnes, dans des lieux déserts, qu'on expliquait de
la sorte. — Il est évident qu'au xvie siècle le nom des
Goths était, pour les Romains, synonyme de brigands
et de pillards. Quelque chose de cette tradition se
retrouve certainement dans l'inintelligente appellation
par laquelle on désigna en Italie ou même en France
l'art prétendu gothique.

Ce sont là des excès. On ne doit pas oublier qu'il
y eut des différences entre ces barbares, et nous
savons par les lettres de Cassiodore que Theodoric,
roi des Goths, se fit le protecteur des monuments
romains. Ce dernier souvenir ne saurait toutefois
effacer celui des désastres que les incursions des
peuples germaniques ont causés en Italie.

C'est une sorte de mode aujourd'hui de les dire inof-
fensives; mais la réalité historique proteste. Le pillage
des troupes d'Alaric en 410 n'a duré que trois jours, il
est vrai, et le chef visigoth, nous dit-on, avait
recommandé à ses hommes de respecter les trésors de saint Pierre et de saint Paul. Ses soldats
n'en ont pas moins mis le feu aux jardins de Salluste
et saccagé la ville. Alaric lui-même emporta —

Procope les a vus dans son camp devant Carcassonne
— les vases sacrés de Salomon avec toute une partie
des dépouilles romaines de Jérusalem. Les Vandales
de Genséric, quarante-cinq ans plus tard, furent
incontestablement beaucoup plus redoutables. Leur
chef leur avait accordé un séjour dans Rome de
quatorze jours ; le pillage se fit méthodiquement, quartier par quartier ; ils dépouillèrent d'abord le palais
des Césars, sur le Palatin ; puis le temple de Jupiter,
sur le Capitole ; ils en emportèrent les statues, que
Genséric destinait à son palais d'Afrique ; ils en
ruinèrent la toiture pour en ravir les lames de plomb
doré. — Le sac de Rome par Ricimer en 472, et un
nouveau siège par les Goths de Vitigès, ne furent
pas moins désastreux. Vitigès, en coupant les quatorze aqueducs, œuvre magnifique de l'antiquité, ne
privait pas seulement Rome de ces eaux salutaires
qu'elle recevait depuis des siècles, il la menaçait
encore de la famine, car les moulins à blé étaient
situés sur la pente du Janicule, en face du *ponte Sisto*
actuel, là où cette même eau de Trajan, qui se préci-
pite encore avec force en traversant la fontaine
Pauline, continue de mettre en mouvement les roues
de plusieurs industries. Bélisaire obvia au danger en
faisant construire sur le fleuve, aux endroits les plus
resserrés, ces moulins flottants que le courant seul
fait tourner[1] ; ils se multiplièrent à partir de cette
époque jusqu'à notre temps, qui les a proscrits avec
raison comme un obstacle contribuant au terrible

1. Ce sont les *aquimoli* du moyen âge. Voir à ce sujet le
curieux travail de M. Corvisieri sur les anciennes poternes du
Tibre dans Rome, au tome premier du très intéressant recueil
intitulé : *Archivio della società romana di storia patria*, 1878.

danger des inondations. Le pire résultat de la mesure prise par les Goths de Vitigès fut que les conduits, interrompus et désormais mal réparés, laissèrent échapper leurs eaux dans la campagne romaine, y précipitèrent les ruines, et y formèrent ces marécages qui, négligés pendant les siècles, enfantèrent la corruption, le mauvais air, la solitude et la mort.

Les attaques de Vitigès contribuèrent d'une autre manière encore à dépouiller Rome. Menacés par les assiégeants barbares dans le tombeau d'Adrien, devenu depuis longtemps une forteresse, les soldats de Bélisaire, suivant le récit de Procope, brisèrent en morceaux, pour les précipiter sur l'ennemi, les nombreuses statues qui ornaient l'antique mausolée. — Dans ses fossés se retrouvèrent en effet, aux temps d'Alexandre VI et d'Urbain VIII, le buste colossal d'Adrien et l'admirable *Faune dormant* de la glyptothèque de Munich. — Rome était bien dépouillée déjà quand elle fut de nouveau prise et saccagée par le Goth Totila, en 545. Les Lombards, avec Astolf, continuèrent pendant le viiie siècle à désoler ses environs. Les basiliques chrétiennes, construites sur les catacombes, avaient jusque-là retenu dans la campagne quelque population, tout au moins de pieux visiteurs; mais les dévastations des Lombards achevèrent de déterminer les papes à reporter en ville les corps des martyrs. Une inscription de l'église de Sainte-Praxède, à Rome, témoigne que Léon III, en 817, transféra ainsi vingt-trois mille corps; les catacombes commencèrent d'être abandonnées, puis oubliées, jusqu'au temps de Bosio, jusqu'au père Marchi et à M. de Rossi; la nuit se fit toujours plus épaisse sur la campagne romaine, privant Rome elle-même toujours davantage d'approvisionnements, de sécurité, de communications.

La création d'une autre capitale en Orient avait été, au point de vue de l'histoire monumentale de Rome, une première et sensible atteinte; les invasions barbares avaient entraîné des dévastations cruelles et de longs désordres; quelle influence le triomphe du christianisme et l'établissement de la papauté devaient-ils exercer dans Rome à cet égard?

Il ne se pouvait pas que le christianisme ne regardât tout d'abord avec quelque défiance les monuments de Rome païenne. Ces temples et ces statues représentaient pour lui un culte impie et hostile. Ces cirques et ces amphithéâtres, il les avait arrosés de son sang lors des persécutions; ces théâtres et ces jeux, il les maudissait comme immoraux et impies; ces riches tombeaux, soumis à des rites qui n'étaient pas les siens, il s'en détournait pour se réfugier dans ses catacombes. On doit remarquer toutefois que, dans l'histoire des mutuels rapports entre les deux sociétés païenne et chrétienne, avant et après la paix de l'Église, les rigueurs se produisirent en général par accès exceptionnels et peu durables. De même que, pendant très longtemps, l'indépendance civile des chrétiens, invoquant le droit commun, a été respectée, de même les empereurs, après avoir abjuré le paganisme, se sont abstenus, surtout dans Rome, de mesures violentes contre les monuments et les statues de l'antiquité. M. de Rossi a démontré cette thèse abondamment; il a fait voir que ceux des historiens modernes qui se sont crus autorisés à soutenir avec insistance, avec excès, la thèse contraire, ont été abusés en particulier par les fausses inscriptions ligoriennes.

Les principaux sanctuaires furent fermés, il est vrai, à partir des fils de Constantin et de Théodose ; les sacrifices furent abolis ; les terres qui appartenaient aux prêtres païens furent confisquées avec leurs revenus ; mais les statues des divinités ou des héros, distribuées par les préfets de la ville dans les lieux publics, continuèrent, après avoir perdu le sens religieux que les anciennes croyances leur attribuaient, à servir d'admirable parure à cette Rome qui ne reniait pas son passé. C'est ce que démontrent aux v° et vi° siècles de nombreuses inscriptions : tel préfet a érigé dans le forum cette statue qu'il a tirée d'un temple « afin qu'elle servît d'ornement à la ville ». Tel édifice ayant été consacré au nouveau culte, « la lumière du salut a brillé là où régnaient les ténèbres », ou bien : « A l'assemblée des démons a succédé la maison de Dieu ». Il y eut sans doute des violences exercées contre les monuments de l'ancien culte au nom du christianisme ; mais ce fut en général hors de l'Italie, en Afrique, en Égypte, en Orient, ou bien dans la campagne, où la présence du sanctuaire ou de l'idole pouvait perpétuer la superstition. On vit, il est vrai, des moments de réaction, pendant lesquels les empereurs chrétiens prirent des mesures sévères, fermant la grotte de Mithra, au pied du Capitole, ou faisant brûler les livres sibyllins ; mais le christianisme comprit très vite que les monuments de Rome païenne faisaient partie d'une gloire qu'il ne lui convenait pas de renier, puisqu'elle avait servi, selon les secrets desseins de la Providence, à grouper les nations et à les préparer pour recevoir l'Évangile. C'eût été d'ailleurs une longue et pénible tâche, et bien vaine, que d'essayer d'anéantir tant d'énormes édifices; ne valait-il pas mieux les conserver en les appliquant au vrai culte? N'était-ce pas le moyen de triompher d'autant plus sûrement et de séduire les âmes? Le clergé se montrait habile dans les campagnes à substituer aux génies des arbres et des fontaines le culte des saints, dont les poétiques légendes effaçaient les traditions antiques; il fallait ainsi, dans Rome, arborer les symboles chrétiens sur les anciens monuments et, sans interrompre les courants établis, transformer les sanctuaires pour transformer les cœurs. On vit de la sorte commencer une métamorphose bizarre dans laquelle le moyen âge chrétien faillit, il est vrai, étouffer quelques-uns des souvenirs persistants de l'antiquité païenne; tout compte fait, il en conserva, il en sauva beaucoup.

Un des plus singuliers exemples de cet accord subsistant à travers les siècles se voit à la cathédrale de Syracuse. Là s'élevait jadis un beau temple de Minerve, du haut duquel le bouclier resplendissant de la déesse servait de dernier phare aux navires s'éloignant du port. Dès que ce signe avait disparu de l'horizon, le pilote jetait à la mer la coupe de terre empruntée à l'autel de Héra, et les dieux devaient, pour ces rites accomplis, une navigation prospère. L'église chrétienne a succédé, construite sur les bases et dans l'enceinte même du temple. L'archaïsme dorique se reconnaît sur ces magnifiques colonnes au lourd chapiteau, aux cannelures profondes, au diamètre énorme, s'élargissant à la base. C'est pitié de les voir aujourd'hui couvertes de l'inconvenant badigeon, et encastrées dans la maçonnerie moderne ; quelques-unes sont penchées, comme si elles allaient tomber, et l'on comprend vite qu'elles eussent été depuis longtemps à terre sans le ferme appui de la construction ultérieure, qu'elles ont rencontré. Le christianisme, comme fait le lierre dans les ruines, a soutenu au milieu même de leur chute ces vingt-deux grosses colonnes, et il les a conservées, ainsi que l'architrave et la frise antiques.

Rome est la scène la plus intéressante où l'on puisse suivre le mélange bizarre des deux civilisations et des deux génies. Là surtout le christianisme a préservé beaucoup de monuments et d'objets d'art que lui avait légués le paganisme, mais il les a marqués de son sceau. Ainsi seulement fut sauvée la célèbre statue équestre de Marc-Aurèle. Rien n'autorise à croire qu'elle ait été primitivement placée autre part qu'en face de la basilique de Saint-Jean de Latran. Peut-être ornait-elle la riche demeure de la *gens* Annia, où Marc-Aurèle naquit et fut élevé. Une seule chose est certaine, c'est que Paul III la fit transporter de ce lieu au Capitole, le 23 mars 1538. Elle passait aux yeux du moyen âge pour représenter le grand empereur Constantin, un chrétien : cette erreur la fit respecter. — C'est probablement l'église des Saints-Cosme-et-Damien, située près du forum, qui a conservé ce temple de la Ville où se tenait autrefois l'archive préfectorale, et où était exposé l'original authentique du célèbre plan Capitolin. Le Panthéon, qui faisait partie primitivement des thermes d'Agrippa, fut donné par l'empereur Héraclius au pape et consacré à la Vierge en 608 ; les principales basiliques, les temples les plus célèbres de l'antiquité, furent transformés en églises, aux traditions complexes et souvent inintelligibles. Celles que les *Mirabilia* ont enregistrées ne reposent souvent que sur le fondement unique de la corruption des mots.

Outre la fondation de Constantinople, outre les invasions des barbares et le triomphe du christianisme, une quatrième cause d'entière transformation de l'aspect monumental de Rome, et incontestablement la plus énergique, la plus dissolvante, la plus irrémédiable de toutes, a été la longue durée de l'anarchie féodale et des guerres civiles du moyen âge, pendant lesquelles Rome, souvent abandonnée par ses propres pontifes, réfugiés à Ravenne, exilés à Avignon, est devenue comme un champ clos où les partisans des papes et ceux des antipapes, les Guelfes et les Gibelins, se sont livré de perpétuels combats, qui ont interrompu toutes les traditions et multiplié les ruines.

Les derniers travaux de l'empire avaient été, au IVe siècle, le cirque de Maxence, la basilique et l'arc de triomphe de Constantin. Encore ce dernier monument est-il composé de pierres sculptées ou taillées primitivement pour d'autres édifices; la célèbre inscription qu'il supporte, *Instinctu divinitatis*, etc., est gravée sur des fragments de chapiteaux venus d'ailleurs; les bas-reliefs en sont empruntés à un arc de Trajan, qui était au forum. Constance II, par un effort remarquable à cette date, fait venir d'Égypte l'obélisque qui décore aujourd'hui la place de Saint-Jean de Latran. Honorius répare les murs d'Aurélien... Ce sont là les dernières preuves d'énergie que les Romains de l'empire savent donner. Au milieu du VIIe siècle, l'empereur grec Constant II voit encore

les chevaux dorés de l'arc de triomphe qui ornait le
grand cirque, ainsi que les tuiles dorées du Panthéon. Léon IV construit contre les Sarrasins les
vastes murs de la cité léonine vers l'année 848; mais
la décadence monumentale de Rome n'en est pas
moins irrévocablement engagée. Non seulement on
ne sait plus édifier, mais on ne sait plus relever ce
qui s'est abattu ou ce qui penche vers la ruine. Une
sorte de renaissance qui s'est montrée pendant la
période carlovingienne n'a pas duré. Les industries
ou les arts annexes à l'architecture se perdent et les
traditions antiques s'oublient : il n'y a plus de traces
de mosaïques exécutées dans Rome entre le ixᵉ siècle
et le commencement du xiiᵉ. On ne fabrique plus
de grands ouvrages de bronze, et ce bel art, qui
avait produit des merveilles dans l'antiquité la plus
reculée, exilé à Constantinople, n'en reviendra aussi
qu'aux premières années du xiiᵉ siècle. La solitude
s'étend comme une lèpre, le forum et le Palatin ne
sont bientôt plus que des pâturages. L'inertie devient
telle que sur les toits des maisons des misérables
planchettes de bois, *scandulæ*, dont Rome s'était
contentée pendant les cinq premiers siècles, rempla-
cent de nouveau les tuiles, cette fabrication si extraor-
dinairement abondante pendant la grande époque
classique.

Les monuments de l'antiquité sont exposés alors à
un triple péril. Ils deviennent des forteresses, au
risque de disparaître sous les aménagements les plus
bizarres, ou de s'effondrer sous les coups des assaillants. Pendant les longs débats entre le sacerdoce et
l'empire, entre les Guelfes et les Gibelins, la famille
des Frangipani occupe l'arc de Constantin, celui de

Titus, le Septizonium construit par Septime Sévère sur la pente méridionale du Palatin, et le Colisée; les Caëtani, cette puissante famille qui a donné quatre papes, dont Boniface VIII, et qui a encore ses illustres représentants à Rome, s'emparent du tombeau de Cecilia Metella sur la voie Appienne, et de l'île Tibérine ainsi que la *Torre della Milizia* en ville; les Orsini détiennent le tombeau d'Adrien, le théâtre de Pompée, le mont Giordano et le *campo del Fiore*; les Colonna ont le mausolée d'Auguste et les thermes de Constantin au Quirinal; les Savelli prennent le théâtre de Marcellus et l'Aventin. Rome se hérisse de tours édifiées sur les monuments antiques. Encore au xviiie siècle on chercherait en vain sur l'intéressante gravure de Vasi, de 1765, l'arc de Titus : il a disparu, sauf une partie de la façade inférieure, sous la maçonnerie dont on l'a revêtu pour le réunir en une seule fortification avec l'église de Sainte-Françoise-Romaine. Dans ces vastes monuments qu'elles se sont appropriés, les familles et leurs nombreux clients s'établissent, se fortifient, et n'ont pas de peine à se défendre; mais les attaques sont vigoureuses et fréquentes, et les assaillants, s'ils n'atteignent pas leur ennemi, se vengent sur l'édifice. Quand Robert Guiscard prend et saccage la ville en 1084, c'est le signal de la ruine pour le Septizonium, que plus tard Sixte-Quint, par une autre sorte de profanation, achèvera de faire disparaître. Au même temps le Cælius et l'Aventin, pris d'assaut, deviennent les solitudes qu'on voit aujourd'hui; la population des collines, pourchassée, achève de se grouper dans l'ancien Champ de Mars, où se formera de la sorte la Rome moderne. Lorsqu'en 1253 le sénateur Bracaleone

détruira jusqu'à cent quarante des tours féodales, on
pense bien qu'avec elles disparaîtront en mainte
occasion tout au moins les parties supérieures des
édifices qui leur servaient de base.

Le second danger auquel sont exposés les monuments romains pendant le moyen âge est d'être
mutilés pour servir à de mauvaises constructions ou
à des réparations impuissantes. On ne sait plus bâtir
qu'en se servant de débris ou de morceaux antiques.
C'est ce qui fait que presque tout vieux mur, dans la
Rome actuelle, recèle des fragments sculptés. On
pourrait en citer de très nombreux exemples. —
L'année dernière, en démolissant un des bastions
dont la *Porta del popolo* était flanquée, on a rencontré les restes d'un beau monument funéraire qui
avait longtemps orné cette partie de la voie Flaminienne. Un de ces débris nous a fait connaître la
curieuse inscription d'une jeune fille qui a été, dit
son père, païenne entre les païens, mais entre les
chrétiens chrétienne. — Dans le courant de 1871,
en abattant les deux tours de l'ancienne porte Salaria,
on mit à découvert l'intéressant tombeau de Quintus
Sulpicius Maximus, ce jeune improvisateur grec dont
Rome, au temps de Domitien, fut charmée. — On
avait ainsi retrouvé en 1838, encastré dans une tour
attenante à l'ancienne porte Labicane, tout près de la
porte Majeure actuelle, le tombeau bien connu de
Marcus Vergilius Eurysacès, ce qu'on appelle vulgai-
rement le Tombeau du boulanger. — Il y a quelques
mois, un vieux mur qu'on détruisait sur l'Esquilin
s'est trouvé contenir en nombreux fragments jusqu'à
sept statues, que sans nul doute on recomposera. —
De trop bonne heure aussi et pendant trop longtemps,

le Colisée et le forum sont devenus de véritables carrières, où l'on est venu de toutes parts chercher des
colonnes et des pierres pour les employer ailleurs.
Déjà en 1140, le célèbre abbé Suger, reconstruisant
la basilique de Saint-Denys, songeait à faire enlever
les magnifiques colonnes de granit des thermes de
Dioclétien, tant la renommée de ce genre d'exploitation s'était vite répandue. En Italie même, la cathédrale de Pise, qui est du xi⁰ siècle, et celle de
Lucques, consacrée par Alexandre II, ont été probablement édifiées avec des dépouilles romaines. Cela
est sûr pour la célèbre basilique érigée par le moine
Didier au Mont-Cassin. Les Romains n'étaient plus
capables d'aller chercher à quelque distance la pierre
ou la pouzzolane. Ils creusaient simplement là où
leurs ancêtres avaient bâti; l'édifice antique, d'abord
exploité sans trop de peine à la surface du sol, était
ensuite dépouillé par-dessous. Les latomies qu'on a
trouvées pendant ces derniers temps sous l'Esquilin,
et qui ont obligé, pour les quartiers nouveaux, par
exemple pour le ministère des finances, voisin de la
gare, à des fondations considérables, sont en partie
l'œuvre de ces générations ignorantes : on a constaté
qu'elles traversent des substructions certainement
antiques; il y en a parmi celles des thermes de
Dioclétien.

Encore peut-on retrouver — nous en avons cité
des exemples — quelques-uns des morceaux ainsi
enveloppés ou déplacés. Mais le troisième danger,
celui auquel ont succombé pendant le moyen âge un
trop grand nombre de monuments antiques, a été
la déplorable coutume, beaucoup trop longtemps
pratiquée, de fabriquer des boulets et de la chaux

avec le marbre et la pierre anciennement mis en
œuvre. Un grand édifice comme les thermes de
Dioclétien ou le Colisée était concédé aux entrepre-
neurs qui en avaient fait la demande, et ils pouvaient
en exploiter désormais tous les matériaux. La carrière
ainsi livrée est désignée sur plusieurs anciennes cartes
sous le nom de *petraia*, ou bien on voit à côté l'indi-
cation d'un four à chaux, *fornace*. Des générations
de marbriers paraissent avoir habité successivement
sous la voûte principale de l'arc de Septime Sévère,
alors que ce monument était enseveli à moitié : ils
avaient un de ces fours si nombreux précisément au
forum pendant le moyen âge; c'est ainsi sans doute
qu'ont péri peu à peu les débris du temple de la Concorde, situé tout auprès, et dont il ne reste plus
aujourd'hui même une colonne. De si détestables
pratiques dureront pendant le xvie et même le
xviie siècle.

Ajoutons à ces nombreuses causes de ruine les
fléaux naturels. Le tremblement de terre de 1348 fut
terrible : la toiture, le campanile et une grande
partie de l'atrium de la basilique du Latran s'écrou-
lèrent. Une nouvelle secousse dans les premiers jours
de septembre 1349 fit tomber une partie du Colisée,
mutila la tour des Conti , et ébranla la basilique de
Saint-Paul. — N'oublions pas les inondations du Tibre,
fléau redoutable qui occupe dans l'histoire de la ville
de Rome une si large place. Tive-Live, Tacite et Pline
le Jeune ont à ce sujet des récits lamentables. La crue
de 792 arracha de ses gonds la porte flaminienne et
l'entraîna jusqu'au pied de l'arc de Marc-Aurèle,
près de San Lorenzo *in Lucina*, dans le Corso actuel.
Celle de 1230 s'éleva, est-il dit, jusqu'aux toits des

maisons, et renversa le pont palatin ou de Sainte-Marie. Le xve siècle connut huit au moins de ces crues meurtrières. — La chronique des incendies serait tout aussi désastreuse.

L'exhaussement continu du sol romain, grâce à l'accumulation successive des ruines , par-dessus lesquelles on a toujours continué de bâtir assez peu solidement, est un autre signe qui offre de singuliers contrastes et réserve à l'observateur des surprises extraordinaires. — Ce phénomène ne s'est pas produit seulement dans les vallées; on le retrouve aussi sur les hauteurs. Si d'une part le rocher tarpéien a perdu, dès l'antiquité, quelques parties de son sommet, si le Palatin n'a plus la Velia ni le Germalus, si une sorte d'aplanissement général a fait disparaître les inégalités supérieures de ces collines, par contre il n'est pas un voyageur qui n'ait remarqué sur le Palatin l'infériorité actuelle de niveau, soit de la maison de Livie, soit de ces chambres , construites , il est vrai , au temps de la république dans l'*intermontium*, et où l'on descend du milieu du palais de Domitien. Sur l'Esquilin , les thermes de Titus sont édifiés par-dessus la maison dorée de Néron. Sur le Quirinal, on retrouvait récemment les thermes de Constantin en creusant entre les jardins Rospigliosi et les jardins Colonna. Au Cælius, près de l'église des Saints-Jean-et-Paul, là où se trouvent des ruines considérables difficiles à identifier, les fouilles du temps de Piranesi ont démontré que l'exhaussement du sol avait été de 60 pieds romains. — A plus forte raison le niveau du sol a-t-il dû s'élever dans les vallées qui séparent les célèbres collines, les incendies, les tremblements de

terre, les inondations accumulant les débris, et
chaque génération bâtissant par-dessus les ouvrages
demi-écroulés des générations précédentes. C'est
ainsi que, dans le Transtévère, il faut, pour visiter la
station bien connue des Vigiles, descendre par un
escalier qui a bien une trentaine de marches. Le
Panthéon occupe le fond de la place où il est situé,
et cette place s'élève tout autour par un sol évidemment factice. On sait que la basilique de Saint-Clément
recouvre une plus ancienne basilique, laquelle est
au-dessus d'une maison des commencements du
III⁰ siècle, construite elle-même sur un très vaste
édifice des temps républicains, tout à fait inconnu. Il
en est de même aux thermes de Constantin, que les
fouilles pour l'ouverture de la rue Nationale ont mis
à jour. Ils recouvrent les restes de la maison des
Avidii Quieti et des Claudii Claudiani, laquelle est
édifiée sur quelques chambres datant des premiers
Antonins, et sur une plus ancienne construction en
opera quadrata.

La première pensée serait d'accuser encore de ces
désordres les longs siècles du moyen âge; il y a
cependant des témoignages qui mettent en cause un
autre temps. La porte Saint-Laurent, par exemple,
qui est de l'époque d'Honorius et de l'année 403,
conserve à peu près son ancien niveau, tandis que
l'arc monumental des eaux Marcia, Tepula et Julia,
construit par Auguste cinq ans avant l'ère chrétienne,
et sur lequel Honorius appuya sa porte, se trouve de
nos jours tellement enterré que les hautes voitures
chargées de foin ne peuvent le franchir; on a constaté de plus, en creusant à l'issue, que la voie
publique avait été là rehaussée jusqu'à trois fois :

et l'inscription placée par Honorius témoigne qu'il a fallu, pour construire cette porte, opérer de grands déblais, *egestis immensis ruderibus*. On a quelque peine à comprendre comment une si grande modification du sol a pu s'accomplir pendant la période impériale, quand l'administration romaine était si attentive, et quand les constructions devaient être si durables. — Si le phénomène a commencé, au moins en quelques lieux, dès le début de l'empire, il a duré d'autre part jusqu'au temps de la renaissance. A partir du xv⁰ siècle, quand de tous côtés la ville nouvelle a grandi, on a constamment profité des parties abandonnées et désertes pour y faire porter les décombres tirés des lieux qu'on rebâtissait. Le forum, après avoir servi de carrière et de four à chaux pendant le moyen âge, a été dès le commencement du xvi⁰ siècle un vaste *immondezzaio*. Tout autour de la colonne de Phocas, on a trouvé, en déblayant la base, des débris accumulés depuis le xii⁰ jusqu'au xviii⁰ siècle. Ceux du siècle passé formaient une couche d'environ 17 pieds; l'antiquaire Nibby, qui mentionne ces détails en 1838, ajoute que le sol environnant se trouvait encore à 27 pieds au-dessus du niveau primitif. En résumé, on a calculé que l'exhaussement du sol avait été de 24 pieds au forum de Nerva, de 10 au forum de Trajan, de 12 dans la vallée où est situé l'arc de Constantin, etc.

Quel âge a été le plus funeste pour les monuments de Rome? Il serait difficile de répondre précisément à cette question. Pendant plusieurs siècles sans histoire, alors qu'une chétive population cachait à l'abri de ses glorieux murs son inertie et sa misère, elle a subi une lente décomposition qui a souillé et mutilé ses plus beaux édifices. Les périodes d'agitation et de guerre civile, qui n'ont pas été rares même pendant ces temps obscurs, ont dû lui être encore plus redoutables : la main de l'homme a certainement pesé sur elle plus que celle du temps. Elle a été singulièrement maltraitée au v siècle, pendant les invasions barbares ; au xi siècle, parmi les guerres entre le sacerdoce et l'empire ; au xiv siècle, alors que les pontifes étaient exilés de leur capitale, et que les guerres civiles, les rivalités féodales, les mouvements démocratiques, la peste, les inondations, les tremblements de terre y multipliaient les malheurs et en bannissaient tout bon ordre. Même les erreurs des époques bien différentes qu'animait un esprit nouveau lui sont devenues fatales. Les papes du xv siècle dépouillent et ruinent les monuments antiques pour construire leurs édifices ; Nicolas V met la main sans scrupule sur l'ancienne basilique de Saint-Pierre, sur le temple de Probus et bien d'autres monuments vénérables qui en dépendent. Le xvi siècle effacera presque toutes les peintures de la première Renaissance, et non pas toujours pour y substituer, comme au Vatican, les œuvres d'un Raphaël. Michel-Ange, voulant donner à la statue de Marc-Aurèle une solide base, enlèvera sans hésiter un morceau de frise a l'architrave des thermes de Titus.

II

Cependant la décadence monumentale de Rome pendant le moyen âge n'avait pu s'accomplir qu'au mépris de quelques-unes des plus anciennes et des plus profondes traditions romaines. Nous avons dit de quel respect religieux le droit italien primitif entourait la propriété publique ou privée, humaine ou divine. Dès l'origine, le mur et le fossé de la ville *augurée*, le *terme* entre deux champs, le pont si nécessaire en temps de paix et si dangereux en temps de guerre, le temple enfin, demeure des dieux, étaient presque également sacrés. C'est un penchant naturel aux hommes, c'est une pensée légitime si elle reste intelligente et élevée, de confondre avec leur foi religieuse la préoccupation de leurs plus graves intérêts; et dans les sociétés qu'ils forment, beaucoup de ces intérêts, matériels ou moraux, se rattachent aux édifices construits par leurs mains. Il n'en a pas été sous le christianisme autrement que dans l'antiquité, et le temple chrétien reçoit de la consécration du prêtre un divin caractère. A Rome, le gouvernement civil a continué, pour la protection des édifices publics, l'œuvre du droit religieux. Il serait facile de montrer, par une série de textes législatifs, que les empereurs ont apporté un grand zèle à la surveillance et à la conservation des monuments. Ces traditions ont pu s'affaiblir; mais le sentiment de l'antique majesté romaine, qui ne s'est jamais entièrement éteint, les a entretenues, et l'idée d'une Rome destinée à une gloire nouvelle les a ranimées. Le temps et le malheur même n'ont fait qu'affirmer toujours davantage cette puissance permanente et qui semblait indestructible. Les peuples barbares y rendaient hommage à leur manière, soit quand ils s'irritaient contre Rome et pensaient follement la détruire, soit lorsque, séduits eux-mêmes, ils enviaient le mérite de s'associer à sa grandeur, ou de la gouverner et de relever ses premières ruines.

Théodoric, roi des Goths, eut cette ambition. Les lettres de son ministre Cassiodore nous instruisent des soins intelligents qu'il prit et des sommes importantes qu'il destina pour l'entretien et la protection des monuments de Rome. Un magistrat spécial, comme jadis, fut chargé d'y veiller; l'architecte urbain dut exiger l'observation des règles techniques dans les constructions nouvelles; on reprit la fabrication officielle des briques, si abondante sous l'empire, et il n'est pas rare de retrouver les *mattoni* de Théodoric portant cette inscription : *Felix Roma.* Cassiodore exprime, avec une emphase qui est de son temps, une ardeur très respectable et très sincère; quand il rédige pour le préfet Symmaque l'ordre de quelques réparations au théâtre de Pompée, au palais des Césars, au cirque Maxime, au Colisée, il prend le langage de l'administrateur, mais aussi celui de l'archéologue et du moraliste. On dirait qu'il prend même celui du poète lorsque, dans son admiration peut-être superstitieuse et dans sa sollicitude pour les magnifiques statues de bronze, impuissant à les protéger comme il le voudrait, il exprime l'espoir que, si quelque téméraire y veut porter atteinte, elles retentiront sous les coups, et appelleront d'elles-mêmes contre les profanateurs un rapide châtiment.

La période carlovingienne, en montrant la dignité impériale restaurée avec éclat par le souverain pontife, consacra la double majesté de Rome moderne; cette période compte pour beaucoup dans l'histoire monumentale, soit par les travaux du pape Adrien Ier, qui répara les murs et les aqueducs, soit par le premier exemple connu du plus intelligent hommage qu'on pût rendre aux monuments antiques : le manuscrit d'Einsiedeln, qui date d'alors, contient le plus ancien recueil d'inscriptions, joint à une description de la ville où se montre un explorateur instruit en même temps qu'un pieux pèlerin.

Les rédacteurs des *Mirabilia* n'ont certes pas su concilier aussi bien la dignité des souvenirs avec la manifestation de leur foi religieuse. Ce petit livre, guide populaire des pèlerins, et qui a été si répandu pendant quatre cents ans, offre la parfaite image de la confusion et de l'abaissement général. Les légendes chrétiennes y enveloppent tellement les réminiscences classiques, et sont elles-mêmes ensuite si entièrement défigurées par l'ignorance commune qu'on en est réduit, toute notion précise s'étant évanouie, à se diriger d'après les apparences extérieures et sur de simples consonances n'offrant aucun sens déterminé. Le tombeau de Cecilia Metella prend le nom de *Capo di Bove* à cause des bucrânes sculptés à sa frise; les thermes de Caracalla, *Terme Antoniniane*, deviennent le monument d'Antignano; le cirque d'Alexandre Sévère, appelé, comme tous les cirques au moyen âge, *agón* ou *in agone*, c'est-à-dire lieu de combat, reçoit de là son nom actuel bien connu de place *Navone*. La tour qui servait, au bord du Tibre, un peu en amont du château Saint-Ange, aux paiements de l'*annone*, devient *Torrenona*, bien qu'il paraisse impossible de lui trouver dans quelque série que ce soit une neuvième place, — ou bien *Tor di Nona*, dénomination corrompue qui n'offre plus aucun sens.

La roche Tarpéienne continue pendant un long temps à être le lieu des supplices : c'est là que le bourreau tranche les têtes; on y arrive par les *scale della gran giustizia*; mais le souvenir d'un nom jadis si célèbre s'est effacé, et ce n'est plus pour le moyen âge que la montagne aux chèvres, *monte caprino*, de même que l'ancien forum n'est plus que la place aux bœufs, *campo vaccino*. L'arc de Titus est devenu, à cause de ses bas-reliefs mutilés qui n'ont pas cessé d'arrêter les regards, l'*arco delle sette lucerne*, l'arc aux sept lampes. Si le nom du palais de l'antique famille des *Laterani*, converti en basilique, s'est perpétué, on l'interprète d'une manière qui convient à l'abandon de ce lieu, voisin de la campagne romaine : *latere et rana!* L'*Arcus Nervae* est devenu l'*Arca di Noë*. — On ne peut nier cependant qu'au fond de leurs légendes, même les plus absurdes, il n'y eût un vif sentiment d'admiration pour un glorieux passé, qu'il leur manquait seulement de mieux connaître et de mieux comprendre. Lorsqu'ils imaginaient que les diverses provinces auxquelles Rome commandait se trouvaient représentées au Capitole par autant de statues dont chacune, portant une clochette au cou, tournait la tête si quelque révolte se produisait au loin, et avertissait du danger, il y avait dans cette conception, quelque puérile qu'elle puisse être, l'idée de l'ancienne domination s'étendant à beaucoup de peuples éloignés et divers. Quand ils essayaient de marquer dans quel temple avait eu lieu le meurtre de César, quand ils montraient Cybèle apparaissant à Agrippa pour lui ordonner de construire le Panthéon, quand ils refaisaient à leur manière l'histoire « d'Octavian empereur, de si grande beaulté et prospérité, vivant en paix et justice, et que le monde entier vouloit adorer... », quand ils rapportaient enfin la célèbre scène de la clémence de Trajan, — bien qu'ils s'appliquassent toujours à mettre chacune de ces légendes païennes en relation forcée avec quelque légende chrétienne, ce n'en étaient pas moins autant d'hommages sincères envers l'antiquité classique.

Pour trouver les premières traces d'une renaissance romaine offrant quelque originalité réelle, ce n'est pas encore le xie siècle qu'il faut interroger; en effet, lorsque le célèbre moine Didier, en 1066, fait construire l'église du Mont-Cassin, c'est à Constantinople qu'il demande des fondeurs en bronze, des mosaïstes, des orfèvres; il fait venir des artistes amalfitains, élèves des écoles byzantines, et des Lombards, habitués, comme le furent toujours ces Italiens du nord, à travailler la pierre. S'il vient à Rome, c'est seulement pour y faire acquisition de colonnes, de marbres sculptés, de chapiteaux, qu'il y rencontre tout faits et à bon compte, car toute la ville n'est qu'une vaste carrière où se débitent les débris des anciens monuments. Les Romains d'alors ne sont pas plus architectes que sculpteurs : ils habitent dans les ruines, qu'ils accommodent misérablement à leurs besoins.

Ce n'est qu'au début du xiie siècle qu'on voit poindre un mouvement nouveau, soit que les souvenirs de l'antiquité classique aient seulement sommeillé jusque-là, soit que Rome ait été ranimée par les influences qui s'exerçaient non loin d'elle, en Toscane ou bien dans le sud de l'Italie, d'où l'école du Mont-Cassin était restée en rapport avec l'empire d'Orient et les rois de Sicile. Peut-être l'art de la mosaïque ne s'était-il jamais, dans Rome, tout à fait perdu : il reparaît vers 1130 à Sainte-Françoise-Romaine et à Sainte-Marie du Transtévère. C'est aussi l'époque, de 1110 à 1120, où l'art du bronze, après avoir émigré longtemps à Constantinople, semble être de retour. Alors même se montrent d'élégantes œuvres du style gothique, ces campaniles à cinq ou six étages de colonnettes et d'arceaux, ces cloîtres aux légères colonnes incrustées de marbre, et dont quelques-uns ont échappé heureusement aux destructions du xvi⁰ siècle. Bien plus, toute une école d'artistes romains va inaugurer un art à peu près inconnu jusqu'alors et remplir de ses œuvres le centre de l'Italie. Au milieu de cette immense abondance de marbres précieux, dont les fragments jonchaient la terre, des familles d'artisans, en possession peut-être de certains droits d'exploitation, s'étaient facilement exercées à la sculpture avec mosaïques. La famille des Cosmati s'est fait en ce genre une brillante réputation, qui a duré jusqu'au commencement du xiv⁰ siècle. On peut établir leur généalogie authentique, grâce aux signatures gravées sur leurs ouvrages à Subiaco, Anagni, Cività Castellana et Rome [1]. Dans Rome même, on doit à Laurent les deux ambons de l'église d'*Ara Cæli*, à Cosme le léger édifice de la chapelle *Sancta Sanctorum*, du xiii⁰ siècle, reste unique de l'ancien palais des papes à Saint-Jean de Latran; à Jean son fils, contemporain de Boniface VIII, le tombeau de Guillaume Durand, évêque de Mende, dans l'église de la

---

1. *Jacobus Laurentii, Jacobus cum Cosma filio suo, Johannes filius Cosmati,* etc.

Minerve, et peut-être le cloître de la basilique de Saint-Paul hors les Murs. Rome a conservé de ces intelligents artistes beaucoup d'autres œuvres encore : les belles sépultures des Savelli à l'*Ara Cæli*, l'élégant *ciborium* de Sainte-Marie in Cosmedin, des pavages d'églises, des candélabres, des tabernacles. Tout visiteur se rappelle quel agréable contraste ces restes délicats de l'art du moyen âge présentent entre les majestueuses ruines antiques et les fastueux édifices de la seconde renaissance. Toutefois, à la vue de la prodigieuse quantité de fragments précieux employés pour ces différents ouvrages, on est obsédé de la pensée du pillage impitoyable et permanent qui s'est fait des édifices classiques : c'est en parcelles qu'ont été réduits les riches matériaux de l'ancienne Rome, quand on ne les a pas entièrement détruits dans les fours à chaux. Et ce moyen âge romain sera lui-même impitoyablement poursuivi et ravagé par les grands artistes du xvie siècle, puis par leurs fastueux disciples des époques suivantes.

Pendant que les Cosmati donnaient naissance à une première école moderne d'artistes romains, que devenait le soin des monuments antiques? On ne saurait méconnaître l'importance du décret émis par le sénat, le 27 mars 1162, en faveur de la conservation de la colonne Trajane. Il est vrai que, par ce même acte, on confirmait aux religieuses de Saint-Cyriaque la possession de cette colonne, et l'on peut bien croire que le Sénat avait pour principal but de sauvegarder une simple propriété de couvent. Cela n'empêche pas qu'il n'y eût dans le décret quelques expressions générales de respect : l'honneur de

l'église et de tout le peuple romain était intéressé,
disait-on, à ce que la colonne Trajane demeurât
intacte jusqu'à la fin du monde : *est ad honorem ipsius
Ecclesiæ et totius populi romani integra et incorrupta
permaneat dum mundus durat*; et l'on menaçait de la
confiscation ou même du dernier supplice quiconque
y porterait atteinte. La colonne de Marc-Aurèle était
de même la propriété des religieux de San Silvestro
in capite, et l'on menaçait aussi de l'anathème tout
violateur de leur droit.

Encore à la fin du XIIIᵉ siècle, Dante nous est témoin
que les grands esprits eux-mêmes ne savaient ni comprendre ni remarquer les grands monuments de
l'antiquité classique. Il en avait pourtant vu beaucoup dans ses voyages au delà des Alpes, et en particulier dans le midi de la France; à peine mentionne-
t-il les sépultures d'Arles et de Pola. Pas un mot sur
le célèbre amphithéâtre de cette ville de Vérone où
il avait vécu exilé. Pour ce qui est de Rome, il a bien
décrit en quelques vers de quelle stupeur les Barbares, au premier aspect de sa grandeur imposante,
avaient dû être saisis; mais c'est tout au plus si la
vue de ses merveilles lui inspire une allusion à ce
bas-relief auquel se rattache la célèbre légende de la
clémence de Trajan. Il a fait quelques mentions de
la *pigna* du Vatican, du pont Saint-Pierre, du Monte
Malo (aujourd'hui le Monte Mario), du Latran, du
Vatican; mais comment comprendre que la majesté
des grandes ruines ait été comme inaperçue pour lui?
— Quant à Pétrarque, certes il a déployé un zèle
méritoire à la recherche des manuscrits de l'antiquité, il a recueilli avec un soin très louable cette
collection de médailles des empereurs qu'il offrit en

présent à Charles IV; il a écrit en l'honneur de Rome et de ses souvenirs plusieurs de ses lettres, et notamment celle à Jean Colonna de San Vito, bien souvent citée. On peut dire cependant que sa science de l'histoire romaine est apprise, non sur les monuments, mais dans les livres, et que sa science archéologique et topographique est presque entièrement puisée dans les *Mirabilia*. C'est là que Dante a pris son souvenir de Trajan; c'est de là que Pétrarque emprunte des confusions et des erreurs traditionnelles peu dignes de lui. Il croit, avec le vulgaire, que la colonne dédiée à Trajan est le tombeau de cet empereur, et la pyramide de Cestius celui de Rémus, quand les inscriptions de l'un et l'autre monument l'auraient si facilement instruit. Il appelle les thermes de Caracalla *Palatium Antonini*, le monument de l'eau Julia *Cimbrum Marii*; le Panthéon d'Agrippa temple de Cybèle : on reconnaît les désignations arbitraires que les *Mirabilia* ont mises en usage, et que banniront les premières lumières d'une critique nouvelle. Dante et surtout Pétrarque avaient aidé au progrès littéraire et critique, mais sans en recueillir pour eux-mêmes les premiers résultats [1].

Ce fut un très célèbre contemporain et ami de Pétrarque, ce fut le tribun Rienzi, qui, exalté au souvenir de l'ancienne république, et méditant dans son âme inquiète de la faire revivre, sut distinguer de quel secours les témoignages des monuments appuieraient ses évocations populaires. Sincèrement épris

---

1. Voir le tome premier (le seul qui ait paru) de la Correspondance familière de Pétrarque, publié par J. Fracassetti en 1859, pages 301-316, et le *Bulletin de l'Institut archéologique de Rome*, 1871, pages 1 et suivantes.

de cette étude pour elle-même, il s'appliquait tout le
jour, dit son biographe, à interpréter le marbre et la
pierre ; il était seul, paraît-il, à savoir comprendre
les inscriptions : *non era altri che sapesse legere li
antichi pataffi*. On sait quel usage il fit de sa science
incomplète, et comment il se servit pour ses desseins
d'une des plus célèbres inscriptions, la Loi royale,
retrouvée par lui sur une plaque de bronze que Boniface VIII avait encastrée dans l'autel de Saint-Jean
de Latran. M. de Rossi a démontré qu'il fut l'auteur
de ce recueil épigraphique qu'on avait cru devoir
attribuer à Nicolas Signorili, secrétaire du sénat de
Rome au commencement du xv⁰ siècle. Par un si
intéressant travail, Rienzi s'est rendu maître d'une
nomenclature toute nouvelle, bien plus authentique
et plus voisine de la réalité que celle des *Mirabilia* ;
il a enseigné à ses contemporains que les débris de
l'antiquité parlaient d'eux-mêmes et qu'il fallait en
étudier le langage ; il s'est placé en un mot à la tête
d'un mouvement de saine érudition qui allait occuper
une grande place dans la rénovation intellectuelle, et
transformer ou plutôt créer l'étude attentive et res-
pectueuse des anciens monuments.

Le xiv⁰ siècle a été dans le centre de l'Italie un
temps de continuelle anarchie politique et civile.
C'est pourtant dès le début de cette période que se
montre dans Rome un sérieux progrès des arts
auxiliaires de l'architecture. Giotto y est venu de
1298 à 1300. Sa célèbre mosaïque de la *Navicella*,
après avoir orné l'atrium de l'ancienne basilique de
Saint-Pierre, est tellement transformée aujourd'hui
par les restaurations successives qu'on n'y peut
apprécier de l'artiste que le dessin général ; mais on

peut admirer dans l'archive capitulaire ses belles miniatures du manuscrit de la *Vie de saint Georges*, et dans la sacristie, à côté de quelques œuvres de Melozzo da Forli, sept fragments de peintures qu'il avait préparées pour le maître autel. Le même cardinal Jacopo Stefaneschi, vrai Mécène romain, qui lui avait commandé ces différents ouvrages, lui fit exécuter aussi, dans l'église de Saint-Georges au Vélabre, des fresques qui ont entièrement péri. De celles qu'il exécuta à Saint-Jean de Latran, il ne reste dans cette basilique qu'un seul fragment sur un pilastre : le portrait du pape Boniface VIII [1]. Il n'en est pas moins évident que Giotto a beaucoup travaillé dans Rome et qu'il y a exercé une remarquable influence, attestée par toute une école. De cette école on retrouvait il y a quelques mois d'intéressantes peintures dans l'abside de Saint-Sixte le Vieux, sur la voie Appienne, et on en retrouvera d'autres encore à mesure qu'on fera disparaître çà et là le badigeon moderne. Jean, l'un des Cosmati, en fut membre; mais le plus célèbre disciple de Giotto à Rome fut Pietro Cavallini, le seul artiste que l'histoire de la peinture romaine puisse enregistrer pendant le XIVᵉ siècle, alors que la gloire du maître florentin est continuée dans le reste de l'Italie par Taddeo Gaddi, Orcagna, Simon Memmi et tant d'autres. Vasari énumère beaucoup d'œuvres de Cavallini, à Rome, à Assise, à Orvieto; il raconte qu'il avait conquis l'admiration générale, que ses crucifix et ses vierges opéraient des miracles; malheureusement il ne cite

---

1. V. *Mélanges d'archéologie et d'histoire de l'École de Rome*, t. 1, p. 111; Muntz, *Étude sur l'histoire des arts à Rome au moyen âge*; Boniface VIII et Giotto.

à ce propos aucun témoignage authentique, et nous ne savons sûrement de Cavallini que deux choses : il travaillait à Naples en décembre 1308, au service du roi Robert, et M. de Rossi a retrouvé son monogramme sur la mosaïque inférieure de l'abside de Sainte-Marie du Transtévère.

En vain le retour de Grégoire XI en 1377, grâce aux instances de Pétrarque, de Catherine de Sienne et de la population romaine, avait-il mis fin à la « captivité de Babylone »; l'anarchie n'en continuait pas moins dans Rome et dans l'église. Les prétentions armées des antipapes, les agitations populaires créées par les hérésies, les oppositions des conciles font encore des dernières années du xive et des premières du xve siècle une période profondément troublée. La double énergie de la renaissance, qui ranima alors le respect de l'antiquité et en même temps excita un art vraiment moderne, n'en est que plus remarquable. — C'est du commencement du xve siècle du pontificat de Martin V qu'il faut faire dater les plus grands efforts de la cour de Rome pour s'associer à ce mouvement.

III

Qu'à travers tant de vicissitudes il y ait eu cependant à Rome une féconde activité artistique au moyen âge, c'est ce qu'attestent tant de monuments intéressants et charmants échappés à une fureur de destruction dont il faut bien faire remonter le premier tort à la renaissance, bien que le xviie et le xviiie siècle soient certainement les grands coupables. On reconnaîtra sans doute de plus en plus dans cet art italien du moyen âge une influence d'au delà des Alpes. Si depuis le XIVᵉ siècle Rome attire ses artistes de l'Ombrie, de la Toscane, de Naples, c'est pour les faire siens par sa puissante influence. Ils contemplent ses arcs de triomphe, ses colonnes, ses sarcophages; ils se trouvent par elle face à face avec l'antiquité, et sortent de ce commerce agrandis et transformés. Raphaël n'étudiera pas seulement les peintures des thermes de Titus; en mesurant une à une les principales ruines, il se pénétrera de l'incomparable grandeur de Rome, et il exécutera ces fresques souveraines du Vatican, où la force du génie esthétique égale la hauteur de la conception. Michel-Ange n'eût pas trouvé ailleurs l'inspiration du *Moïse*, celle du plafond de la Sixtine et de la coupole de Saint-Pierre. De telles œuvres ont été l'expression la plus intense et la plus élevée du mouvement général de la renaissance italienne. Toute une école romaine venue à la suite sera marquée au sceau du grand goût, de l'ampleur et de la dignité.

Le pape Martin V (1417-1431) était Romain et Colonna : double motif pour que, après les discordes à peine suspendues où sa famille et lui-même avaient été si cruellement mêlés, il résolût de ramener un peu d'ordre, quelque repos et quelque paisible activité dans Rome. Il rétablit tout d'abord, par une bulle restée célèbre, cette ancienne magistrature des *magistri viarum, pontium, ædificiorum*, etc., dont il serait si intéressant de pouvoir reconstruire le passé. Il décrivait lui-même avec énergie, pour motiver ce rétablissement, l'abandon et l'anarchie de Rome : les statues brisées jonchaient la terre, destinées à faire

de la chaux, ou bien servant de bornes dans les rues
et de marchepieds pour monter à cheval; les plus
beaux des monuments antiques étaient envahis et
dégradés par une populace qui y installait sans scrupule ses pauvres et sales demeures, ses boutiques,
ses écuries, ses hangars, ses étables. Les grands
n'étaient pas beaucoup plus retenus; ils y construi-
saient leurs magasins et leurs celliers en même temps
que leurs forteresses. Cependant beaucoup d'édifices
chrétiens dans Rome étaient déjà en possession d'une
antiquité relative qui avait ses droits; le pape y
ordonna des réparations de détail, et saisit l'occasion
pour prodiguer de sérieux encouragements aux
diverses branches des beaux-arts. Il aimait en particulier la basilique de Saint-Jean de Latran, où subsiste un pavage en mosaïque qui date de lui; ce fut
justice que dans cette même basilique fût placé son
tombeau en bronze, œuvre de ce Simon désigné à
tort par Vasari comme frère de Donatello. Il appela
pour ces travaux, à défaut d'artistes romains, quelques-uns de ces habiles maîtres qui faisaient alors la
gloire de Florence, de Sienne ou de l'Ombrie. Il
employa ainsi Gentile da Fabriano et Vittore Pisa-
nello; il acheta de Rogier van der Weyden le célèbre
petit tableau d'autel qui se trouve aujourd'hui au
musée de Berlin. Masaccio trouva en lui un zélé bien-
faiteur, mais seulement sans doute après être devenu
déjà célèbre par ses peintures de la chapelle des
Brancacci au *Carmine* de Florence. Les documents
d'archives paraissent en effet démontrer que ce grand
artiste, contrairement au témoignage de Vasari, n'a
quitté Florence que dans ses dernières années, et
qu'arrivé à Rome, il y est mort en 1428 ou au plus

tard en 1429. Aussi quelques-uns des meilleurs juges n'admettent-ils pas qu'il ait pu composer après de si belles œuvres les peintures de l'église Saint-Clément à Rome, représentant des scènes de la vie de sainte Catherine, peintures intéressantes à coup sûr par leur cachet florentin, si aimable à rencontrer parmi les œuvres romaines, mais inférieures, pense-t-on, à ce que le maître devait donner alors, et pour lesquelles il semble d'ailleurs que le temps aurait dû lui manquer [1].

C'est toujours un sujet d'admiration pour l'historien de voir à la fin du moyen âge les arts et les lettres prospérer dans les divers états de l'Italie, alors même que ces états se trouvaient en proie aux guerres civiles et étrangères, tant devenaient irrésistibles et féconds l'essor intellectuel, le sentiment esthétique, l'ardeur de civilisation qui, sous l'empire d'un merveilleux concours d'influences lointaines et profondes, allaient animer cette contrée privilégiée. Il en fut ainsi pour Rome pendant le xve siècle. Eugène IV, qui eut après Martin V un pontificat de seize années politiquement très agitées, de 1431 à 1447, était un homme d'esprit et de goût, qui entretenait de fréquents rapports avec les principaux humanistes, le Pogge, Léonard d'Arezzo, Aurispa, Flavio Biondo, George de Trébizonde, Cyriaque d'Ancône. A son instigation et par ses conseils, tout au moins avec ses encouragements et son approbation, plusieurs d'entre eux adoptèrent Rome elle-même, son passé, ses ruines, l'état présent de ses édifices,

1. *Des œuvres et de la manière de Masaccio*, par M. Henri Delaborde, brochure in-8°, 1876.

pour sujets de leurs études spéciales. Il y avait du reste
un mouvement déclaré en ce sens. Nous avons nommé
Rienzi; peu d'années après lui, en 1375, un médecin
padouan, Giovanni Dondi, visitait Rome, et ses notes,
qui subsistent dans un manuscrit de la bibliothèque
de Saint-Marc, à Venise[1], sont d'un voyageur intelligent et sérieux. Il n'est pas exempt des confusions
et des erreurs familières à son époque; mais il
réagit par un soin habituel d'exactitude et de critique.
Quand il décrit un monument, il en donne les
dimensions, il en compte les colonnes, il en copie de
son mieux les inscriptions. En 1407, Brunellesco et
Donatello prennent de même les mesures des thermes,
des cirques, des temples, des basiliques. Le Pogge,
écrivain pontifical depuis 1402, et qui le resta
pendant huit pontificats, compose, lui aussi, sous
Martin V, une précieuse description de Rome, —
Eugène VI protégera de même Flavio Biondo, qu'on
peut appeler l'un des créateurs de la science archéologique, car il s'appliqua l'un des premiers à la
comparaison des monuments et des textes. Son livre,
intitulé *Roma instaurata*, qu'il dédia en 1447 au
pontife, est d'un grand intérêt, parce qu'il offre
pour la première fois une étude topographique et un
essai de restitution critique. A peine retrouve-t-on
chez lui, à propos des sanctuaires chrétiens, quelques
traits empruntés aux *Mirabilia*, avec lesquels son
ouvrage n'a d'ailleurs aucun rapport. Il devait publier
quelques années plus tard une utile description de
l'Italie, *Italia illustrata*, d'après l'ancienne division

---

1. XIV, 223, et non 233, comme dit le *Corpus* de Berlin,
t. VI.

on régions, puis un dernier ouvrage, *Roma triumphans*, où il esquissait avec une variété de connaissances remarquable pour son temps ce que nous appellerions aujourd'hui un traité d'antiquités romaines. — Cyriaque d'Ancône s'appliquait aussi au dessin scientifique des édifices de Rome. — Bernardo Ruccellai, l'illustre Florentin, beau-frère de Laurent de Médicis, donnait dans son principal ouvrage, *De urbe Roma*, l'exemple d'une critique et d'une précision élégante qui peuvent sembler aujourd'hui toutes modernes. — Pomponius Lætus enfin, épris de Rome et de ses antiquités, célébrait avec les savants membres de son académie, dans sa petite maison du Janicule, la fête des *Palilia*, jour anniversaire de la fondation de la ville éternelle. — Il était évident que Rome, voilée et méconnue pendant tant de siècles, retrouvait peu à peu un prestige accru et transformé, inspirant le respect par ses ruines, et, par sa parure chrétienne du moyen âge, exerçant un nouvel attrait. Le bruit se répandit un jour, pendant la seconde moitié de ce xve siècle, qu'on avait retrouvé sur la voie Appienne un sarcophage antique où était ensevelie Tullie, fille de Cicéron ; le corps, demeuré intact, répandait, assurait-on, une odeur embaumée, il brillait d'une douce lueur, il respirait en dépit du temps dans la mort — ou dans le sommeil — la fraîcheur de la jeunesse. La foule émerveillée se pressa vers ce spectacle, et l'esprit public ne manqua pas d'y voir un symbole de l'antiquité classique ou de Rome même, comme rafraîchie dans son apparent repos et annonçant son prochain réveil.

Eugène IV seconda ces tendances nouvelles : il encouragea les recherches des humanistes et des antiquaires, et en même temps il appela autour de lui d'habiles artistes.

On doit à Eugène IV, pour ce qui concerne les monuments antiques, un double travail très méritoire. Ce fut en premier lieu une intelligente restauration du Panthéon. L'admirable coupole, ébranlée par les tremblements de terre, fut consolidée ; ses majestueuses colonnes furent délivrées des misérables habitations qui s'y appuyaient, et ses abords furent dégagés. On trouva dans le sol, à cette occasion, d'abord la grande urne de porphyre qui resta si longtemps en face de la principale entrée, et qui sert maintenant au tombeau de Clément XII à Saint-Jean de Latran, puis un des deux lions que Sixte-Quint fit placer à sa fontaine de l'*Acqua Felice*, et enfin des débris en bronze, un morceau d'une tête d'Agrippa, une jambe de cheval et un fragment de roue, ce qui fit soupçonner, dit Flaminio Vacca dans ses intéressants souvenirs de fouilles, écrits à la fin du XVIᵉ siècle, qu'au fronton de la *Rotonda* on voyait jadis Agrippa triomphant sur un char de bronze, avec des lions aux deux angles. — Eugène IV chercha en outre à soustraire le Colisée aux injures de la multitude, en l'enfermant dans une même enceinte avec le couvent de Sainte-Françoise-Romaine ; mais après sa mort, les Romains jetèrent bas les murs, et le Colisée redevint un lieu public exposé à toutes les profanations.

Il est d'ailleurs très vraisemblable que ce pape s'est occupé plus volontiers encore des églises et des basiliques que des monuments anciens. Son principal effort fut pour Saint-Pierre. Cette basilique vénérable entre toutes comptait déjà une réelle antiquité ; elle avait déjà son histoire, que Maffeo Vegio et plus tard l'archiviste Grimaldi devaient écrire[1]. Fondée par Constantin sur l'un des côtés du cirque Néron, elle avait envahi peu à peu plusieurs sanctuaires voisins, et était devenue l'objet des soins de plusieurs papes. La première renaissance, avec des artistes tels que Mino da Fiesole, allait y compter de belles œuvres. Une des plus intéressantes, sinon des plus remarquables au point vue de l'art, fut la porte de bronze par laquelle Eugène IV voulut remplacer l'ancienne porte ornée d'argent que les anciens papes avaient consacrée, mais que le temps et les rapines avaient ruinée.

C'est après avoir vu la célèbre porte de Ghiberti à Florence que le pape commanda cet ouvrage à un autre artiste florentin, Antonio Filarete; mise en place le 26 juin 1445, elle forme encore aujourd'hui l'entrée principale, au prix de quelques additions ordonnées par Paul V Borghèse en 1619 pour l'ajuster aux dimensions de l'église moderne. Vasari a beaucoup médit à ce sujet; mais s'il connaît l'auteur de la porte de bronze, pour avoir souvent consulté ou copié ses livres sur l'architecture, il connaît bien mal cette œuvre-ci, car il fait d'étranges erreurs en la décrivant; son nouvel éditeur, le savant M. Gaetano Milanesi, proteste avec raison contre son jugement tout au moins peu réfléchi. Comme œuvre d'art, la porte de bronze de Saint-Pierre reste assurément à une grande distance de son modèle, cela n'est pas douteux; mais elle n'en offre pas moins un sérieux

1. Nous renvoyons pour tout ceci aux trois volumes de M. E. Muntz, t. IV, IX et XXVIII de la bibliothèque des Écoles de Rome et d'Athènes, *Les arts à la cour des Papes*.

intérêt. D'abord elle témoigne d'une façon éclatante que les Italiens, après avoir perdu l'art du bronze, l'avaient entièrement retrouvé. L'antiquité leur avait laissé en ce genre de beaux modèles, tels que la majestueuse porte du Panthéon, avec ses deux grands pilastres et ses clous richement ornés, la porte de l'église des Saints-Cosme-et-Damien, celle de Saint-Jean de Latran, jadis placée, dit-on, à l'église de Saint-Adrien du forum , et que quelques-uns croient avoir appartenu à la basilique Émilienne. Pendant la seconde moitié du XIe siècle, les églises d'Amalfi, du Mont-Cassin, du mont Saint-Ange au Gargano, obtiennent de la libéralité d'une riche et pieuse famille amalfitaine des portes de bronze, mais qui sont fabriquées à Constantinople. C'est de là aussi et des mêmes donateurs qu'est venue, en 1070, celle de Saint-Paul hors les Murs, près de Rome, dont les cadres gravés, munis primitivement d'argent et d'or, représentent les Apôtres, les Prophètes et la Vie du Christ. Atteinte par le célèbre incendie de 1823, elle est conservée aujourd'hui dans les magasins de la basilique. La porte de bronze de l'église de Salerne, de 1084, est encore de fabrication byzantine; mais, dès le commencement du XIIe siècle, à Canosa dans la terre de Bari, à Saint-Marc de Venise, et puis à Troia, à Trani, à Ravello, à Monréal, à Bénévent, à Vérone[1], de nouvelles portes de bronze sont dues à des artistes italiens, Roger d'Amalfi, Oderisius de Bénévent, maître Barisanus de Trani. Parfois encore imitateurs.

---

1. On peut voir des reproductions figurées de la plupart de ces œuvres d'art dans le savant ouvrage de Schultz, *Denkmaeler der kunst des Mittelalters in unter Italien*, in-quarto et in-folio, 1860.

serviles et maladroits des artistes de Constantinople, ils redeviennent bientôt indépendants ou même originaux.

La porte de bronze de Saint-Pierre offre encore un autre intérêt par ses représentations savantes, où l'on reconnaît un siècle d'effort littéraire et d'érudition. Il y a là plusieurs énigmes dont la solution pourrait bien avoir une certaine importance au point de vue de l'histoire littéraire du xve siècle, mais qui resteront sans doute inexpliquées jusqu'à ce que les archives nous rendent quelque manuscrit de l'auteur traduisant ses propres vues. Pour tout dire, cet ouvrage du xve siècle est fort peu connu, bien qu'il mérite de l'être. Qu'on nous permette d'y insister, ne serait-ce que pour montrer par un seul exemple combien de problèmes se présentent à chaque pas dans Rome pour l'observateur attentif, et particulièrement pour l'historien de la renaissance.

Il y a, sur la porte de bronze de Saint-Pierre, sans compter la riche bordure entourant chacun des deux vantaux, quatre grands cadres, deux petits, et quatre bandes dans les intervalles. En haut, le Sauveur d'un côté et la Vierge de l'autre, assis sur des trônes. Au-dessous, saint Paul tenant le glaive et ayant à ses pieds le vase mystique, le « vase d'élection », d'où sort la fleur où se pose la colombe; en regard, saint Pierre debout, qui remet les clefs au pape agenouillé. — Un premier trait peu remarqué, et que Pistolesi par exemple, dans son grand ouvrage en huit volumes in-folio sur Saint-Pierre et le Vatican, passe entièrement sous silence, bien qu'il ait son intérêt spécial, c'est que chacun des deux derniers sujets est entouré en partie par une bande portant des

caractères orientaux. Il y en a de pareils aux nimbes
des deux apôtres. Comment concevoir ici des inscriptions arabes, et comment faut-il les interpréter? —
La réponse est facile : ces caractères n'offrent aucun
sens par eux-mêmes; on a simplement ici un exemple
de ce motif de décoration que l'art de l'Occident
aimait alors à emprunter aux œuvres orientales ou
siciliennes : on se rappelle, dans les peintures de la
même époque, les vêtements de madone aux franges
pareillement ornées de caractères arabes, sans nulle
signification littérale.

La partie inférieure a d'abord deux grandes scènes
avec beaucoup de personnages. D'un côté, le jugement de saint Paul, citoyen romain, son supplice en
cette qualité par le glaive, et son apparition à Plau-
tilla : il lui rend le voile que, suivant la légende, il
a reçu d'elle pour se couvrir les yeux au dernier
moment. Sur la lisière d'un bois, un lion dévore un
chevreuil, symbole assez fréquent du martyre. En
face du supplice de saint Paul l'artiste a placé le
supplice de saint Pierre. Une troupe armée emmène
l'apôtre, les mains liées, en présence de l'empereur,
au bruit des trompettes, et on l'attache sur la croix,
la tête en bas. Le plus intéressant ici est la manière
dont l'auteur a voulu faire entendre quel fut le lieu
de la scène. Il l'a désigné par plusieurs monuments.
Le premier, à droite du spectateur, est une petite
pyramide, très ornée, et qui porte encore des traces
d'or et de pâtes de couleur. Un peu à gauche, on
voit un grand arbre, puis un édifice circulaire sur
une large base carrée, avec des colonnes et plusieurs
étages; et enfin une pyramide plus haute que la
première, et à laquelle est adossée une déesse de

Rome, tenant de la main gauche une statuette de
Pallas. — Nous reconnaissons facilement que l'artiste a voulu représenter par l'édifice circulaire le
château Saint-Ange, non pas tel qu'on le voyait en
1445, car il lui donne une forme très différente de
celle que reproduisent d'autres œuvres contemporaines : évidemment c'est l'ancien tombeau d'Adrien
qu'il a entendu nous montrer, sans nul respect de la
chronologie. L'arbre, c'est le célèbre térébinthe
auprès duquel la tradition prétend que le supplice a
eu lieu ; les souvenirs effacés du moyen âge l'ont
quelquefois transformé en un monument ainsi
désigné. Quant aux deux pyramides, l'artiste reproduit sans nul doute deux tombeaux anciens, qui
subsistaient, quoique ruinés, de son temps. L'un
nous est assez bien connu : c'est celui qu'on appela
au moyen âge tantôt le tombeau de Scipion l'Afri-
cain, tantôt le tombeau ou bien la *Meta* de Romulus.
Dès le vii⁰ siècle, un pape l'avait dépouillé de ses
marbres pour en orner le parvis de la basilique ;
Alexandre VI le fit à peu près entièrement disparaître.
Nul doute que Filarete n'ait eu l'intention de représenter ainsi ce qu'il croyait correspondre aux deux
metae du cirque de Néron, entre lesquelles la tradition
plaçait l'épisode du martyre ; le tébérinthe était de
même imposé par la légende ; quant au château
Saint-Ange, il aura été ajouté comme étant l'édifice
le plus connu pour désigner aux hommes du xv⁰ siècle
la partie de la ville où il fallait chercher le lieu de la
scène. — C'est d'ailleurs un problème difficile que de
savoir quel a été l'endroit du supplice de saint Pierre ;
une des solutions les moins probables paraît être
celle qui choisit le Janicule et particulièrement ce

lieu, voisin de l'église Saint-Pierre *in Montorio*, où s'élève l'élégant édicule de Bramante. Saint Pierre n'étant pas citoyen romain, ne devait pas être mis à mort dans l'enceinte de Rome; or le Janicule faisait depuis longtemps partie de la ville. Bien entendu, c'est cette solution invraisemblable qu'ont adoptée les guides à Rome; ils montrent le lieu précis où, suivant eux, la croix était fixée. — Ajoutons que la mauvaise interprétation des mots *inter duas metas* devait être admise depuis longtemps, puisque, cent cinquante années avant Filarete, Giotto l'adoptait déjà : sur la peinture, provenant de la *confession* de l'ancienne basilique, que l'on peut voir dans la sacristie actuelle, il représente pour la même scène précisément les mêmes édifices.

Aux souvenirs des temps apostoliques succèdent, dans les quatre bandes entre les cadres inférieurs, des épisodes d'histoire contemporaine, ceux qui ont illustré le pontificat d'Eugène IV. L'empereur d'Orient, Jean Paléologue, arrive à Ferrare, où le concile de Bâle s'est transporté; l'union des deux églises est proclamée à Florence; l'empereur Sigismond est couronné à Rome des mains du pape; les Jacobites éthiopiens, par leurs ambassadeurs, viennent faire union avec l'Église romaine, etc. Nul doute qu'il ne puisse y avoir un grand profit pour l'antiquaire et l'historien à observer attentivement les attitudes et les costumes de tous ces divers personnages.

Ce n'est pas tout. Aux rinceaux élégants qui forment l'encadrement de toute l'œuvre sont mêlés de petits sujets qui témoignent de l'érudition toute classique de cette époque. La mythologie, les fables d'Ésope, les *Métamorphoses* d'Ovide, l'histoire romaine, en sont les principales sources. Léda, Ganymède, Io, les travaux d'Hercule, Romulus et Rémus avec la louve, l'enlèvement des Sabines, Clélie, Adam et Ève, tout cela, figuré avec un talent très inférieur assurément à celui de Ghiberti, atteste du moins une grande abondance de souvenirs et une imagination facile. On a conjecturé que ces entourages, offrant des représentations païennes pour la plupart, devaient être quelque débris antique, réuni après coup à l'œuvre de Filarete. Rien de moins vraisemblable : l'unité du travail paraît évidente. Bien plutôt retrouverait-on, si l'on savait expliquer toutes ces petites scènes, certaines curieuses influences de la littérature romanesque ou morale de ce moyen âge romain, que l'on commence seulement de nos jours à bien étudier.

Un dernier trait peu connu, tout spontané et naïf, fera pardonner à l'auteur de la porte de bronze son érudition un peu pédante. Entrez dans la basilique, et, par derrière la porte, au coin le plus obscur, tout en bas à droite, cherchez une petite bande de bronze avec un sujet en bas-relief, ce que Vasari appelle *una storietta di bronzo*. C'est la signature de l'artiste. Deux personnages, aux deux extrémités de cette sorte de frise, sont montés l'un sur un cheval ou un mulet, l'autre sur un dromadaire[1]; rien n'indique s'il faut y voir Antonio et son collaborateur Simon

---

1. Au-dessous de la première monture, il y a un mot mutilé que je ne puis lire : *apo...ci* ou *capo...ci*. Sous l'autre il y a le mot *Dromendarius*. Pourquoi l'inscrire ici? Cet animal était-il encore peu connu dans Rome, ou bien y a-t-il quelque allusion cachée?

Ghini. Entre eux se placent, reliés par une danse joyeuse, et les mains dans les mains, sept vigoureux compagnons : Antonio paraît être celui qui mène le chœur : il tient un compas; on lit au-dessous de ce personnage cette inscription : *Antonius et discipuli mei*. Une devise latine domine toute la scène : *Ceteris opere pretium fastus summusve mihi*, ce qui paraîtrait signifier : « L'argent pour les autres, l'honneur pour moi! » Si tel est le sens, voici comment nous interprétons la scène : content d'avoir terminé, Antonio chevauche et se promène avec les siens dans la campagne. Son langage est fier à l'égard des hommes, mais son humilité est profonde et sincère devant Dieu : il a pris pour lui la dernière place, à l'intérieur du temple, dans la poussière et dans l'ombre, presque sous les pieds du premier venu [1].

Quels qu'aient été les mérites de Martin V et d'Eugène IV envers Rome monumentale, c'est assurément Nicolas V (1447-1455) qui a été, parmi les papes, le premier vrai représentant de la Renaissance, soit par la considérable série de ses entreprises, soit par la grandeur de ses conceptions et la

---

1. Pistolesi lit tout autrement l'inscription : il croit qu'il y a *Ceteris opere pretium fastus fumusque mihi*, et il voit dans ces paroles un témoignage du dépit de l'auteur, dont l'œuvre n'aurait pas réussi. Il y a à répondre d'abord que l'avant-dernier mot *ve* est très lisible, et que le mot précédent, effacé en partie, paraît bien avoir eu six lettres. De plus, cette interprétation ne cadre certainement pas avec ce qui est représenté : l'auteur et ses élèves sont en danse et en fête. Antonio est si peu mécontent de son travail qu'il a mis son portrait et par deux fois son nom sur la façade même, en pleine lumière. L'auteur de l'article *Averulino*, dans le *Künstler-Lexicon* de Meyer, lit : *Ceteris opere pretium fastus fumusve, mihi Hilaritas*. Je n'ai pas vu trace de ce dernier mot.

hauteur de ses vues. M. Müntz a dépeint en d'excellentes pages l'ardeur incomparable de ce pontife. « On le voit occupé sans cesse, dit-il, à prodiguer ses faveurs à presque toutes les branches de l'art. En même temps que ses constructions s'élèvent avec une rapidité vertigineuse, il réunit et dresse une véritable armée de peintres, de verriers, de calligraphes, d'enlumineurs, d'orfèvres, de brodeurs. Il installe à Rome un atelier de tapisseries; il envoie dans les différentes parties de l'Europe des agents chargés de lui rapporter ce qu'ils trouveront de rare ou de précieux en tout genre... Un mélange de rares qualités fait de lui la personnification la plus complète de la Renaissance sur le trône pontifical. Son amour pour la littérature classique, les sacrifices immenses qu'il s'imposa pour créer au Vatican une bibliothèque sans rivale; dans un autre ordre d'idées, la reconstruction de la basilique de Saint-Pierre et du palais du Vatican, ses projets grandioses pour la transformation de la ville éternelle, de ses rues et de ses places, sont autant de titres qui lui assignent le premier rang parmi les protecteurs des arts et de l'humanisme. Il a été donné à d'autres de laisser des traces plus durables de leur activité. Les monuments qui proclament la gloire de Jules II et de Léon X sont plus nombreux que ceux sur lesquels on lit le nom de Nicolas V; mais, outre que Jules II et Léon X n'ont fait que suivre la voie inaugurée par celui-ci, leur programme ne saurait se mesurer avec le sien; on n'y trouve pas au même degré la grandeur en quelque sorte épique de la conception, ni cette jeunesse, cette fraîcheur d'impression, cet enthousiasme naïf qui prêtent tant de charme à la période si jus-

tement appelée la première renaissance [1]. » Voilà qui
est très juste et très bien dit : Nicolas V était animé
en effet du propre esprit de ce temps, qui invoquait
l'air et ia lumière; il voulait refondre, pour ainsi
parler, la ville de Rome; il voulait en aligner et en
élargir les rues, dégager les abords des places publiques, relier ces places entre elles au moyen de portiques sous lesquels on circulerait à l'abri du soleil
et de la pluie, couvrir les ponts de galeries ouvertes,
rebâtir les murs extérieurs, restaurer les quarante
églises-stations, faire du Borgo, voisin de Saint-
Pierre, une cité à part, reconstruire enfin le palais
du Vatican et la basilique. La réédification de la ville
avait commencé aussitôt après le retour des papes;
mais certains des quartiers nouveaux ne devaient
prendre forme que sous Nicolas V. Par exemple le
campo di Fiore, ouvert près du palais Farnèse actuel
sur les ruines du Théâtre de Marcellus, était encore,
vers la fin de ce pontificat, un lieu abandonné au
bétail, quand le cardinal Camerlingue, qui habitait
tout auprès, à San-Lorenzo in Damaso (le palais de la
Chancellerie), fit paver cette plage du Tibre. Les
habitations s'y multiplièrent promptement; une des
plus anciennes hôtelleries de Rome, l'*Albergo del
Sole*, où descendaient à la fin du xve siècle les plus
nobles voyageurs, y subsiste encore de nos jours.
De la même époque datent le palais Capranica, un
des plus curieux spécimens de la fin de l'architecture
gothique à Rome, l'église de Sant'Onofrio du Janicule,
sur l'autre rive du Tibre, et bien d'autres édifices.

Il faut lire dans la Vie des deux Rossellini par

1. *Les arts à la cour des Papes*, t. I, p. 68.

Vasari quel était l'immense projet de Nicolas V sur le Borgo. Pour éviter les invasions et les surprises qui avaient continué de frapper ses prédécesseurs immédiats, profitant d'ailleurs de l'état d'abandon et de ruine où les désordres civils avaient mis cette partie de la cité, il avait résolu de construire entre le pont Saint-Ange et la limite extrême du Vatican une résidence fortifiée où le pape habiterait avec toute sa cour et une population d'artisans, d'employés, de scribes, de moines, de prêtres, qui devrait se suffire à elle-même. Il y aurait eu de vastes cours, des jardins, des portiques, des fontaines, des bibliothèques et même un théâtre, tout l'appareil nécessaire pour faire bonne figure, bien recevoir les ambassadeurs étrangers, et couronner dignement chez soi les empereurs d'Allemagne; c'eût été une sorte de *paradis* à la manière des pays orientaux, et dans lequel, sans redouter le contre-coup des discordes extérieures, le pontife aurait donné au monde l'exemple d'une vie sainte et pure, d'une puissance majestueuse et respectée. — Ne reconnaît-on pas à de telles conceptions l'ardeur intempérante du xv⁰ siècle? C'est de tels plans imaginaires que sont remplis certains livres de ce temps, comme le *Songe de Poliphile*, le *Traité de l'Architecture* d'Antonio Filarete, encore inédit, etc. Cette effervescence des esprits, leur impatience et leur enivrement se montraient dans le domaine des lettres comme dans celui des arts; c'étaient les signes précurseurs de la seconde renaissance.

Nicolas V eût fait des merveilles s'il faut en juger par ce qui nous reste de ses travaux au Vatican. Non seulement ce pape, ancien bibliothécaire des Médicis, a réellement fondé l'incomparable bibliothèque Vaticane; mais c'est lui encore qui a fait décorer, par un artiste tel qu'Angelico da Fiesole, son oratoire privé ou son cabinet d'étude, son *studio*. Tout le monde a admiré cette *chapelle de Nicolas V*, comme on l'appelle aujourd'hui, où le maître, aidé de son élève Benozzo Gozzoli, a représenté la vie de saint Étienne et celle de saint Laurent, précieux débris heureusement échappés aux destructions de la seconde renaissance. Nicolas V avait encore fait venir Piero della Francesca, dont les fresques ont dû disparaître pour faire place aux œuvres de Raphaël, qui cependant les admirait, Benedetto Buonfiglio, un des plus importants prédécesseurs du Pérugin, l'habile Andrea del Castagno, Bartolomeo di Tomaso, un des chefs de l'école ombrienne, et une foule d'autres artistes distingués, dont les travaux devaient orner surtout le Vatican et Saint-Pierre, mais aussi Sainte-Marie-Majeure et le Latran. Il employa l'illustre Léon-Baptiste Alberti à réparer l'aqueduc de l'*Acqua Vergine*. Bernardo Rossellino, Aristote de Fioravante, de Bologne, cet habile architecte si fort admiré pour avoir su transporter une tour sans l'abattre, devinrent ses clients recherchés et firent grand honneur à son pontificat.

L'ardeur de construction se montre si dominante alors qu'on pense immédiatement aux dommages qui en pouvaient résulter pour les monuments antiques et pour les œuvres délicates du moyen âge. On a blâmé le pape Pie II d'avoir voulu bâtir de préférence à Corsigano, sa patrie, la même ville qui de lui s'est appelée Pienza, et dans Sienne, berceau de sa famille, Rome étant à ses yeux comme un asile

des monuments antiques, qu'il fallait seulement respecter et conserver. — Cette vue pouvait se soutenir
cependant ; si elle avait été longtemps suivie, nous
aurions sauvé du naufrage beaucoup de précieux
morceaux de l'architecture et de la sculpture antiques.
La bulle du 28 avril 1462, par laquelle il recommandait en lettré, en humaniste, la bonne conservation et le respect des anciens édifices, méritait
d'être mieux comprise et mieux obéie qu'elle ne
devait l'être sous les grands papes ses successeurs.

Pie II n'édifia guère dans Rome que des ouvrages
destinés à disparaître sous les coups de la seconde
renaissance, mais qui se rapportaient tous à d'intéressants souvenirs, dont la trace n'est pas entièrement perdue de nos jours. C'est lui, par exemple, qui
construisit dans l'ancienne basilique de Saint-Pierre
cette chapelle dédiée à saint André que les papes
suivants devaient détruire, mais dont il reste quelques
fragments de sculptures relégués dans les cryptes
vaticanes. Cette fondation rappelait un épisode qui
n'avait pas dû sortir si tôt des mémoires. Dans la
journée du 11 avril 1462, le dimanche des Rameaux,
Rome tout entière avait accompagné le pape allant
en grande pompe recevoir près du Ponte Molle une
précieuse relique apportée de Patras par le despote
de Morée, parent du dernier empereur Paléologue.
La tête de saint André, frère de saint Pierre, compa-
gnon du Christ, apôtre de l'Orient, était pour le pontife comme un symbole aidant à cette prédication
de la croisade qui le préoccupait sans cesse. Des
mains du cardinal Bessarion elle passa dans celles
de Pie II, et fut déposée dans la confession de

Saint-Pierre au milieu des chants de tout un peuple
en fête [1].

Pie II avait aussi réparé et embelli l'église de Sainte-
Pétronille, voisine de l'ancienne basilique Vaticane,
et à laquelle se rattachaient de curieux souvenirs,
particulièrement intéressants pour la France. Le
sépulcre de la sainte des temps apostoliques, révérée
sous le titre de fille spirituelle de saint Pierre, reposait dans la catacombe de Sainte-Domitille, où dor-
maient également les saints Nérée et Achillée, et le
culte de la sainte se trouvait être en grand honneur
dans Rome quand les rapports des papes avec les rois
carlovingiens devinrent très actifs. Le pape Étienne II,
s'étant rendu en France pour réclamer de Pépin le
Bref une protection contre les Lombards, promit en
échange de transporter le sépulcre de la sainte plus
près du tombeau de saint Pierre. Pétronille devint
dès lors *auxiliatrice* des princes carlovingiens ; la nouvelle église qui la reçut fut désignée comme un
monument éternel de la gloire et du nom de Pépin,
comme la chapelle des rois de France, qui portèrent
le titre de très chrétiens, et déjà peut-être de fils
aînés de l'Église. Quand les différents sanctuaires
furent absorbés par la basilique reconstruite, on y
réserva une chapelle, dédiée à sainte Pétronille, dont

1. La précieuse tête, enfermée dans un riche reliquaire,
œuvre florentine, échappa comme par miracle au fameux siège
de Rome de 1527, mais non pas aux désordres de 1848. Un
voleur, après l'avoir dérobée et avoir vendu le reliquaire, ense-
velit le crâne, qui l'embarrassait, au pied d'un des murs de
fortification de la ville ; mais, poursuivi par ses remords, il alla
confesser son crime, et la relique fut rétablie dans le trésor de
Saint-Pierre, comme le rapporte une inscription qu'on peut
lire sur cette partie des murs, vers le Vatican.

21.

les souverains de la France furent déclarés protecteurs, où Louis XI fit faire encore d'importants travaux, et sur laquelle notre droit reconnu de patronage n'a point cessé. Quand l'ambassadeur de France à Rome près le saint-siège fait sa première entrée dans la basilique, après avoir révéré le prince des apôtres, il va s'agenouiller dans la chapelle de Sainte-Pétronille.

Rien ne subsiste probablement de la tour que ce même pape avait construite auprès de la porte d'entrée du palais du Vatican. Est-ce sur le mur de cette tour que plus tard Raphaël dut peindre une fresque bien singulière, de nature à ne rien ajouter à sa renommée? Un jeune éléphant, nommé Hannon, et qui avait été donné à Léon X par le roi de Portugal faisait les délices de la cour pontificale et du peuple romain. Un mauvais poète, nommé Baraballo da Gaëta, voulut aller réciter ses vers au Capitole afin de mériter, lui aussi, le laurier qu'avait eu autrefois Pétrarque. On le fit monter sur le dos d'Hannon, dans la cour du Vatican, le pape et les cardinaux assistant des fenêtres à son départ et lui souhaitant bon succès; mais, arrivé au pont Saint-Ange, Hannon, qui n'aimait pas les vaniteux, jeta le mauvais poète à terre. Le pauvre Hannon, estimé de tous, mourut d'une angine le 8 juin 1512, et Léon X voulut, dit une inscription latine attribuée à Bembo, que Raphaël d'Urbain le reproduisît de grandeur naturelle sur la tour voisine de l'entrée du palais, *ad turrem prope portam palatii*. On peut voir sur la porte travaillée en *tarsia* de l'une des chambres de Raphaël au Vatican une représentation de Baraballo monté sur Hannon.

Paul II (cardinal Barbo) n'eut pas, comme Pie II, les humanistes pour lui; cela seul, en le privant de certains éloges retentissants, lui valut en outre quelques médisances. Peu s'en faut qu'on ne l'ait voulu faire passer pour un ennemi de la renaissance italienne, reproche bien injuste et bien faux. Il est vrai qu'il a permis d'enlever, pour les faire servir à ses propres monuments, les travertins et les marbres du Colisée; mais ses prédécesseurs n'avaient-ils pas fait de même à Porto, à Ostie, à Tivoli, et aussi à Rome, dans plusieurs quartiers couverts de ruines, que tout le xvᵉ siècle exploita en guise de carrières? Paul II, il est vrai, chassa de son entourage beaucoup de petits poètes; il fut beaucoup trop rigoureux contre cette académie de Pomponius Lætus qui se réunissait quelquefois aux catacombes et y inscrivait, par un jeu d'esprit voisin du scandale, le nom de son président ou *pontifex maximus*. A ce peu de griefs qu'on fait valoir contre lui répondent suffisamment sa hauteur d'esprit et son incontestable libéralité. Il avait le grand goût vénitien; c'était un vrai pape de la renaissance, qui joignait au désir d'un luxe majestueux un réel respect des belles choses. Il y comprenait les monuments de l'art antique et des édifices ruinés de l'ancienne Rome. Avec plus de sollicitude encore que Pie II son prédécesseur, il fit restaurer l'arc de Titus, celui de Septime Sévère, les colosses de Monte Cavallo, la statue équestre de Marc Aurèle. Il était si peu l'ennemi des souvenirs de l'antiquité classique qu'il fit célébrer avec grande pompe un Triomphe d'Auguste. On y voyait s'avancer des géants, l'Amour, Diane et les Nymphes, et puis les rois et les chefs vaincus, au milieu d'eux Cléopâtre; après cela

Mars, les Faunes, Bacchus. Et les chœurs chantaient
les louanges du saint pontife, qu'ils appelaient père
de la patrie, protecteur de la paix, auteur de la prospérité publique. — Ce doivent être là des circonstances atténuantes auprès des partisans de l'humanisme.

Au reste, une des grandes œuvres architecturales
du xvᵉ siècle, et qui fait toujours grande figure dans
Rome, conserve le souvenir de Paul II et assure à ce
pontife, malgré tout, une.belle place dans l'histoire
monumentale du xvᵉ siècle : c'est le palais de Saint-
Marc adjoint à la basilique du même nom. L'immense
édifice que, plus tard, Pie IV donnera à la république
de Venise, et qui deviendra ainsi jusqu'à nos jours
une propriété autrichienne, rappelle par ses formes
massives et sa physionomie sévère, par ses créneaux,
sa tour et son peu d'ouvertures, les châteaux fortifiés
du moyen âge, mais en même temps, par ses belles
proportions, par l'élégance de ses fenêtres et de ses
arcades intérieures, l'art émancipé de la première
renaissance. C'est là que Paul II avait accumulé les
trésors incomparables d'une collection qui réunissait
aux tapisseries, aux broderies, aux riches étoffes,
aux bijoux, — perles, camées, intailles, anneaux et
bagues, — les sculptures antiques, les bronzes, les
peintures byzantines, les monnaies et médailles, les
mosaïques, les émaux, les ivoires, les vitraux peints,
les manuscrits ornés de miniatures, tout ce qu'avaient
pu lui obtenir à grands frais les voyageurs les plus
intrépides et les plus habiles en Occident et en Orient.
La passion de Paul II, — c'en était une véritable,
poussée à ses dernières limites, — rencontrait pour
se satisfaire, et aussi pour devenir profitable à la

science, le temps et les circonstances les plus propices. Les invasions des Turcs et la prise de Constantinople dispersaient partout l'Occident les manuscrits et les objets d'art antiques ou du moyen âge que les églises et les monastères avaient longtemps conservés, et, d'autre part, si le goût commençait à s'éveiller et la curiosité à s'instruire, peu de collectionneurs avaient encore essayé d'accaparer tant de riches dépouilles. Paul II ne manqua pas d'engager à ce sujet une lutte acharnée contre les Médicis; il ne prévoyait pas qu'après lui la plus grande partie de ses trésors passerait paisiblement entre les mains de Laurent le Magnifique. Sans ces amateurs du xv° siècle combien de morceaux antiques auraient définitivement péri, combien dont les traces se seraient perdues.

Nous arrêterons ici, à la fin de la première renaissance, à l'aurore de ce xvi° siècle qui vit le plein épanouissement et la décadence de ce grand mouvement, cette rapide étude forcément incomplète. Presque toutes les ruines de l'antique Rome qui subsistaient alors existent encore aujourd'hui. C'est surtout le moyen âge qui dans les trois siècles suivants eut à souffrir des démolitions et plus encore des transformations de ses monuments. Alors disparurent et la primitive basilique de Saint-Pierre avec ses nombreux appendices dont les derniers se voyaient encore au xviii° siècle; et St-Jean de Latran, la basilique constantinienne — dont les dernières parties ont été démolies de notre temps pour un déplorable agrandissement du chœur; — avec le palais des papes dont il ne reste à peu près rien, c'était un ensemble d'édifices témoins des plus grandes scènes de l'histoire de l'Église. Le cloître, seul conservé dans son élégance suprême, peut faire mesurer l'étendue de la perte, dont la basilique actuelle n'est point une consolation. Alors eut lieu la transformation de tant d'autres sanctuaires dont les noms seuls rappellent maintenant les lointaines origines et qui *modernisés*, selon l'expression consacrée, n'offrent plus qu'un luxe banal sous lequel on a peine à retrouver les vestiges d'un passé plein d'intérêt.

Notre siècle épris de critique historique a renouvelé par l'archéologie et l'épigraphie l'étude du passé; des fouilles intelligentes ont fait surgir ou ont complété beaucoup de monuments antiques. La dernière transformation de Rome, quoique n'étant pas la moins regrettable, a mis en lumière une quantité de vestiges de haute importance que la science conservera; personne n'ignore tout ce que fait notre temps pour l'histoire de l'art si longtemps négligée. On fouille les archives, on compare les témoignages, on reconnaît les vraies provenances, on identifie les époques, les artistes. Les musées cessent enfin d'être des ramassis incohérents arbitraires et confus. Plus que tout autre lieu Rome mérite tant de soins; l'archéologie y a des droits et des devoirs plus grands qu'ailleurs, et une dignité particulière. Les moindres détails, qui n'auraient autre part qu'une valeur locale, prennent ici une importance historique, car il n'y a pas de ville au monde qui ait eu un plus haut caractère et une personnalité plus vivante. Ses monuments ont eu vraiment leur part dans ses destinées, qui ne l'intéressaient pas seule : ils ont transmis le souvenir de sa gloire, dont ils étaient de perpétuels témoignages; ils ont souffert au moyen

âge en même temps qu'elle; il semble qu'ils aient
partagé non seulement ses vicissitudes, mais ses
passions. Ils ont été guelfes ou gibelins; ils ont lutté
pour le sacerdoce ou pour l'empire. Symboles de
grandeur et de majesté, ils ont participé eux-mêmes
de ces caractères, grâce auxquels on peut dire qu'ils
ont exercé une durable influence à travers les âges.
Le seul aspect des antiques ruines de Rome, réveil-
lant les souvenirs, invitant au respect, provoquant la
recherche érudite, a été pour une part dans le mouvement intellectuel et moral dont se sont inspirés les
temps modernes; il a ému d'admiration un Raphaël,
un Michel-Ange et contribué au court mais splendide
essor de la seconde renaissance à Rome.

Rome, 1880.

LA LÉGENDE DE LA CENCI

On connaît l'horrible légende qui s'attache au souvenir de Béatrix Cenci, morte sur l'échafaud à Rome, le 11 septembre 1599. Jeune, belle, pieuse, miracle de vertu, nous dit-on, elle a commis, il est vrai, le crime de parricide, mais par une défense héroïque de son propre honneur, et pour repousser ou venger l'inceste. Sa jeunesse et sa beauté sont attestées par le célèbre portrait de la galerie Barberini : Guido Reni, touché de pitié et d'amour, a pénétré dans la prison, la veille du supplice, et a retracé comme ils lui étaient apparus ce regard pur, cette physionomie innocente et douce. A côté de cette toile, on vous montre le portrait de Lucrezia Petroni, belle-mère de Béatrix, sa complice, ou bien plutôt son témoin. Le récit des faits, vous l'avez en une foule de petits écrits devenus populaires, dont vous pouvez juger par celui d'entre eux qu'a traduit et publié Stendhal dans ses *Chroniques italiennes*. C'est ce même récit qui a défrayé si souvent le théâtre, le roman, la peinture d'histoire. Le XVIᵉ siècle italien a montré l'ange du parricide, comme la Révolution française devait révéler l'ange de l'assassinat politique. — Tel est le gros de la légende.

Voici cependant qu'un petit livre de M. Bertolotti, écrit avec le secours des archives romaines, et récemment publié sous ce titre : *Francesco Cenci e la sua famiglia*, Firenze, 1879, va détruire encore une des idoles de l'imagination légendaire. Il n'y aura pas lieu de s'en plaindre. La morale ne gagne rien à ces mensonges inconscients du sentiment populaire, qui déplacent les responsabilités, brouillent la vue du bien et du mal, et peuvent devenir des suggestions dangereuses. La vérité historique et la vérité morale, dont la critique revendique les droits, reconnaissent bien peu de ces cas extraordinaires où l'héroïque vertu côtoie d'assez près le crime pour l'envelopper dans son éclat, le transformer et l'annuler. Charlotte Corday était du moins animée par la pensée de prêter le secours de son bras à la justice, puisque la justice paraissait n'avoir plus d'autre organe ; elle voulait sauver des victimes et s'offrait à leur place, en prenant sur elle de commettre le crime dont elle acceptait d'avance le châtiment, tandis que la Cenci, dans l'hypothèse même de la légende, rejetait la suprême ressource du suicide, qui l'eût mieux protégée ou vengée.

M. Bertolotti n'a pas eu plus que ses devanciers l'original du procès ; on avait cru longtemps que ces dossiers étaient conservés à l'archive vaticane ; mais on se croit assuré maintenant qu'ils ont fait partie de l'archive criminelle de la confrérie de *Saint-Jérôme de la Charité*, où ils ne se sont pas retrouvés. Il en a eu du moins une analyse, faite

pour les avocats, pour Farinacci, le célèbre juriste,
et pour Incoronati. Il y a joint les documents incon-
testables que conservent encore les notaires romains,
et les pièces de diverses archives. Grâce à de cons-
ciencieuses recherches, d'une remarquable impartialité, son petit livre, en même temps qu'il est une
rectification constante de la réalité historique, offre
une très curieuse peinture des mœurs romaines à la
fin du XVI° siècle.

La famille des Cenci n'appartient pas à la grande
aristocratie de Rome; elle est d'une seconde noblesse, en possession d'une certaine fortune, mais à
qui manquent le raffinement et la brillante culture
intellectuelle. La naissance de Francesco est le fruit
d'un adultère; les richesses qu'il tient de son père,
trésorier du pape, ont été mal acquises; il n'en est
que plus avare et ne vit que pour les augmenter.
Elles lui servent à satisfaire de viles passions. Sa vie
est ténébreuse et lâche, soit dans son palais de Rome,
qu'il transforme en un lieu mal famé, soit dans sa
solitude de Rocca di Petrella, sorte de château fort
en plein désert des Abruzzes, bâti sur le roc et
entouré d'abîmes. C'est là qu'il est réduit à vivre,
quand les procès et les amendes que ses mœurs
scandaleuses lui ont attirés commencent d'entamer
sérieusement sa fortune. Marié deux fois, et à quatorze ans d'abord, il a de sa première femme douze
enfants; Béatrix est la dernière. Sa seconde femme,
Lucrezia Petroni, d'humeur pacifique, sera une de
ses victimes avant de se joindre à ses bourreaux. —
Ses fils sont des misérables; deux se font tuer pendant leurs brigandages; les autres échappent à leur
père et ne vivent pas mieux que lui. Béatrix est

enfermée elle-même à Petrella; elle y est maltraitée
et battue; mais elle le mérite par sa vie mauvaise :
Francesco, sévère et brutal, veut la punir de son
inconduite. On voit par son testament qu'elle laisse
un fils, dont la naissance doit être attribuée à l'inten-
dant Olympio. C'est elle qui, pour se délivrer et se
venger, conçoit le projet de tuer son père et attire
dans le complot, quatre ou cinq mois à l'avance, ses
frères et sa belle-mère : c'est elle qui arme Olympio
et embauche les assassins, elle qui offre de sa main
au vieillard, la veille du meurtre, le narcotique destiné à le livrer sans défense; elle qui, au point du
jour, conduit et assiste les meurtriers; elle qui traîne
ensuite le cadavre et aide à le jeter dans un préci-
pice; elle enfin qui, un des assassins ayant disparu,
le fait poursuivre et tuer, afin de prévenir ses aveux.

Cependant, une délation anonyme faite au comte
d'Olivarès, vice-roi de Naples, ayant donné l'éveil,
on emprisonne les Cenci, et leur procès commence :
il se déroula à Rome. M. Bertolotti a publié une
partie des interrogatoires. Béatrix niait résolument
tout d'abord, tout en chargeant ses complices, à
commencer par sa belle-mère. La torture et l'accumulation des preuves lui arrachèrent bientôt de com-
plets aveux. Clément VIII inclinait pourtant à l'indulgence, quand plusieurs crimes sauvages vinrent
effrayer sa conscience de prêtre et de vieillard; un
Massimo, déjà pardonné après avoir assassiné sa
belle-mère, venait d'empoisonner son frère; un
Santa Croce, proche parent des Cenci, tuait de sa
main sa propre mère, dans son lit. Le pontife crut
qu'il fallait un exemple, et il signa la condamnation
à mort. — Un tel procès ne méritait, ce semble,

aucune sympathie : Béatrix, bien que c'eût été là
pour elle un moyen de salut, n'avait pas même fait
une allusion au crime qu'on attribua plus tard à son
père ; ses frères gardèrent à ce sujet le même silence ;
seuls les avocats, à bout de ressources et vers la fin
du procès, parlèrent de ces violences supposées,
n'apportant à l'appui aucun témoignage.

Comment s'est donc faite la légende? — A vrai
dire, il n'est pas difficile de le comprendre si l'on se
transporte au milieu de ce temps.

D'abord il s'agissait d'un grand crime, d'un parricide, dans une famille fort en vue, première condition pour que toutes les imaginations fussent attentives et prêtes à s'émouvoir. De plus, Béatrix était
jeune et belle, nous le savons par les dépositions de
quelques témoins, mais non par aucun portrait.
Guido Reni n'est venu à Rome pour la première fois
que sous Paul V, probablement en 1608, tandis que
la mort de Béatrix date de neuf ans plus tôt. Il n'y a
aucun motif de croire que l'artiste se soit particulièrement intéressé à cet épisode, ni qu'il ait recueilli
quelque image d'après laquelle il aurait pu travailler. Qui aurait pris soin de faire faire à l'avance
ce portrait de jeune fille? Ce n'était guère dans les
mœurs du temps, ni, ce me semble, dans celles d'une
telle famille : comment s'expliquerait ce singulier
costume, ce turban dont elle est coiffée? L'attribution
du prétendu portrait ne semble apparaître qu'à
partir du commencement du xixe siècle. Celui de
Lucrezia Petroni n'a rien non plus d'authentique ; il
paraît être une œuvre d'André del Sarte et représenter une de ses parentes. Quant aux âges, le récit
prétendu contemporain que Stendhal a traduit, en

l'altérant comme il n'est pas permis de faire pour un document qu'on donne comme historique, est postérieur de près d'un siècle; il prête à Béatrix seize ans, tandis qu'elle en avait vingt-deux; en même temps il ôte vingt années au père, dans une intention trop facile à comprendre. La beauté et la jeunesse, encore réelles, de Béatrix, n'en sont pas moins attestées; elles allaient devenir célèbres parmi le peuple romain et former un nouveau contraste avec le crime commis et la peine infligée. — Le procès dura toute une année, pendant laquelle, au milieu des démarches tentées par les parents des accusés, les vicissitudes de l'instruction, qui transpiraient, laissaient tantôt croire à la condamnation, tantôt compter sur l'acquittement. Ce qui circulait de rumeurs de toute sorte pendant les derniers mois ne contribua pas peu à augmenter l'émotion populaire. On disait que la Cenci montrait dans sa prison un repentir et une piété admirables. On racontait ses jeûnes et ses macérations. Par son testament, elle donnait à de nombreuses églises, à des confréries, à des couvents, des sommes destinées soit aux messes pour son âme, soit aux nombreux mariages de pauvres orphelines qu'elle dotait. Elle se recommandait en même temps « à la Vierge, à Dieu, au père séraphique saint François, à toute la cour céleste »; son corps devait être enseveli dans l'église Saint-Pierre in Montorio, à laquelle particulièrement elle léguait des sommes importantes. La nouvelle du prochain supplice produisit donc dans toute Rome une impression soudaine et profonde, qui devait arriver à son paroxysme pendant la dernière journée.

Il faut, si l'on veut suivre ici l'ardente fermentation

de l'imagination populaire, tenir compte de deux
éléments : l'extrême sensibilité de la population
romaine, particulièrement quand il s'agit d'impressions religieuses, et la nature complexe du gouvernement pontifical, d'où naissaient en de telles circonstances des contrastes de nature à étonner dans
tous les temps l'esprit public. En voulant exercer
bonne et sévère justice, avec les mêmes cruels
moyens que pratiquait chaque époque, ce gouvernement se préoccupait beaucoup de l'âme du coupable ;
d'accord avec les mœurs, il autorisait autour du
criminel un grand développement de démonstrations
extérieures, de processions, de prières et d'actes
religieux. Il obtenait aisément des marques abondantes de repentir, qui contribuaient à surexciter la
pitié de tout un peuple. Le glas funèbre retentissait
toute la nuit dans la ville ; des affiches, partout
exposées, invitaient à la prière ; des quêtes se faisaient publiquement pour subvenir à des aumônes
spéciales ; les membres des diverses confréries, vêtus
de la cagoule et torches en main, parcouraient les
rues, précédés du crucifix couvert d'un crêpe, pour
se rendre dans leurs oratoires ou vers le lieu du
supplice ; les condamnés traversaient à pied la foule
au milieu du bruit confus des psalmodies... Comment l'esprit populaire n'aurait-il pas éprouvé un
certain embarras à distinguer le bien du mal ? D'un
côté des supplices horribles, dont on ne cachait rien,
par une intention de moralité, mais qui, bien sup-
portés, soulevaient, malgré la dureté des mœurs, la
commisération pour les victimes ; d'autre part tout
un déploiement solennel de charité autour des condamnés pour obtenir le rachat de l'âme sans renoncer

à livrer le corps; avec cela une procédure secrète,
c'est-à-dire la place laissée au soupçon, à l'exagéra-
tion, à la calomnie; ajoutez l'esprit d'opposition
contre les papes;... comment, en plus d'un cas, l'opinion de la foule ne se serait-elle pas égarée? comment n'aurait-elle pas accueilli avec un empresse-
ment crédule les excuses même les moins fondées
pour des crimes qu'un éclatant repentir pouvait, au
point de vue chrétien, avoir rachetés! Quand le
prêtre pouvait dire : « Elle est morte comme une
sainte », quand il proclamait le pardon de Dieu
même, comment l'esprit public ne serait-il pas entré
en défiance contre la justice humaine et les droits
terribles qu'elle revendiquait?

Il en fut de la sorte pour la Cenci. Une multitude
innombrable, de toutes les classes de la société
romaine, remplissait le 11 septembre au matin les
rues et les places. La foule était si pressée et la chaleur si forte qu'il y eut, dit-on, des centaines de
blessés ou de morts. Une grande quantité de confréries, toutes celles en faveur desquelles Béatrix avait
fait quelque legs pieux, voulurent l'assister publiquement à son dernier jour. Après l'exécution, pendant laquelle la jeune fille se comporta courageuse-
ment aux yeux de tous, le corps fut exposé, entouré
de flambeaux; une immense procession l'accompagna
jusqu'à l'église Saint-Pierre in Montorio, lieu de la
sépulture. Peu s'en fallut que la foule ne lui attri-
buât des miracles. On comprend bien qu'avec le
temps, le sens de la réalité, déjà très obscur, s'affai-
blissant encore, mais le souvenir ému subsistant,
une explication extraordinaire comme celle dont
s'est faite la légende a été de plus en plus accueillie.

Au nombre des erreurs infinies qui se sont accumulées autour de ce trop célèbre épisode, il y a cette fausse accusation que les papes avaient eu pour but, en prononçant la sentence, de confisquer les biens. Ce qui est vrai, c'est que la confiscation, suivant le droit d'alors, devait suivre d'elle-même; mais Clément VIII laissa s'exécuter les dernières volontés et les différents legs de Béatrix; la veuve de Giacomo, son frère mis à mort avec elle, obtint que sa fortune et celle de ses six enfants fussent restituées. Cette fortune des Cenci était dès longtemps compromise; comme les créanciers pressaient, les héritiers demandèrent avec instance et obtinrent, malgré la condition des biens qui leur restaient, et dont plusieurs étaient des fidéicommis, la permission de les aliéner et de les vendre. On a dit que les Borghèse, neveux de Paul V, les avaient spoliés; mais c'est le contraire, car les Cenci, soit les héritiers directs, soit des collatéraux, en continuels procès avec leurs parents, furent très heureux de vendre à cette grande famille, devenue riche et puissante, des propriétés dont M. Bertolotti, d'après les actes notariés, nous donne exactement la liste, avec les sommes d'achat. On y remarque deux domaines situés dans le Trastévère, et un certain *Casale di Testa di lepre*, acheté vers 1618 par Scipion Borghèse; celui-ci, ajoutant cette terre à ses autres possessions au delà de la porte *del Popolo*, en forma la célèbre villa qui porte encore aujourd'hui son nom. Les Cenci avaient préparé d'eux-mêmes leur propre ruine, qui eût été encore bien plus rapide, si les papes ne les eussent assistés en plusieurs occasions par des mesures indulgentes. De plus, les Aldobrandini, les Barberini, les Borghesi, les Peretti, les Caffarelli, pendant la période de leur prospérité, leur avaient été d'un secours presque inespéré par leurs achats à beaux deniers comptants. Cette fortune des Cenci a dû être, ce semble, de courte durée. Les dénominations des propriétés par eux vendues au commencement du XVIIe siècle, celle même de leur palais, qui subsiste encore aujourd'hui dans Rome, tout près du Ghetto, ne se trouvent pas sur le plan de la ville dressé au commencement du XVIe siècle par Bufalini; n'en doit-on pas conclure que le père de Francesco, c'est-à-dire le grand-père de Béatrix, trésorier du pape, fut par ses dilapidations le véritable auteur de leur richesse mal acquise? On ne découvre sur le plan de Bufalini qu'une *Vinea Rochi Cencii*; un Cenci portant ce prénom de Roch était en effet oncle du père de Francesco, dans la première moitié du XVIe siècle.

Celui qui a imaginé le premier de reconnaître l'image de la Cenci dans le tableau de la galerie Barberini, peut être faussement attribué à Guido Reni et qui n'est probablement qu'une tête d'étude, celui-là a certainement renouvelé pour un long temps la légende née d'un moment d'émotion. C'est un nouvel exemple de la puissance créatrice des arts et de la poésie. La Cenci serait certainement oubliée, en dépit des crimes extraordinaires qu'à divers titres son nom rappelle, si la vitalité d'une œuvre d'art intéressante par elle-même et qui a emprunté de là un nouveau renom, n'avait été greffée sur une première tradition, dont nous avons dit l'imparfait mélange. Le drame grossier et brutal du repaire des Abruzzes s'est idéalisé, et le talent d'un artiste moderne, complice inconscient d'inventions involontaires, a enrichi d'une nouvelle figure la série des célèbres victimes de ce qu'on appelle les amours fatales [1].

Que les littérateurs se soient emparés d'un tel sujet sans beaucoup rechercher s'ils faisaient violence à l'histoire, que Shelley en ait composé une tragédie romantique, et M. Guerrazzi un roman à sensation, c'était leur droit; nul n'y contredirait s'ils en avaient pris occasion de quelque chef-d'œuvre; mais Byron n'avait pas tort quand, après avoir lu Shelley, il était d'avis que ce sujet-là était essentiellement non dramatique. En effet, devant une telle légende, transportée dans le domaine littéraire, l'horreur et la répugnance morale étouffent bientôt la pitié. La donnée ne serait pas moins stérile pour un roman réaliste, comme le comprendraient certains esprits de notre temps. Il n'y a rien à faire d'un tel épisode, sinon de le ramener à ses justes proportions, par respect de la vérité historique, et d'observer à cette occasion de quelle rudesse étaient empreintes les mœurs que le moyen âge avait léguées à la Rome du XVIe siècle.

1. On se rappelle la série de peintures antiques réunies sous ce titre dans une des salles du Vatican.

15 avril 1880.

LES COLLECTIONS

ET

LES COLLECTIONNEURS

A LA FIN DU XVIIIe SIÈCLE

Les Piranesi [1].

La recherche des débris de l'art antique, dont le sol de Rome paraissait une mine inépuisable, ne fut jamais plus active et plus ardente que pendant la seconde moitié du XVIIIe siècle, animée par des motifs fort divers, qui n'étaient pas toujours l'amour désintéressé de la science et de l'art. A vrai dire, la spoliation de Rome fut alors effrénée. En même temps, toutefois, par un mouvement de réaction, se montrait l'éveil de la conscience publique contre cette spolation sans mesure, le gouvernement pontifical s'en faisait l'organe; il entreprenait lui aussi des fouilles importantes, mais pour en retenir les résultats et instituer de riches musées.

L'ardeur de la recherche des objets d'art antiques

1. Papiers inédits de F. Piranesi à l'archive royale, au musée et à la bibliothèque de Stockholm. — *Guide dans les musées d'archéologie de Rome*, par W. Helbig; trad. française par J. Toutain. Leipzig, Baedeker, 1893.

commençait aussi à recevoir des inspirations plus écla:-
rées qu'aux âges précédents. Deux hommes en particulier s'étaient faits les éducateurs de l'esprit et du
goût publics : Winckelmann et Jean-Baptiste Piranesi. Winckelmann, dont les premiers livres ont paru
en 1756, était l'esthéticien philosophe; les regards
fixés vers un idéal de beauté plastique entièrement
réalisé à ses yeux par ce qu'on connaissait alors de
l'art grec, il suggérait et conseillait à ses contemporains le sentiment du respect et la sévérité du goût.

Dans cette même année 1756 paraissaient les
quatre premiers volumes des *Antiquités romaines* de
J.-B. Piranesi. L'effet en fut prodigieux. Personne
encore, de quelque façon que ce fût, n'avait exprimé
si vivement la magnificence des ruines romaines.
Par la seule opposition du noir et du blanc, Piranesi
a rendu à l'égal des plus habiles maîtres de la peinture l'admirable relief des sculptures et des lignes
architecturales sous la pleine lumière du soleil italien. Mieux que les écrivains et les poètes, il a fait
comprendre la poésie des ruines; il a offert aux
regards étonnés l'opulent amas des beaux débris
parmi les palmiers, les figuiers, les aloès, ou bien
leur abandon dans l'aride poussière. Il lui faut les
pans de murs déchirés comme le fut tout un flanc
du Colisée par le tremblement de terre de septembre 1349, ou des parties d'architrave et de cor-
niche tombées à terre, comme le beau fragment du
temple du Soleil qu'on peut voir encore aujourd'hui
dans les jardins Colonna, ou bien les statues mutilées
gisant au milieu des ronces, ou bien aussi quelqu'une de ces cavités souterraines dont le sol de Rome
abonde — *urbs pensilis* — disait déjà Pline l'Ancien.

Il en sonde hardiment les obscurités mystérieuses en y dardant un éblouissant rayon de lumière. Aux débris restés debout sur le sol, son imagination fantasque suspendra une poulie avec un gros cordage dont les seules spirales suffisent à son burin pour rendre l'énergique opposition du soleil et de l'ombre. Des personnages vont pénétrer, des torches en main : ce sont les visiteurs ; ils sont vêtus selon la mode du temps du svelte habit à la française, culotte courte, tricorne, et l'épée au côté ; autour d'eux de pauvres gens : des *scavatori*, des mendiants déguenillés, déhanchés, promènent et agitent leurs silhouettes amaigries. C'est à la fois du Rembrandt et du Callot. Opulence et misère, ruine et splendeur, c'est toute la Rome d'alors. L'admiration des contemporains a bien pu se mêler de quelque étonnement et de quelque réserve ; Gœthe, et plusieurs à sa suite, ont dit que J.-B. Piranesi, fort admiré autour d'eux en Allemagne, avait exagéré, amplifié ; c'est qu'il y avait, pour les premiers témoins de ces belles œuvres, toute une éducation à faire et Piranesi a été l'éducateur. Quand il représentait à sa manière le Forum de son temps, plaine étroite où l'herbe croît, où paissent les moutons et d'où émergent des sommets de colonnes, peut-être les contemporains n'en pénétraient-ils pas aussi bien que nous la grande tristesse ; ils ne sentaient pas, comme nous le faisons aujourd'hui, le contraste de cette abandon, de cette apparence de néant avec l'abondance et la richesse de ces monuments de toute sorte, marbres sculptés, inscriptions, temples, que cette terre accumulée avait ensevelis et dont nous avons vu les débris revenir à la lumière. Malgré tout ce que, depuis vingt ans, la

Rome actuelle a perdu de son ancienne et véritable beauté, quiconque encore maintenant a plus d'une fois contemplé, sous le rayonnant midi, les Thermes de Caracalla, ou la Basilique de Constantin, ou la *cortina* du Panthéon ou les aqueducs de la campagne à Porta Furba, loin de médire des représentations de Jean-Baptiste Piranesi les tiendra pour de fidèles, sinon exacts, interprètes de ces merveilles. Aussi vit-on cette Rome, dont le double enseignement de Winckelmann et de l'illustre graveur ravivait la majesté et l'éclat, qui possédait originaux ou copies, tant d'œuvres inspirées du génie grec, attirer plus que jamais, lorsque s'ouvrait la seconde moitié du siècle, les admirateurs sincères, les voyageurs instruits et les collectionneurs passionnés.

I

Les Anglais surtout visitèrent alors Rome en grand nombre et y firent des achats considérables; ils payaient fort cher; et c'est de ce temps qu'a daté la longue tradition, aujourd'hui disparue, de leur prodigalité proverbiale.

Afin de pourvoir à la fastueuse parure de leurs opulentes résidences en Angleterre, ils avaient dans Rome des agents de leur nation; les deux principaux furent deux artistes, Gavin Hamilton et Jenkins, peintres sans valeur, mais collectionneurs émérites. Hamilton avait commencé par acheter pour son compte, et comme par pur dilettantisme, des objets antiques bien choisis qu'il revendait honnêtement;

bientôt, sollicité par une clientèle importante, il entreprit avec un singulier bonheur des fouilles en plusieurs lieux autour de Rome; devenu l'agent spécial de lord Shelburne, marquis de Lansdowne, il fut le principal pourvoyeur d'une de ces riches collections anglaises qui ont contribué plus tard à former le Musée britannique. Thomas Jenkins, auquel Hamilton s'associa, s'était fait banquier en même temps que collectionneur d'antiquités ; il s'était acquis une autorité réelle comme appréciateur et comme dilettante, expert surtout pour les gemmes et les pierres gravées. Le cardinal Albani, Winckelmann, Raphaël Mengs le consultaient; Winckelmann le proposa pour diriger la vente des gemmes du baron de Stosch. Il était devenu célèbre dans Rome par ses belles manières qui n'excluaient pas l'habileté; se montrant libéral aux artistes, ami des connaisseurs et dédaigneux du vulgaire; épris des beaux objets venus en sa possession, desespéré s'il s'agissait de s'en défaire, offrant avec larmes de les reprendre après les avoir cédés et vendant toujours plus cher à mesure qu'il se désolait davantage. Il disposait de sommes considérables. C'est à lui qu'échut, en 1786, avec les derniers trésors d'art qu'elle contenait, la villa Montalto, fondée par Sixte-Quint lorsqu'il n'était encore que le cardinal Peretti de Montalto, aux lieux où l'antiquité avait connu les magnifiques jardins de Mécène, ornés de tant de marbres et de sculptures. On a vu disparaître les derniers restes de cette célèbre villa Montalto, puis Negroni, puis Massimo, il y a quelques années seulement, pour faire place à la gare centrale et au palais construit par les Pères Jésuites pour leur habitation et leur collège après leur expulsion

23.

de leur vaste et somptueux palais du Collège romain. Jenkins avait eu aussi les dernières dépouilles de la célèbre villa d'Este à Tivoli, aussi bien que celles de la villa Mattei en 1778. — Par malheur ce galant homme ne s'abstenait pas de faire fabriquer des camées et intailles qu'il cachait soigneusement dans les ruines du Colisée, et beaucoup des urnes sépulcrales provenant de la villa Mattei qu'il vendit en Angleterre portent aujourd'hui des inscriptions latines dont elles ne sont pas responsables. C'est encore, en effet, le beau temps des réparateurs d'antiques et aussi des faussaires. Il ne faut certes pas les confondre ensemble; mais, à toutes les époques, les enfants perdus de la première de ces professions, pour peu qu'ils soient gens d'esprit, se sentent attirés assez naturellement vers l'autre.

Benvenuto Cellini raconte dans son autobiographie que le grand-duc lui ayant montré un jour un marbre antique sans tête ni jambes qu'on venait de lui envoyer de Palestrina, il fut saisi d'admiration et s'offrit avec enthousiasme à compléter ce bel ouvrage, bien que ce fût un vilain métier, dit-il, celui de ces vrais savetiers, *ciabattini*, qui se font raccommodeurs de statues! « Je lui ferai une tête, des bras et des pieds, j'ajouterai un aigle, et ce sera Ganymède. » On sait que ce prétendu Ganymède figure comme tel aux Uffizi; il est devenu célèbre; la collection de Mme André, à Paris, possède une belle faïence florentine qui le reproduit. L'anecdote témoigne à la fois du naïf dédain de toute critique et du sentiment esthétique dont s'inspiraient exclusivement ces grands artistes du XVIe siècle. On raconte bien que Michel-Ange aurait refusé d'ajouter le poignet et la main gauche au Méléagre du Vatican, et la légende prétend que, chargé de scuplter des jambes pour l'Hercule Farnèse, il aurait rejeté son ciseau en s'écriant : « Non! pas même un doigt ». Mais une restitution du bras droit de Laocoon dans le groupe célèbre ne lui en est pas moins attribuée, et Cornacchini, vers 1730, eut le tort d'y substituer la sienne. Dès la première moitié du XVI⁰ siècle, Montorsoli avait ajouté à l'Apollon du Belvédère les deux mains qui lui manquaient; c'est lui qui avait placé dans la gauche l'arc qu'on y voit encore aujourd'hui.

A vrai dire c'était le respect même de l'art qui semblait alors commander la restauration des statues mutilées; l'esprit critique, le souci de l'histoire de l'art s'éveillant, on y apporta seulement un sentiment plus discret. Toute une série continue de sculpteurs habiles, consciencieux, instruits, accepta volontiers ces tâches délicates. Il serait intéressant de suivre de près, et selon l'ordre des temps, les résultats de leurs efforts, qui montreraient à la fois, subissant une action réciproque, les vicissitudes du goût, les progrès de la science, et les influences spéciales de quelques-uns de ses interprètes. Tel pourrait être cité, le Bernin par exemple, qui dans ses restaurations affectait et faisait accepter une manière à lui, de sorte que, pour l'antiquaire, devait s'ajouter plus tard à l'étude des différences entre les écoles antiques celle des distinctions à faire entre le style des réparateurs modernes.

Au reste la témérité en ce genre, le désir de plaire à de riches et puissants acheteurs, l'esprit mercantile devaient être suscités par le nombre toujours croissant des collections luxueuses; l'offre tendait naturellement à égaler la demande. Le cardinal Alexandre Albani, lors de la formation de sa première galerie , voulait surtout des portraits antiques : c'était la mode alors. On trouvait de fort beaux bustes composés de marbre aux plus belles couleurs mais auxquels souvent les têtes manquaient; on y adaptait donc des têtes soit antiques, soit modernes; et l'on gravait au bas, fort au hasard, les noms les plus célèbres de la République ou de l'Empire. — A telle statue qu'un amateur venait d'acheter il fallait un pendant qui voulût bien s'adapter de caractère et de mesure.

Les fouilles étaient donc plus ardentes que jamais, la villa Adriana surtout paraissait inépuisable. Dès le xvᵉ siècle Pie II, ami des vieux monuments, remarquait les lamentables et admirables ruines de cette villa où l'empereur Adrien avait entassé tant de merveilles; il y voyait encore de magnifiques restes de portiques, d'innombrables colonnes, des sculptures, des mosaïques, il déplorait « les appartements des reines devenus des nids de vipères ». Ce qui ne l'empêcha pas d'y construire un fort dans la maçonnerie duquel on a retrouvé, en 1778, des débris de sculptures antiques ayant servi de matériaux de construction. A partir du xvıᵉ siècle, le sol commença d'y être exploité régulièrement : le cardinal Hippolyte d'Este, élevé à la pourpre en 1538, édifiait aux portes de Tivoli la célèbre villa dans laquelle il tint une cour si brillante, où vécut le Tasse, où fut reçu Henri II. Pirro Ligorio, l'habile et perfide architecte antiquaire, fut chargé de décorer cette riche demeure, et ce fut l'Adriana qui en fit les frais. En même temps qu'il en dressait un plan, corrigé plus tard par Piranesi, Ligório la dépouillait d'un grand nombre de statues. La villa d'Este reçut ainsi l'Amazone, la Psyché, l'Eros bandant l'arc, plusieurs statues de rouge antique aujourd'hui au musée du Capitole. Au siècle suivant, les principales fouilles pratiquées à la villa Adriana furent celles de la famille Bulgarini, puis du cardinal Camillo Massimo, qui recueillit au Canope beaucoup de statues égyptiennes en marbre noir passées plus tard entre les mains du marquis Caspio, ambassadeur de Portugal. Au XVIIIe siècle, presque chaque année apporte son précieux tribut. Au lendemain des mémorables découvertes du cardinal Furietti, qui mettent au jour (1736) les deux Centaures, le Satyre de rouge antique et la célèbre mosaïque des Colombes, conservés aujourd'hui au musée du Capitole, les recherches du cardinal Albani donnent le prétendu Antinoüs (1738), l'Éphèbe au repos (1742), la prétendue Flore (1743), toutes statues maintenant conservées au même musée.

On pouvait croire que la villa Adriana avait épuisé ses trésors. Cependant Gavin Hamilton s'avisa, en 1769, d'y dessécher un petit marécage au lieu nommé Pantanello ; il y trouva plus de soixante marbres sculptés, parmi lesquels des morceaux de premier ordre, par exemple une belle réplique, analogue à celle que possèdent le Louvre et Munich, de la statue nommée d'abord Cincinnatus, puis Jason, et qu'il faut reconnaître aujourd'hui pour un Hermès écoutant les ordres de Jupiter et s'apprêtant à obéir (*Iliade*). Le Pâris, l'Antinoüs en costume égyptien, etc., furent comme l'Hermès acquis par lord Shelburne et firent partie de la collection de Lansdowne house. Gavin Hamilton continua, les années suivantes, ses recherches avec succès dans toute la campagne de Rome sur la Voie Appienne, à Roma Vecchia, à Prima Porta et jusqu'à Ostie. Les souverains étrangers donnaient l'exemple des gros achats d'antiques; Catherine II faisait les siens par l'intermédiaire du sculpteur Cavacoppi. Les trois volumes que cet artiste a publiés sous le titre *Raccolta d'antiche statue* nous disent combien de statues ont passé par ses mains. Le prince électeur Auguste de Saxe achetait la collection Chigi. En trois transports successifs, toutes les richesses de la villa Médicis étaient portées à Florence : les Niobides, la Vénus de Médicis, le Rémouleur, les Lutteurs, etc. Tanucci, le ministre de Ferdinand IV de Naples, ne voulait pas être moins zélé que le grand-duc de Toscane, et il ordonnait l'enlèvement des marbres qui depuis si longtemps décoraient le palais Farnèse, propriété des rois de Naples. Les Romains voyaient avec stupeur la Flore colossale, l'Hercule et l'énorme groupe du Taureau Farnèse s'acheminer vers Naples (1787). L'Hercule Farnèse avait été trouvé au cours des fouilles entreprises par Paul III dans les Thermes de Caracalla : la tête et les jambes manquaient. On lui adapta une tête antique trouvée au Trastevere, et Guillaume della Porta lui fit des jambes; cependant, peu après, au même lieu des Thermes de Caracalla, sortait de terre la vraie tête aussitôt remise à sa place et apparemment fort authentique; on retrouvait aussi les jambes, mais celles de della Porta semblaient aller si bien qu'on les laissa; ce ne fut que lors du transport à Naples que le sculpteur Abbacini substitua les jambes antiques aux modernes. Ces dernières sont restées à Rome au palais Farnèse, où on les voit dans le salon d'Hercule posées en bas de la reproduction en plâtre de la statue.

II

Un des derniers venus, mais non des moins ardents dans ses convoitises artistiques, fut le roi Gustave III. C'est à lui que la Suède est redevable de n'être pas privée aujourd'hui de ces musées et galeries d'œuvres d'art qui sont l'honneur des nations modernes. Avant lui, il est vrai, Gustave-Adolphe avait réuni dans sa lointaine capitale un grand nombre de beaux ouvrages de la renaissance italienne, enlevés par les armées suédoises pendant la guerre de Trente ans à la capitale de la Bohême, où Rodolphe II avait voulu créer, disait-il, une nouvelle Athènes. La reine Christine y avait ajouté les objets d'art achetés par elle d'abord lors de la vente de la galerie Charles Ier d'Angleterre, puis de celle de la galerie de Mazarin. Mais ces trésors avaient quitté la Suède après l'abdication de la reine et s'étaient dispersés après sa mort. Au souvenir de ce passé se joignaient pour Gustave III les suggestions d'une éducation qui avait formé son goût personnel : le comte Charles-Gustave Tessin, qui avait été son gouverneur, était également familier avec les élégances de la société française d'alors et les séductions de la vie italienne. Ambassadeur près la cour Versailles, de 1739 à 1742, il avait eu pour amis le vieux Fontenelle, Marivaux, Favart, le peintre Boucher, le comte de Caylus, et il était avant tout un habile collectionneur; il avait acheté en Italie, à Urbino, de Carlo Roncali, garde

des tableaux du Vatican et descendant du peintre
Timoteo Viti, un certain nombre de dessins originaux de Raphaël, et, à la vente du célèbre amateur
français Crozat, quelques pièces du fameux album
de dessins de Vasari. Bien d'autres raretés complé-
taient sa collection ainsi que beaucoup d'œuvres d'artistes de son temps, et entre autres de délicieux
dessins et pastels de Boucher. Tout cet ensemble
échut à Gustave III, encore prince royal, et fut cédé
par lui au musée de Stockholm; il eut à cœur d'y
joindre une collection d'antiques. Pendant deux
voyages en Italie, il avait pris goût non seulement à
la douceur du climat et des mœurs, mais aussi à la
majesté des monuments, des statues, des marbres
sculptés; il avait admiré les riches villas des cardinaux et princes romains, et senti croître le désir
d'avoir quelque chose de semblable en son pays; il
en vint donc à souhaiter des informations perma-
nentes en vue d'acquisitions faciles. On lui avait pré-
senté à Pise François Piranesi, le fils du célèbre graveur Jean-Baptiste mort en 1778, graveur lui-même
et longtemps associé à son père. Ce fut ce personnage
qui parvint à se faire choisir comme agent du roi.

On a vu plus d'une fois, au cours des temps
modernes, en des lieux historiques tels que Rome,
Athènes ou l'Orient, des représentants distingués
de la diplomatie joindre au soin des affaires politiques le respect de l'art et des lettres et le culte de
l'antiquité. Dans la seule Italie, Chateaubriand,
M. de Blacas, Niebuhr, Bunsen et bien d'autres ont
revendiqué par goût, et rempli noblement cette
seconde mission, mais le roi de Suède, Gustave III,
paraît avoir été le seul souverain qui ait voulu entre-

tenir dans Rome un agent spécial, officiellement chargé de cette sorte d'intérêt.

Piranesi reçut en mai 1784 sa nomination comme agent général de Sa Majesté suédoise pour Rome et les ports de mer de l'État pontifical. Le gouvernement du pape ne reconnut pas, il est vrai, un tel agent nommé par un monarque protestant. De la chancellerie suédoise, on écrivait à Piranesi en lui faisant part des ordres de Gustave III : « Votre ministère s'étend à tout ce qui a rapport aux beaux-arts. Vous informerez Sa Majesté de toutes les occasions d'achats utiles. Vous lui ferez parvenir les prospectus, les catalogues; vous rapporterez directement à Sa Majesté tout ce qui se passera de remarquable en fait d'antiquité, d'art, de festivités dans l'Italie et à Rome... Vous examinerez les pièces et papiers relatifs à l'histoire de Suède qui se trouvent dans les bibliothèques de Rome... Vous rendrez vos bons offices aux Suédois séjournant à Rome, surtout à ceux qui y étudieront les arts et les antiquités... Vous serez délivré de toutes autres affaires étant nommé agent de sa Majesté uniquement pour ces nobles objets. » C'est en conséquence de ces instructions que François Piranesi entretint une correspondance suivie avec le baron Fredenheim, chef de la chancellerie suédoise, et avec le roi lui-même [1].

Ces papiers encore inédits sont conservés, originaux et minutes, dans les archives royales ainsi qu'à la bibliothèque de Stockholm et au musée, et offrent d'utiles renseignements pour la chronique romaine

---

1. Voir A. Geffroy, *Essai sur la formation des collections d'antiques de la Suède. Revue archéologique*, 1896.

concernant les beaux-arts pendant cette dernière
période du XVIII° siècle. Quoique si bien désigné,
Piranesi eut cependant des rivaux; ce lui fut une vive
déception de voir le sculpteur suédois Sergell faire
accepter du roi l'achat d'une série de statues représentant les Neuf Muses aujourd'hui au musée de
Stockholm; aussi il faut voir comment il en parle
dans une lettre à Fredenheim : « Elles ne sont, dit-il,
ni Muses ni belles... Nous savons comment elles ont
été ramassées et restaurées. » Il n'avait pas tort; de
style médiocre, elles venaient en effet de provenances
diverses; la Calliope doit être une Isis, les têtes
n'appartiennent pas toujours aux corps, et le tout a
été réuni et restauré pour former un ensemble.
François Piranesi fut certainement plus heureux
quand il réussit à faire acheter par Gustave III la
statue de l'Endymion : elle est aujourd'hui le meilleur morceau du musée d'antiques de Stockholm.

C'est une œuvre distinguée, antérieure peut-être à
l'époque d'Adrien. Plusieurs peintures de Pompéi
offrent le même motif, de sorte qu'il y a lieu de supposer un modèle commun, perdu aujourd'hui, qui
aurait été fort estimé dans l'antiquité même. L'Endymion avait été trouvé au mois d'août 1783 encore dans
les ruines de la villa Adriana, près du lieu appelé
Cento camerelle. Il était enfermé, paraît-il, dans une
petite chambre aux parois revêtues de marbre. Il faudrait connaître les détails de la fouille pour savoir si
l'on doit compter cette statue au nombre de celles qui
avaient été cachées avec soin pour être soustraites aux
recherches des dévastateurs. Tels ont été, comme on
le sait, l'Hercule doré de la salle ronde au Vatican, la
Vénus du Capitole, le buste de Caligula, etc. L'achat

coûta en tout seize mille huit cents rixdales de Suède, et fut décidé le 19 août 1785. L'affaire ne s'était pas terminée sans difficultés, et Piranesi les expose en détail dans ses dépêches : « En attendant, il n'en faut rien dire au pape de peur qu'il ne veuille la garder. Dès que la chose sera décidée, comme la statue est déjà hors les murs, je la ferai encaisser sans bruit et amener à la rivière... Il y a eu quelques velléités de la Russie à l'égard de notre statue, mais ces gens-là vont très lentement et j'espère qu'ils seront dupes. »

Cependant ce qui importait surtout à Piranesi, c'était de bien vendre à Gustave III sa propre collection, formée par son père; il en demande 6 253 sequins ou une rente viagère de 630 sequins; cette dernière offre fut acceptée, et le roi attendit avec impatience l'arrivée des caisses qui contenaient ces antiques. Il passa presque une nuit, tout joyeux, à les voir ouvrir et à prendre connaissance de ce qui allait constituer son musée royal. Nous trouvons dans les papiers de Piranesi deux catalogues de cette collection, rédigés l'un en français, l'autre en italien; tous deux, croyons-nous, inédits. Ils sont curieux, car ils donnent généralement les provenances; c'est souvent l'inépuisable villa Adriana dont il indique alors soigneusement les emplacements divers; il note en outre les restaurations et donne le nom des restaurateurs, de sorte que ce catalogue, avec toutes ces informations, est un vivant tableau du marché romain [1].

Cependant, l'opinion était de plus en plus émue

1. Voir l'article déjà cité de la *Revue archéologique*.

devant ce lamentable exode de tant de chefs-d'œuvre
et l'appauvrissement de la Ville éternelle, source des
trésors qui allaient enrichir toute l'Europe. Deux
princes qui se succédèrent alors sur le trône pontifical, l'actif et zélé Ganganelli, Clément XIV, l'intelligent et généreux Braschi, Pie VI, résolurent non
seulement d'appliquer plus sévèrement les lois qui
devaient régler l'exportation des objets d'art, mais
d'entreprendre, pour le compte de la Chambre pontificale, des achats et des fouilles dont les résultats
formeraient un nouveau musée.

Ce fut l'origine du Musée Pio-Clementino. Le
Musée du Capitole, commencé par Innocent X au
milieu du XVII° siècle, accru par les soins de Clément XII, Benoît XIV, Clément XIII (1730-1769),
était comble. Le Belvédère du Vatican possédait,
depuis Jules II, un certain nombre de statues très
célèbres, mais là aussi la place manquait. On prit
donc le parti de transformer l'appartement d'Innocent VIII, qui datait de la fin du XV° siècle et que
décoraient les peintures du Pinturicchio, en une
galerie, et de joindre, par des constructions nouvelles, le Belvédère aux autres portions anciennes
du palais. Clément XIV chargea Jean-Baptiste Visconti, le père d'Ennio Quirino, le plus connu de
cette célèbre famille d'archéologues, de diriger les
fouilles officielles en même temps qu'il surveillerait
les fouilles et entreprises des particuliers. Visconti
eut en outre, à partir d'août 1778, la mission de
décrire et de publier le nouveau Musée; le tome Ier
parut en 1782; il était, comme furent les suivants,
l'œuvre d'Ennio Quirino. C'est Clément XIV qui a
donné le Méléagre, la tête colossale de Faustine,

l'Amazone et bien d'autres morceaux précieux de la galerie actuelle des statues; mais Pie VI, qui eut un plus long règne, eut dans les travaux de construction comme dans l'enrichissement des nouvelles galeries la plus grande part. Le Vatican obtint par lui, grâce à d'intelligents achats, plusieurs des marbres retrouvés dans les fouilles du comte Fede, de Jenkins et d'Hamilton à la villa Adriana. Il entreprit une vaste fouille à Otricoli, l'ancienne Otriculum en Ombrie. C'est Pie VI qui édifia cette monumentale salle ronde où il plaça, outre l'immense vasque de porphyre trouvée dans les Thermes de Dioclétien, les pavages en mosaïque, la Junon Sospita et les pièces colossales trouvées à Otricoli, la tête de Jupiter, peut-être copie ou imitation du Jupiter de Phidias, la tête de Claude avec la couronne civique, etc. C'est lui qui dota la salle dite de la Croix grecque du sarcophage de Constance, du sarcophage d'Hélène, mère de Constantin, habilement restauré. C'est lui qui donna la série des Muses avec Apollon, la statue d'Eschine et tant d'autres. Ainsi se formait magnifiquement le Musée Pio-Clementino.

Toute cette activité savante et artistique et les nobles loisirs qu'elle suppose, qui faisaient de Rome un séjour si enviable aux étrangers, allaient être emportés dans la tourmente de la fin du siècle. Désormais ce n'était plus de fouilles ni de collections qu'il pouvait être question. Ce Piranesi, que nous avons vu agent du roi Gustave III pour les beaux-arts, « délivré de toutes autres affaires, étant nommé uniquement pour ces nobles objets », comme le disaient ses instructions, en homme plus habile que scrupuleux, changeait ses batteries. Après la mort tragique de Gustave III, le gouvernement de la Suède, aux mains du duc de Sudermanie, régent pour le jeune Gustave-Adolphe IV, se transformait complètement, faisant alliance plus ou moins ouvertement avec le parti révolutionnaire; et si l'on envoyait comme représentant de la Suède auprès des diverses cours italiennes le brillant comte d'Armsfeld, ami de Gustave III, c'était en réalité pour se débarrasser de lui. Piranesi, qui à ses fonctions artistiques était arrivé à joindre celles de consul, se mettait ostensiblement tout au service d'Armsfeld, mais lorsque celui-ci, lié avec tout ce monde d'émigrés français qui arrivait à Rome, favori à la cour de Naples de la reine Caroline, se faisait en réalité l'agent de l'émigration et de la contre-révolution, malgré les ordres contraires de son gouvernement, Piranesi, jugeant d'un coup d'œil sûr que l'avenir n'était pas là, vendait au gouvernement suédois les secrets de son patron, se livrant au plus vil espionnage. La seconde partie de sa vie est tout occupée par ces basses et obscures intrigues, qui ne laisseraient pas, telles qu'elles se présentent dans sa correspondance inédite, de former une assez curieuse page de l'histoire de Rome pendant les années de l'époque révolutionnaire.

Cependant cet habile homme se sentant, par suite de nouveaux changements, également compromis avec tous les partis en Suède, s'en détachait complètement, et voyant un nouvel astre se lever à l'horizon après l'occupation de Rome par les armées françaises, il devenait commissaire dans l'administration des finances de la République romaine (1798). Fort menacé cependant au milieu des vicissitudes qui suivirent, il se résolut à embarquer tout son attirail de gravure et alla s'établir à Paris. C'est alors qu'il donna une nouvelle édition des planches exécutées par son père et par lui-même. Il entreprit aussi une fabrique d'objets en terre cuite d'après des modèles antiques, candélabres, vases, etc. L'aide qu'il obtint d'abord du gouvernement français ne suffit pas pour en assurer le succès. La maison Didot lui acheta finalement tous ses fonds; les cuivres de ses gravures furent incorporés dans les collections du Louvre. Il mourut à Paris le 27 janvier 1810, ayant pu voir au musée Napoléon au Louvre quelques-unes des plus belles œuvres de la sculpture antique qui étaient sorties de terre sous ses yeux pour enrichir les collections de Rome.

Rome, 1895.

LA TRANSFORMATION DE ROME

EN CAPITALE MODERNE [1]

I

Les Italiens réussiront-ils à faire de Rome une des grandes capitales modernes? Ils y sont résolus et se sont mis à l'œuvre. Presque aussitôt après leur prise de possession, le pic des démolisseurs a commencé son œuvre, et de nombreuses constructions se sont élevées avec une rapidité fiévreuse. Il n'est plus temps de revoir la même Rome que les trois ou quatre dernières générations ont connue. Cependant les nouveaux maîtres de Rome se trouvent aux prises avec les difficultés diverses qu'ils ont dû prévoir. Ils

1. Ce travail a été rédigé, voilà deux ou trois ans, par notre ancien et regretté collaborateur, M. A. Geffroy, dont nous n'avons besoin que de rappeler le nom aux lecteurs de cette *Revue*. Il nous a semblé que ces pages n'avaient rien perdu de leur intérêt, et qu'on y retrouvait, dans une question qui n'est pas seulement italienne, la compétence unique du maître éminent qui a dirigé pendant tant d'années l'École française de Rome. (Note de la rédaction de la *Revue des Deux Mondes* où cette étude a paru le 1er septembre 1897.)

paraissent ne pas compter la question politique et religieuse; du parti qui continue de réclamer contre la chute du pouvoir temporel des papes, ils croient n'avoir plus rien à redouter; le groupe des modérés, qui considérait l'établissement à Rome comme prématuré, s'incline devant le fait accompli et déclare, lui aussi, qu'une fois à Rome on n'en peut plus sortir : la protestation vivante n'en subsiste pas moins devant eux, mais ils attendent. « Le Saint-Père ne peut rien maintenant pour l'Italie, disait naguère un de leurs plus sages hommes d'État, et l'Italie ne peut rien pour le Saint-Père : il faut laisser faire au temps son œuvre. »

Mais, si les Italiens espèrent être délivrés des obstacles purement politiques, ils ont affaire à un ennemi d'une autre sorte, la *Malaria*. Autour de Rome s'étend un désert redoutable. Combien d'années et combien de millions faudra-t-il pour triompher de ce fléau? Imagine-t-on une capitale moderne placée au centre d'une région qui engendre la mort? Cette menace ne les arrête pas. Intrépidement ils entreprennent d'assainir l'*agro romano*; et qui ne ferait des vœux sincères pour leur succès! On peut craindre seulement qu'il ne soit pas l'œuvre d'un jour. Et tous ceux qui admirent l'unique beauté, la sombre et émouvante grandeur de la campagne de Rome ont encore longtemps à en jouir.

Ce n'est pas tout. A côté de ceux qui prétendent, ou qui admettent, que Rome devrait, ou pourrait, appartenir aux papes, ses anciens maîtres légitimes, il y a ceux qui soutiennent qu'en un certain sens une pareille ville appartient au monde et non pas à un État particulier, ni à un municipe, siégeât-il au Capitole. Par une contradiction curieuse les premiers qui ont élevé ces clameurs n'étaient pas les adversaires de l'ordre politique. Ils avaient applaudi à la chute du pouvoir temporel des papes, à l'unité italienne, à Rome capitale. C'est de Munich que Gregorovius jeta le cri d'alarme et lança les vives objurgations que répétèrent les journaux allemands, sous ce titre fatidique : « La destruction de Rome ». *Die Vernichtung Roms.* Gregorovius, dont notre Ampère a si bien aidé jadis les heureux commencements, a bien mérité de Rome, cela est certain, par sa remarquable histoire de la ville éternelle pendant le Moyen âge. Une traduction italienne a popularisé ce livre au delà des Alpes et — quelques circonstances y aidant — l'auteur s'était vu décerner au Capitole le titre de citoyen romain. Il avait donc assurément qualité pour élever la voix au nom de *sa* ville, s'il a eu lieu de croire qu'on lui fît injure. De Dresde, M. Hermann Grimm a fait écho. Auteur d'une vie de Michel-Ange bien étudiée et spirituellement écrite, M. Hermann Grimm a longtemps habité l'Italie et se réclame du droit de tout étranger d'apprécier et de contrôler devant le public européen ce qui se fait à Rome. Les appels de ces deux critiques ont suscité de nouvelles doléances et des réponses en sens divers, soit en Allemagne, soit en Italie. Il s'en est suivi une polémique digne d'attention, non pas seulement pour le talent de quelques-uns de ceux qui y ont pris part, mais pour l'importance du débat. Il s'agit en effet d'une nouvelle transformation de Rome après celles dont elle a déjà donné le spectacle au monde.

Il est évident que Rome n'est point une ville comme une autre, qu'une certaine esthétique supérieure y a ses droits et impose de ne pas détruire ou amoindrir par des changements barbares la beauté supérieure qui émane de ses anciens monuments. Les Italiens disent volontiers qu'elle est à eux et qu'ils le feront bien voir; mais voici les Allemands qui y veulent à côté d'eux droit de cité, par une sorte de souvenir inconscient du Saint-Empire romain germanique, ou bien encore — M. Curtius l'a dit autrefois dans un éloquent discours, — au nom d'une science érudite qui se vante d'avoir rendu ses titres à l'Italie. De leur côté les Anglais prétendent faire respecter en elle une de leurs stations familières, et les Français ne consentent pas à y être étrangers, au double titre de la communauté de race et du lien religieux. Rome pour tous est une seconde patrie : elle n'a que le dépôt et la garde des grandes œuvres de l'art, patrimoine commun de l'humanité civilisée. Ses monuments sont les témoins de souvenirs qui n'appartiennent pas seulement à elle.

Quand de maladroites réparations, il y a seulement quelques années, parurent devoir compromettre ou déshonorer Saint-Marc de Venise, on vit les Anglais réclamer, faire une agitation par l'organe du *Times*; puis leur gouvernement lui-même, par voie diplomatique, interpréta et transmit les griefs, et obtint gain de cause. C'est une doctrine analogue, après tout, à celle que les Chambres italiennes n'ont pas hésité à proclamer lorsqu'elles ont tenté de faire une loi sur la propriété des objets d'art, et la même qui s'exprimait déjà dans l'édit du cardinal Pacca, toujours en vigueur, et en vertu duquel la conservation, la vente, l'exportation des chefs-d'œuvre sont soumises à des règles rigoureuses. Il a été posé en principe que les

statues, les tableaux des maîtres, possédés par les
particuliers, par les grandes familles romaines par
exemple, depuis plusieurs générations, n'étaient pas
entre leurs mains au titre d'une entière et pleine propriété. Il a été déclaré, non sans raison, qu'il n'était
pas permis au possesseur d'une œuvre historique,
d'une statue grecque, d'une toile célèbre, de la modifier à sa fantaisie ou de la détruire. Les antiques con-
tenues dans les galeries du Vatican, les chefs-d'œuvre
conservés dans les églises ou dans les collections privées, ont été déclarés n'appartenir entièrement ni au
pape, ni au clergé, ni aux détenteurs actuels; doctrine glissante, il est vrai, et avec laquelle il est difficile de faire une loi moderne, mais qu'on ne craint
pas d'appliquer en infligeant à la vente et à l'exportation des objets d'art des conditions draconiennes
fort restrictives du droit de propriété.

II

La cause de la transformation de Rome ne peut
évidemment se plaider que devant le tribunal de
l'opinion; n'est-ce pas une raison de plus pour qu'il
soit permis d'exposer librement les griefs de ceux
qui disent au municipe romain : Sous prétexte de
faire de Rome une capitale digne du nouveau royaume
d'Italie, vous défigurez la plus magnifique des cités
historiques, qui, en un certain sens, appartient aux
autres peuples autant qu'à vous?

Il y avait jadis, dans l'enceinte formée par les murs
d'Aurélien, de vastes espaces non bâtis qui donnaient

à Rome de poétiques solitudes, des oasis de verdure où se dressaient çà et là des ruines protégées par la solitude et le silence. C'étaient pour la plupart les lieux les plus habités de l'antique Rome devenus les plus déserts. Vous ne voulez plus de ces grandes beautés. A peine étiez-vous entrés dans Rome, vous songiez à faire un quartier nouveau dans cette admirable partie de la ville où s'élèvent, à côté du mont Testaccio, à l'ombre des cyprès du cimetière protestant, la pyramide de Cestius et la porte Saint-Paul. Au lieu des pittoresques chemins qui, au milieu des arbres, des cultures, conduisaient à quelque ruine, à quelque vieille église pleine de grands souvenirs, il n'y a plus que des terrains nus, des rues, des places tracées au cordeau : peut-on du moins justifier ce déplorable changement par une raison d'utilité publique? Non; de loin en loin s'élèvent quelques maisons misérablement habitées, d'autres inachevées, abandonnées, attestant l'inutilité de ces constructions et la ruine des spéculateurs qui les ont élevées.

Vous avez agi de même à travers tout le plateau de l'Esquilin, et voilà que les trophées de Marius, l'auditorium de Mécène, Saint-Eusèbe, sont confondus pêle-mêle dans les bâtisses modernes. Vous élevez des casernes jusqu'au pied du Colisée. L'amphithéâtre flavien n'a plus ni ses autels ni sa croix, consacrant les souvenirs des martyrs, ni sa flore spéciale !

Les plus malheureuses constructions sont probablement celles des Prati. Cette vaste plaine comprend le nord-ouest de la ville sur la rive droite du Tibre, entre le château Saint-Ange, Saint-Pierre, la porte Angelica et le fleuve. On y accédait jadis du port de Ripetta. Descendant l'escalier de marbre circulaire, traversant le Tibre dans un bac, on abordait la rive ombragée, d'où un chemin se dirigeait vers Saint-Pierre qu'on atteignait à travers champs. C'était dans les beaux jours d'octobre une des plus douces promenades pour qui connaissait bien Rome et savait en jouir. Tout ce vaste espace des Prati a été livré à la plus vulgaire spéculation, et, comme ailleurs, elle n'a trouvé que la ruine. On parvient aujourd'hui aux Prati par un pont aux piles tubulaires d'une singulière et incontestable laideur, dont les hauts parapets interceptent la vue. Elle n'existe plus, cette *perspective* si habilement ménagée à l'extrémité de la galerie du palais Borghèse et que connaissaient bien tous les voyageurs. Dans la plaine on a construit quelques *palazzi*, d'immenses casernes, des maisons à cinq ou six étages de la plus médiocre apparence; une énorme construction destinée au palais de justice et située du côté du Vatican, avance lentement; de grands espaces vides et pierreux, des bâtisses commencées, abandonnées, inachevées, offensent et attristent les regards. Toute verdure a disparu.

De la terrasse du Pincio comme de la villa Médicis, on avait naguère un de ces aspects merveilleux tels que Rome en offrait jadis un si grand nombre aux yeux et à l'âme. Le regard s'étendait par-dessus la place du Peuple, les Prati déserts et verdoyants jusqu'au Vatican et à Saint-Pierre. Le palais et la basilique paraissaient isolés dans leur splendeur et c'était justice : « Là, dit expressément M. Hermann Grimm, l'humanité moderne a pris naissance; sans le travail séculaire qui a rayonné des *limina apostolorum* où serait, se demande-t-il, notre protestantisme? Le souvenir de Saint-Pierre nous reporte par la pensée à ces temps de l'Église primitive qui précédèrent tout partage de secte, toute lutte contre un clergé. De ces lieux sont partis ces ouvriers énergiques qui ont su transformer en un peuple capable et digne de civilisation ces mêmes Germains dont l'empire, avec toute son habileté, n'avait pu faire que des soldats. Allemagne, France, Angleterre, nous devons à Rome et au christianisme notre développement spirituel, et ce ne sont donc pas les seuls Romains qui, en présence de tels monuments, ont le droit d'élever leurs esprits et leurs cœurs. L'Italie, si elle veut transformer sa capitale, doit tenir compte de tous ceux qui savent estimer à son prix le rôle qu'a joué Rome dans l'évolution historique et religieuse, de tous ceux qui voient dans ses édifices autant de symboles à la conservation desquels c'est leur droit de veiller. Les lieux qui ont servi de berceau aux grandes idées et aux grands hommes sont des lieux sacrés. » Ainsi parle le protestant; et ainsi parleraient, peu s'en faut, et le catholique et le philosophe.

Que si, descendant de ces hautes considérations, on envisage seulement l'agrément qu'on pouvait souhaiter à la ville moderne, on se demande comment on a laissé détruire la villa Ludovisi. Tous ceux qui jadis s'y sont promenés dans les beaux jours d'hiver, ont gardé le souvenir de son charme doux et sévère : ses allées ensoleillées, son bois de chênes verts et de pins parasols, sa célèbre avenue de cyprès. Les marbres de sa galerie rappelaient la Grèce, les vieux murs de la ville auxquels s'adossaient ses jardins parlaient de la grandeur romaine; le casino avec ses fresques était un dernier écho de la Renaissance. La villa Ludovisi n'existe plus; les

terrains en ont été vendus et morcelés, les bandes
noires s'en sont emparées et y ont construit des
maisons de rapport. Sans doute, quelques palais
somptueux ont été élevés, les marbres célèbres ont
été replacés avec honneur dans des salles bien éclai-
rées. Mais là non plus la spéculation n'a pas réussi,
de grands espaces poussiéreux restent non bâtis; des
constructions commencées et abandonnées deviennent des repaires dangereux et infects. Si elle était à
vendre ne fallait-il pas en profiter? Qui donnera des
parcs, des jardins à la nouvelle capitale? Compte-
t-elle garder longtemps l'usage de la villa Borghèse
et de la villa Pamphili? Est-elle assurée qu'on lui
fera de tels présents, ou sera-t-elle assez riche pour
de telles acquisitions? La villa Ludovisi, beaucoup
moins vaste, mais encore enviable, ne pouvait-elle
devenir l'ornement et le refuge des nouveaux quartiers de la gare?

Une atteinte plus grave est cependant reprochée
de toutes parts, et dans Rome même, au gouvernement italien. Malgré le sentiment public, malgré les
avis contraires de l'édilité romaine et de l'académie
de Saint-Luc, on a résolu d'ériger sur le mont Capitolin une statue équestre de Victor-Emmanuel. Il faut
que cette statue domine la ville et soit aperçue du
Corso. On a fait table rase, pour élever le monument
à étages qui doit la supporter, de toute la partie
nord de la colline; le couvent de l'Ara cœli avec son
beau cloître a déjà disparu; et dans les expropria-
tions et les énormes travaux de terrassement plusieurs millions sont déjà enfouis. Que deviendra
cependant l'incomparable tableau qu'offrait de la
place du Capitole l'immense escalier en plaques de

marbre sillonnées encore çà et là d'inscriptions antiques, et que surmonte la façade de l'église, aux
chaudes couleurs de briques, se détachant sur le ciel?
Le mont Capitolin est occupé de nos jours par le
municipe romain, ce qui est de toute justice; par les
célèbres collections d'antiques dont c'est bien la
place; par cette église de l'Ara cœli, en laquelle s'est
transformé le temple où, selon la légende, la sibylle
apparut à Octave Auguste; l'ambassade allemande y
occupe l'ancien palais Cafarelli sur l'emplacement du
temple de Jupiter. Est-ce une raison de placer à
l'autre extrémité de la colline, comme pendant, un
monument italien? Combien ne sera-t-il pas singulièrement entouré, voisin du célèbre Marc-Aurèle de
bronze, comparaison redoutable! Où était la nécessité de reléguer ainsi, et de livrer aux étonnements
de l'avenir, le fondateur de l'unité italienne. Pourquoi
gâter pour lui la ville dont on veut qu'il ait renouvelé
l'éclat? Le gouvernement a refusé pour l'y placer le
vaste espace resté vide en face de la grande gare, en
vue de la *rue nationale*, au centre du plus beau et du
mieux réussi des quartiers nouveaux. Et le bizarre
dessein s'achève, au nom de la raison d'État.

Les travaux accomplis pour régulariser le cours
du Tibre et garnir de quais ses rives dans toute
l'étendue de la ville auront coûté à l'État plus de
cent millions. C'est une œuvre considérable : nous
l'avons vu commencer, elle s'achève en moins de
vingt ans. Si, par un meilleur et plus rapide écoule-
ment des eaux, ces travaux préviennent des désastres comme ceux du XVIe siècle, comme celui de 1870
où les eaux envahirent le Corso et atteignirent sur la
place de la Minerve deux fois la hauteur d'un homme,

ce sera certes un bienfait et on pourrait laisser les amis du pittoresque regretter les plages infectes et splendides d'autrefois. Mais était-il nécessaire d'enfermer le fleuve entre deux murailles régulières et rapprochées, où ses eaux jaunâtres coulent tristement, sans refléter ni arbres ni verdure? Deux ponts nouveaux sont d'une laideur haïssable, on peut espérer du moins qu'ils sont provisoires, tandis que le pont Garibaldi, tout battant neuf, restera.

Sera-ce encore le Tibre, ce fleuve que vos quais encaissent entre deux murs uniformes et qui a perdu soit ses plages alternant avec les maisons baignant dans ses eaux, soit son ouverture en aval sur tant de débris subsistants de l'ancienne Rome? C'était le double spectacle qui s'offrait du pont Sixte par exemple à qui se rendait de la rive gauche vers le Janicule. A sa droite, la belle courbe du fleuve reflétait le splendide bois de lauriers de la Farnesine, que vous avez détruit; il voyait à sa gauche l'île Tibérine avec sa poupe sculptée en souvenir d'Esculape, et les *Quattro-Capi* et la tour de l'Anguillara et le temple Vesta et de l'Aventin. Presque tout cela a disparu [1].

Et si un des bras du Tibre, le long de l'île Tibérine, doit demeurer ensablé, comme cela semble inévitable, c'est un vrai malheur pour l'aspect général:

1. La tour de l'Anguillara a été conservée (et même réparée); mais, séparée du fleuve, entourée de constructions. elle a perdu sa pittoresque beauté. Il en est presque de même du temple de Vesta qu'une pente verdoyante, semée de vieux débris, unissait jadis au fleuve et à la *cloaca maxima*. — Les photographies d'il y a dix ans donnent encore ce ravissant tableau. — Une froide muraille l'enserre maintenant, toute verdure a disparu, tout cet ensemble est défiguré.

Rome aura perdu une de ses grandes beautés. On avait pu souhaiter, tout au contraire, que cette île célèbre dans les fastes romains devînt, et c'était facile, un joyau archéologique et pittoresque au milieu de la cité. Là, selon la légende païenne, le dieu Esculape vint, sous la forme d'un serpent, de Pessinunte s'établir en Italie. Les anciens Romains avaient donné à l'île la forme du navire qui apporta le dieu; un obélisque figurait le grand mât; à la proue s'enroulait le serpent. Les antiquaires de la Renaissance s'étaient plu à reconstituer l'état primitif détruit par le temps; on aurait pu à leur exemple renouveler cette restitution (le serpent se voyait encore), sans sacrifier la petite basilique Saint-Barthelemi, ni l'hospice des *bene fate, fratelli*[1], touchant legs du moyen âge, qui continuait d'une curieuse façon la tradition du temple d'Esculape. Aujourd'hui, le bras droit du fleuve est ensablé, et une odieuse construction masque les rives de l'île : de l'asile d'Esculape, on a fait une morgue !

Il avait été beaucoup question, même dans le parlement, de ce qu'on appelait « la promenade archéologique » : on aurait rejoint ensemble par des avenues bien ouvertes les principaux monuments qui subsistent de l'ancienne Rome dégagés de tout obstacle... Rien de mieux[2], mais ne fallait-il pas commencer par interdire dans le prochain voisinage d'édifices tels que le Colisée la construction d'immenses mai-

1. On sait que ces mots *bene fate, fratelli* : mes frères, faites le bien, dans lesquels saint Jean de Dieu, dans sa vieillesse, résumait ses exhortations, sont devenus le nom populaire à Rome des frères hospitaliers.

2. Ce projet, qui avait été soutenu avec ardeur par le regretté Bonghi, n'a point été pris sérieusement en considération.

sons à six ou sept étages, avec dix ou douze fenêtres
de façade, qu'une fièvre de spéculation a multipliées
et qui, hâtivement bâties, misérablement habitées,
ou se ruinant avant d'être achevées, offrent le témoignage d'une ambitieuse impuissance, dont le contraste
avec les monuments antiques est trop choquant. Le
plan régulateur, sous le contrôle de l'État, pouvait
facilement réserver les entourages. Et, si les champs
d'artichauts mêlés de buissons de grenadiers et de
lauriers-roses, qui jadis s'avançaient innocemment
jusqu'aux arcades de l'amphithéâtre flavien, cho-
quaient une municipalité qui se respecte, on pouvait
au moins laisser les arbres en les entourant de
quelque verdure.

Heureusement pourtant elle fut abandonnée, cette
proposition d'une Exposition universelle à Rome
en 1895. On avait eu la funeste pensée de la placer dans
l'espace compris entre la porte Capène et les thermes
de Caracalla. C'était presque la seule partie de Rome
qui fût demeurée à peu près respectée. Encore le
grand cirque qui en est comme l'entrée est-il devenu
l'usine à gaz. On aurait infailliblement détruit cette
courbe de l'auberge de la Moletta qui retrace encore
l'inflexion du cirque à son extrémité. Qu'eût-on pu
faire du cirque de Maxence? On aurait vu un champ de
foire, une rue du Caire, des fontaines lumineuses, une
galerie des machines, servir de préambule à la voie
Appienne, à l'entrée des catacombes, à tant de sanctuaires dispersés dans cette région de la ville. Cela
sans parler des obstacles du climat de Rome, ou de
l'opinion qu'on s'en fait au dehors. Il faut rendre du
moins cette justice au bon sens italien, jamais
l'opinion publique ne fut favorable à un tel projet.

Après un moment de faveur qu'avait su mériter l'ardeur des premiers apôtres, les objections arrivèrent en grand nombre ; mais la plupart de ces objections étaient tirées du péril financier, très grave assurément. On put s'étonner que fort peu de voix se fussent élevées pour représenter quelle profanation nouvelle, si l'entreprise était arrivée seulement à un commencement d'exécution, aurait achevé de ruiner ce qui fait l'originalité de Rome, la grandeur de son aspect et de ses souvenirs.

III

Avec beaucoup de raison, l'administration romaine prend à sa charge et sous sa direction exclusive les fouilles qu'il y a lieu d'entreprendre dans l'enceinte de la ville, mais j'ai vu des visiteurs — des plus intelligents et des plus respectueux de Rome — prendre en dépit, malgré le grand intérêt scientifique auquel ils étaient fort sensibles, le triste état d'apparente dévastation dans lequel restaient, après l'achèvement des fouilles, les lieux explorés. Quelques-unes des dernières excavations pratiquées dans le forum ou son voisinage, n'ont mis à jour que de médiocres et indifférentes constructions du moyen âge et tout l'espace entre le temple de Castor et Pollux, l'église de Sainte-Françoise-Romaine et la *Meta sudans* n'offre plus qu'un squelette poussiéreux et décharné peu digne des grands et admirables débris qui l'entourent. Ceux qui ont vu le Forum il y a quelque trente ans, seraient parfois tentés de regretter l'allée d'arbres qui le traversait et y répandait un peu d'ombrage. On est reconnaissant des fouilles puisqu'elles ont mis au jour tant de documents d'un intérêt supérieur, tout au moins au point de vue de la topographie antique ; mais pourquoi bannir le lierre, la verdure et les arbres amis des ruines qu'ils protègent et conservent si on sait les diriger? L'ancienne Rome était parsemée d'arbres auxquels s'attachaient des légendes populaires et qui servaient, les inscriptions nous l'attestent, de points de repère et comme d'adresse. Il y avait le célèbre figuier ruminal au forum, le labyrinthe du Vatican. Pline témoigne que de son temps les balcons de Rome étaient garnis de feuillage et de fleurs et il en est encore ainsi. Ce n'est pas le goût public qui bannit la douce et élégante verdure, bien que subsiste en quelque mesure, à vrai dire au point de vue hygiénique, une crainte traditionnelle de l'ombre et de l'épais rideau des grands arbres [1].

Les travaux opérés au Palatin n'ont pas tous, il faut en convenir, profité non plus au pittoresque. Il est difficile de ne pas regretter l'ancienne entrée de la colline, entrée aujourd'hui détruite. On peut voir à la bibliothèque de l'Institut, à Paris, une série de volumes in-folio contenant les dessins que Percier, l'architecte, a recueillis de son séjour à Rome comme pensionnaire de l'Académie de France à la fin du siècle dernier. Ils ne sont pas seulement d'un crayon singulièrement délicat et fin, ils révèlent un homme de goût épris des suprêmes élégances de Rome. Percier paraît s'être plus particulièrement plu à des-

---

1. Une société privée s'est, dit-on, formée pour protéger les arbres, en replanter et *ensemencer* les ruines. Les amis du pittoresque souhaitent son succès.

siner l'entrée des jardins qui occupaient près de l'arc de Titus la partie orientale du mont Palatin. C'était un bel ensemble (que nous avons encore dans le souvenir) d'étages et de terrasses, avec une admirable frondaison de lauriers, d'orangers, de palmiers. Tout cela a été détruit il y a quinze ans à peine : il ne reste que la fontaine ornée de rocailles, qui, isolée, a perdu sa valeur. Toute la parure dont l'art ingénieux de la Renaissance avait revêtu ce penchant de la montagne n'existe plus. Ce regret ne doit pas rendre injuste pour tout ce qu'ont donné les fouilles pratiquées au Palatin depuis trente ans, depuis M. Pietro Rosa, alors que le Palatin était la propriété de l'empereur Napoléon III, jusqu'à la dernière exploration faite en l'honneur de la visite de l'empereur d'Allemagne en avril 1893. Elles se continueront dans la partie du stade quand, la villa Mills disparaissant enfin, on pourra, par des fouilles profondes, avoir le dernier mot des incertitudes qui planent sur la maison d'Auguste. Puisse seulement, alors, le dernier groupe d'admirables cyprès qui domine toute la colline et on peut dire toute la perspective de Rome dans cette région, être épargné! Il faut en attendant jouir de ce qui nous est offert, et il n'est point de lieu, dans Rome, plus propre que le Palatin à faire comprendre la joie, l'enivrement d'errer parmi les ruines, sous le ciel bleu. Dans la divine lumière, le moindre épisode prend une valeur imprévue : c'est, au milieu d'un vaste pan de mur rougi par les chauds rayons, une ouverture sur la campagne lointaine; une blanche colonne élancée, une voûte qui à une hauteur prodigieuse s'arrondit et offre de délicats caissons. Toute la ville s'étend sous les regards qui vont du dôme Saint-Pierre aux monts albains. Au ravissement des yeux se joint le ravissement de l'esprit, hanté par tant de grands souvenirs. L'histoire presque entière de l'ancienne Rome est encore inscrite en vestiges visibles sur la colline autour de laquelle Romulus traça l'enceinte de la *Roma quadrata*.

Certes, les sujets d'étude et d'admiration, encore maintenant ne manquent pas, et ceux qui n'ont pas connu le passé ont peut-être quelque impatience à nous suivre dans nos récriminations ; et cependant combien en pourrions-nous encore ajouter ! Et l'admirable vue qu'on avait du portique de Saint-Jean de Latran ? Nous en savons qui, arrivant à Rome, courant à ce lieu béni pour y renouveler leurs anciennes admirations, et se trouvant en face d'horribles baraques qui ont à jamais gâté, déshonoré ce suprême tableau, un des plus beaux non pas seulement de Rome, mais du monde ; ont senti les larmes leur monter aux yeux et la malédiction aux lèvres. — Et la villa Wolkonsky avec son aqueduc enveloppé de lierre ? éventrée, dépouillée. — Et cette paisible route ombragée sur les bords du Tibre, sortant de la porte Angelica aux pieds de la villa Madama ? L'ancienne promenade des cardinaux elle est maintenant effondrée par les trains d'artillerie qui se rendent au fort dominant la colline déboisée !

IV

Il faut s'arrêter, et savoir écouter ce que disent ceux qui veulent justifier, ou excuser, les changements actuels, nous bornant toujours ici à les considérer au point de vue purement extérieur et esthétique. Constatons d'abord que les Italiens y sont beaucoup plus indifférents que les étrangers. Même parmi les plus ardents pour l'unité politique représentée par Rome capitale, le patriotisme local conserve tout son empire; un Florentin, un Napolitain, encore mieux un Piémontais venu à la suite du gouvernement nouveau, n'a ni cure, ni soucis de la beauté de la ville des Papes. Puis, dira-t-on, il s'agit d'une de ces transformations profondes qui ne peuvent s'achever sans sacrifices. Ce n'est pas la première fois, ajoute-t-on, que Rome voit s'accomplir une de ces métamorphoses qui signalent l'ouverture des âges nouveaux. Rome n'est pas morte à la fin de l'empire romain, comme ces villes d'Orient que l'antiquaire a le plaisir de fouiller méthodiquement. Elle a continué de vivre non seulement de sa vie propre, mais de cette vie générale qui est la trame variée de l'histoire. Elle a subi plusieurs renouvellements, au début du moyen âge, au seuil des temps modernes; et chaque fois on a vu la période naissante infliger à celle qui la précédait quelqu'un de ces dommages que les contemporains attachés à la tradition sont tentés de regarder comme des sacrilèges, en attendant que d'autres monuments et d'autres souvenirs acquièrent eux aussi la dignité de l'âge et tombent finalement à leur tour sous les atteintes des générations ultérieures.

C'est la loi de la vie. Cela est vrai, mais ce qu'il faut souhaiter et conseiller, c'est que chaque génération puissante au moment où s'inaugure une ère nouvelle respecte les ancêtres, et conserve autant qu'il

est possible les témoignages subsistants du passé. Il
y a les droits de la science; il y a ceux aussi de l'art
et de la beauté qui n'ont pas une moins grande part
à cette éducation de l'humanité que le passé lègue à
l'avenir. Jamais les droits de la science n'ont été
mieux compris que de notre temps, et nous convien-
drons volontiers que dans les circonstances qui nous
occupent les savants les plus compétents n'ont pas
manqué pour les faire respecter. Les richesses archéologiques de Rome se sont singulièrement accrues. Il
n'est que juste de le rappeler. On ne saurait faire un
grand mérite à l'édilité de la quantité de trouvailles
qui ont été faites, puisqu'on ne peut toucher le sol
de Rome sans en faire sortir quelques débris intéressants; mais on peut être reconnaissant du soin
avec lequel tout a été recueilli et offert à l'étude.

La première grande voie tracée et heureusement
comprise, la *via nazionale* actuelle, met en rapport le
nouveau quartier de l'Esquilin où aboutissent les
voies ferrées du nord et du sud, avec le reste de la
ville et en particulier avec la colline du Quirinal. Ce
fut un travail énorme, il fallut combler une vallée,
percer une colline, laisser des palais et des jardins
suspendus à une notable hauteur grâce à des substructions considérables. Chaque jour, pendant ces
importants travaux, on voyait sortir de terre quelque
objet antique, des restes de riches demeures contenant des sculptures et des mosaïques. Romains et
étrangers venaient en foule, chaque après-midi à
l'heure de la promenade, assister, si la bonne chance
les favorisait, à quelque trouvaille. L'ensemble des
travaux accomplis depuis 1875 sur l'Esquilin a fait
découvrir un si grand nombre de morceaux : sta-

tues, bas-reliefs, mosaïques, etc., que l'administration italienne en a formé tout un nouveau musée
au palais des Conservateurs au Capitole. Ajoutons
encore que l'Esquilin a été fécond pendant ces dernières années en découvertes préhistoriques, ou intéressant le lointain passé de la campagne romaine.

Un jour, pendant ces travaux, M. le sénateur Tommasi Crudeli, bien connu par ses études sur la
malaria [1], nous manda de venir vite le joindre; il
voulait nous faire visiter un de ces tunnels antiques
de drainage qui sont si nombreux dans la campagne
et dans Rome même. La pioche des ouvriers venait
de mettre à jour, sur un des côtés de la *via nazionale*,
une de ces galeries souterraines. Nous touchons ici à
un très curieux sujet d'observation. Il n'y a guère
que vingt ou vingt-cinq ans qu'on a remarqué comme
il le mérite le vaste système de drainage dont on
retrouve des traces à travers toute la campagne de
Rome. Le sol y est transpercé quelquefois à double
étage par des galeries creusées dans le tuf, ayant la
hauteur et la largeur d'un homme et destinées à
entraîner vers quelque abreuvoir ou vers le fleuve les
eaux superficielles. Le mérite de ces vastes constructions revient certainement à ces populations italiques
qui habitaient ces campagnes avant la domination
romaine. On a cru remarquer que les pauvres habitants de la Sabine actuelle, ceux qu'on appelle dans
Rome les *ciociari*, du nom qui désigne leurs chaus-

---

1. Tommasi Crudeli, *Il clima di Roma*, Rome, 1886. — Voir
aussi De Lucii, *Dell' antico e presente stato delle campagne
romane in rapporto alla salubrita dell'aria...* — De la Blanchère,
La Malaria à Rome et le drainage antique. Mélanges d'archéologie et d'histoire de l'École française, t. II.

sures, ceux qui ont conservé leur costume pittoresque et viennent s'engager aux artistes comme modèles, possèdent encore une singulière aptitude à trouver les niveaux sous terre. On a conjecturé que le bienfait de ce puissant drainage pouvait expliquer la prospérité et la nombreuse population du Latium primitif. Les Romains auraient profité longtemps de cet héritage dans les pays conquis; ils l'auraient toutefois négligé ou mal compris et ce serait la cause de l'extension de la malaria. Qu'on nettoie aujourd'hui de nouveau ces conduits, presque aussitôt ils reprennent leur office et l'eau qui y parvient s'écoule en assainissant le sol supérieur. Il est clair que les brillantes villas éparses sur la surface de la campagne au temps de l'empire, alors que la prospérité de Rome y avait condensé une population nombreuse, étaient munies de tels appareils. Il paraît évident aussi qu'une réfection de tout ce système serait un des moyens du *risanamento* de *l'agro romano*. Mais combien d'années et de millions une pareille opération demanderait-elle? Et puis ne suppose-t-elle pas la présence d'une population nombreuse pour l'accomplir et l'entretenir? C'est l'éternel cercle vicieux : la campagne romaine continue d'être malsaine parce qu'elle n'est pas habitée, elle est déserte parce qu'elle est malsaine. La terrible énigme enserre Rome capitale enveloppée de vastes solitudes.

Les travaux des quais, soit qu'on dût élargir ou rectifier les rives du fleuve, ont été l'occasion de nombreuses découvertes, en même temps qu'un autre genre de fouilles se pratiquait par les dragues creusant le lit pour enlever ce qui pouvait faire obstacle au libre cours des eaux. Le trésor artistique de Rome s'est accru, par exemple, d'un brillant joyau par la découverte d'une maison romaine située en avant de la Farnésine. Les deux rives étaient là encombrées depuis des siècles par des amas de limon sablonneux. Quelques désignations locales, sur la rive gauche, tout près du palais Farnèse, rappellent cet ancien fléau : il y a encore la *via del polverone*. Au côté droit, un éperon de la rive s'avançait et obstruait le cours du fleuve. Quand on voulut le faire disparaître, on fut fort surpris de trouver, à peu de profondeur dans un sol tout pénétré des eaux qui tombent du Janicule, cette riante et élégante demeure de la première période impériale. Les stucs des plafonds effondrés sans être détruits égalent ou surpassent en élégance ceux des célèbres tombeaux de la voie latine, et les parois offrent une série de peintures d'un grand charme [1] et d'un vif éclat. L'artiste grec qui a inscrit sa signature, encore très lisible, sur ces pages brillantes, n'était pas un simple décorateur de l'école pompéienne ou de celle de Ludius ; les peintures de la maison de Livie à Prima Porta n'atteignent pas cette finesse ; celles du Palatin, dans leur forte majesté, conviennent à une demeure impériale, — et celles-ci à une belle villa de plaisance.

Si le fond du fleuve ne s'est pas trouvé, comme le disaient les légendes du moyen âge, pavé de lames d'or, si, comme le voulait la tradition, on n'y a pas rencontré le chandelier à sept branches et les dépouilles du temple de Jérusalem, les dragues ont recueilli une infinité de petits objets : pierres gravées,

---

1. Voir l'intéressante étude de M. Collignon, *Le style décoratif à Rome. Revue de l'Art*, septembre et octobre 1897 (note de l'éditeur).

médailles, monnaies, instruments et outils de toutes
sortes. D'importantes statues de marbre, de bronze,
un Apollon, deux gladiateurs, etc., ont été ramenés
au jour. Enfin la plus belle découverte qu'aient offerte
à la science les fouilles sur les rives du Tibre est
assurément celle de deux inscriptions gravées sur
marbre et concernant la célébration des jeux séculaires; l'une d'elles, qui compte jusqu'à deux cents
lignes, est du temps d'Auguste et mentionne formellement ceux auxquels Horace prit, par son *chant séculaire*, une part indiquée précisément. La ligne 149
de l'inscription porte ces mots : « Quintus Horacius
Placcus a composé le *Carmen* », c'est-à-dire l'hymne
qui devait être chanté par un chœur de cinquante-
quatre jeunes hommes et jeunes filles de naissance
patricienne. Il fallait trouver un asile à tant de
richesses auxquelles se joignaient d'autres trouvailles faites au Palatin, et une admirable statue
grecque venant de la villa de Néron à Subiaco. Un
nouveau musée s'est ouvert; l'ancien couvent des
Chartreux, construit lui-même au milieu des ruines
des thermes de Dioclétien, avec les galeries de son
cloître dont Michel-Ange fut l'architecte, s'est prêté
admirablement à recevoir tous ces trésors.

On le voit, la science archéologique, celle au moins
qui s'enferme dans des musées et se résume dans des
catalogues, n'aurait qu'à se louer de l'administration
italienne. Comment se fait-il que ce soit parmi les
savants italiens, et certes on en compte d'illustres,
que les plaintes des étrangers et des artistes aient
trouvé le plus d'échos? C'est que ce qu'on a donné ne
console pas de ce qu'on a perdu; c'est qu'une large
science historique regrette de grandes impressions

fécondes pour la divination du passé. C'est enfin qu'en Italie le culte de la beauté avait ses droits : nous croyons avoir résumé ici, dans un bien rapide et incomplet aperçu, les sentiments de ceux qui, sans hostilité et sans méconnaître la difficulté du problème, croient que ces droits ont été à Rome, en ces derniers temps, singulièrement méconnus ; de ceux qui voudraient que, là où il en est temps encore, on s'arrêtât dans cette voie. Florence avait donné un bel exemple : au temps de l'administration du syndic Peruzzi, quand elle était le siège du gouvernement italien, des quartiers nouveaux avaient été créés, une ville nouvelle s'était élevée sans que l'ancienne Florence, le joyau de la renaissance, ait été touchée. Une harmonie discrète avait présidé aux nouvelles constructions. L'exemple n'a pas été suivi, et c'est au contraire Florence qui semble menacée d'une contagion déplorable : le Marché vieux, théâtre de tant d'aventures tragiques ou plaisantes dans les récits des vieux chroniqueurs, vient de disparaître, de larges rues, de vastes et lourdes bâtisses d'un style fâcheusement moderne en occupent l'espace.

On a mené grand bruit à Rome dans les salons et dans la presse à propos de la disparition de quelques tableaux célèbres transportés et vendus à l'étranger. Leur possesseur, un grand seigneur ruiné, comme plusieurs autres, dans la fièvre de spéculation qu'avait enfantée l'espoir de voir l'antique Rome s'étendre subitement à la façon d'une ville d'Amérique, était tenu, selon cette loi draconienne à laquelle nous avons déjà fait allusion, de conserver et même de montrer au public sa riche galerie. Une telle loi, restrictive de la propriété, ne se peut justifier que par

une crainte jalouse de voir dépouiller Rome de ses
trésors artistiques. Encore pouvait-on objecter que,
transportés ailleurs, ils subsistent et même contri-
buent à la gloire italienne. Les mêmes Italiens qui
font preuve d'une susceptibilité si farouche quand ils
redoutent que l'étranger s'enrichisse à leurs dépens,
se montreront-ils donc indifférents à l'irréparable
destruction des merveilleuses beautés de la ville
éternelle? Et ne voudront-ils pas enfin songer que le
monde entier serait en droit de le leur reprocher?

Rome, 1894.

TABLE DES MATIÈRES

Coulommiers. — Imp. P. BRODARD. — 1052-97.